Ulrich Schippke

Die 7 Weltwunder von morgen

Bertelsmann
Sachbuchverlag

Illustrationen: Harald Preuß-Milz, Günter Radtke, Bernhard Ziegler

Layout Hans Roßdeutscher
Gesamtherstellung Mohndruck Reinhard Mohn OHG, Gütersloh
Printed in Germany · ISBN 3 570 02047 9

Inhalt

Neue Dimensionen

Die knapp dreißig Jahre bis zum Beginn des neuen Jahrtausends werden das Gesicht des Erdballs mehr verändern als jede Epoche zuvor. Achtzig Prozent aller Wissenschaftler, die je auf der Welt gelebt haben, leben heute. Von ihnen wurden im vergangenen Jahrzehnt mehr Entdeckungen und Erfindungen gemacht als in der ganzen Menschheitsgeschichte davor. Aus Menschenhirnen und Computer-Relais formt sich das größte Potential an Intelligenz, das diesen Planeten je umgab. Eine geballte Ladung Schöpferkraft ist dabei, den Wohnstern des Menschen nach eigenen, menschengemachten Prinzipien neu zu gestalten.

Wie der Umbau aussehen wird, darüber hat es in der letzten Zeit eine Flut von Prophezeiungen gegeben. Orientiert am Etappenziel 2000 weissagten die Futurologen gleich Hunderte von weltverändernden Ereignissen. Sieben davon ragen heraus. Sie werden in unser Leben besonders dramatisch eingreifen. Jedes einzelne dieser sieben Weltwunder moderner

Wissenschaft und Technik ist bereits im Bau. Jedes einzelne ist geeignet, die sieben Weltwunder von gestern klein werden zu lassen. Das Staunen, so zeigt sich, hat neue Dimensionen bekommen.

Vor dreißig Jahren hätte es wohl kaum jemand für möglich gehalten, daß wir heute vom Wohnzimmer aus würden zusehen können, wie Menschen auf dem Mond spazierengehen. Wer vor dreißig Jahren geschrieben hätte, daß es heute Menschen geben würde, in deren Brust das Herz eines Toten schlägt, wäre auf ungläubiges Kopfschütteln gestoßen. Und doch waren die Weichen für diese Zukunft bereits gestellt – genau wie bei den sieben Weltwundern der nächsten dreißig Jahre, von denen dieses Buch berichtet.

Ulrich Schippke

des Staunens

Der Umbau des Erdballs: Wie weit noch bis nach Eden?

Zu Beginn der letzten dreißig Jahre dieses Jahrtausends wurde die Menschheit zum ersten Male von der Angst befallen, sie könnte auf dem besten Wege sein, die Erde in einen Stern zu verwandeln so tot wie der Mond.

Wissenschaftler wurden plötzlich von Visionen geplagt, die gruseligen Science-Fiction-Romanen hätten entstammen können. Sie sahen die Welt ersticken, wenn die Vergiftung der natürlichen Sauerstoff-Quellen nicht sofort gestoppt werde. Sie errechneten eine neue Sintflut, wenn sich ein Atmosphärenschleier aus Verbrennungs-Abgasen weiter verstärke. Sie prophezeiten eine neue Eiszeit, wenn sich ein Höhengürtel aus feinem Staub weiter aufbaue. Sie sagten der Menschheit das nahe Ende voraus, wenn es nicht gelinge, noch in diesem Jahrzehnt die Abwehrschlacht gegen die große Vergiftung der Welt zu organisieren.

Der Schock war heilsam. Denn er ließ die Menschheit zum ersten Male einen wichtigen Punkt begreifen: daß sie heute die Macht hat, den Erdball selber zu gestalten – zum besseren oder zum schlechteren.

Noch vor dreitausend Jahren gab es auf der ganzen Welt weniger Menschen als heute in New York. Selbst mit dem Wissen von heute hätten sie kaum etwas anfangen können. Sie waren einfach zu wenige. Sie verloren sich auf dem großen Teppich des Lebens.

Noch vor 300 Jahren war Forschergeist unfaßbar dünn gesät. Aller Fortschritt fand so langsam statt, daß die Menschheit ihn kaum bemerkte. Nobelpreisträger Sir Peter Medawar: »Der Mensch wuchs auf und wurde alt in einer Welt, die letztlich die Welt seiner Kindheit war; es war die Welt des Vaters gewesen, und man wußte, es würde auch die Welt der Kinder sein.«

Das hat sich dramatisch geändert. Der Planet trägt heute so viel Menschen, daß sie ihn einhüllen wie Ameisen einen Apfel. Und nie zuvor auch hat soviel Intelligenz den Erdball umgeben: Achtzig Prozent aller Wissenschaftler, die es je auf der Welt gegeben hat, leben heute.

Mit dieser physischen und geistigen Beherrschung des Erdballs aber ist der Planet an einem entscheidenden Schnittpunkt seiner Geschichte angelangt. Zum ersten Male hat einer seiner Bewohner die Macht, ihn nach eigenen Vorstellungen zu formen. Zum ersten Male sind Menschen in der Lage, ihrer Wohnkugel jedes gewünschte Aussehen zu geben. Und die Frage ist nur: Was werden sie daraus machen?

Wer die Giftschwaden moderner Umweltveränderung am Himmel sieht, der ist geneigt, mit dem britischen Wissenschaftsautor Gordon Rattray Taylor zu mutmaßen, daß die Menschheit »erpicht darauf ist, senkrecht in die Hölle zu fahren, und dies wahrscheinlich auch tun wird«. Drei große, geradezu apokalyptische Gefahren umgeben den Planeten.

Erstens könnte es zu einem Atomkrieg kommen: Immer mehr Länder erreichen die industrielle Befähigung, eine Atomstreitmacht aufzubauen. Eine Atombombe herzustellen, das wird nach Experten-Voraussagen schon in zehn Jahren etwa so simpel sein wie der Bau einer herkömmlichen Granate.

Zweitens könnte sich die Menschheit mit all ihrer Chemie und Technik vergiften: Allein in der Bundesrepublik Deutschland werden jährlich 20 Millionen Tonnen Staub, Ruß und Abgase in die Atmosphäre geblasen, deren Luft wir atmen. Viele Gewässer sind Kloaken, und die dünne Lebenshülle der Erde ist von Insektenmitteln verseucht. »Zum ersten Male in der Geschichte der Menschen«, so warnte die UNO, »ist die Zukunft des Lebens dieser Erde aufs höchste bedroht.«

Noch vor dreitausend Jahren gab es auf dem ganzen Erdball weniger Menschen als heute in New York. Erst jetzt beherrscht der Mensch seine Wohninsel im All. Was wird er aus dem steinernen Raumschiff Erde machen?

Gäbe es den Menschen nicht, sähe die Welt völlig anders aus. Kämen wir erst heute von einer fernen Wega angereist, gäbe es keine Straßen, keine Autos, keine Städte – ein unberührter Erdball läge vor uns, eine jungfräuliche Landschaft, vielleicht wie auf diesem Foto.

Drittens könnte der Erdball ertrinken in einer Sintflut von Menschen: Aus den dreieinhalb Milliarden, die es heute schon gibt, soll bis zum Jahr 2000 die doppelte Anzahl werden. Jeden Tag kommen gegenwärtig 200000 Menschen dazu, jedes Jahr eine ganze Bundesrepublik Deutschland mit über 60 Millionen, in kurzen dreißig Jahren noch einmal die ganze Menschheit von heute. Ginge diese Bevölkerungsexplosion so weiter, käme man »schon im Jahr 2100 auf die phantastische Zahl von siebzig, im Jahre 2200 auf siebenhundert Milliarden oder gar im Jahr 2850 auf sechzig Millionen Milliarden Erdbewohner, so daß der einzelne dann nur noch 0,007 Quadratmeter Lebensraum zur Verfügung hätte«, wie der Wuppertaler Theologe Prof. Wolf-Dieter Marsch entgeistert bemerkt. Der britische Physiker John H. Fremlin errechnete, daß auf der Basis gegenwärtiger Vermehrung in etwa 900 Jahren ein einziges, zusammenhängendes, 2000 Stockwerke hohes Gebäude den gesamten Erdball einhüllen müßte, um alle Menschen aufzunehmen. Der Wiener Zoologe Wolfgang Wieser notierte, in einer solchen Welt »hätte die Zahl der Geschlechtsakte genau geregelt zu sein, da sonst die Gefahr einer Überhitzung des Planeten bestünde.«

Doch sosehr diese drei Gefahren auch dem Erdball

eine Höllenfahrt zu signalisieren scheinen, jüngste Studien, die Fakten und Fiktionen zu sichten suchten, um so zu errechnen, wohin die Luxuslimousine technischen Fortschritts uns befördern wird, gelangen zu anderen Ergebnissen. In ihren Zukunftsprojektionen stellen sich die drei Gefahren als recht zeitbegrenzt dar.

Sie kalkulieren: Ein Atomkrieg kann die Entwicklung allenfalls bremsen, kaum aber für immer stoppen. Aus der Atomasche wird wieder eine neue Zivilisation entstehen. Die Umweltverschmutzung als Gefahr ist erkannt; also wird die Menschheit auch damit fertig werden. Die Menschenlawine schließlich wird über

Das Gesicht des Erdballs verändern zu wollen ist kein vermessenes Anliegen. Es ist Teil einer Entwicklung, die einst die Natur selber begann. Noch bis vor einer Milliarde Jahren war die Erde tot wie der Mond. Erst dann begann sich im Meer langsam das Leben zu bilden. Diese Zeichnung wurde nach wissenschaftlichen Rekonstruktionen hergestellt. Sie zeigt, wie die Erdoberfläche vor etwa 330 Millionen Jahren aussah, als erste Pflanzen sich auf das kahle Festland vorzuarbeiten begannen: seltsame Bäume noch ohne richtige Blätter, krakenähnlicher Riesentang im Uferschlamm, Ur-Schachtelhalme und Farne.

Den Pflanzen folgen die Tiere: Wieder verändert sich das Bild des Erdballs radikal (vor 250 Millionen Jahren). Aus Lurchen werden seltsame Kriechtiere, von denen sich einige aufzurichten beginnen und die Vorderglieder als Greifhände benutzen (Saurier). Auch die ersten Vögel erinnern noch an ihre Herkunft aus dem Geschlecht der Kriechtiere.

Fotografie in Stein: Aus solchen Versteinerungen läßt sich das frühere Aussehen der Welt ermitteln. Dieser etwa 20 cm große Trilobit lebte vor 500 Millionen Jahren im Meer.

kurz oder lang zum Stillstand kommen. Die Zahl der Erdbewohner werde sich auf einen tragbaren Wert einpendeln, spätestens bei 35 Milliarden.

Wenn aber der Weg zumindest nicht naturnotwendig auf ein von Menschen ausgelöstes kosmisches Desaster hinausläuft, wohin führt er dann? – Antwort der Zukunftsforscher: Er führt direkt in ein von Menschen gemachtes Paradies. Und sowenig sich der Zeitgenosse das auch vorstellen kann, die Beweiskette ist bestechend.

Ihre Ausgangsbasis: Es ist unsinnig, etwa zu glauben, daß die Welt in ihrem Aussehen so bleiben müßte, wie sie einmal »natürlich« hingestellt worden sei. Ganz im Gegenteil, wir müßten endlich begreifen, daß dieser Planet einen Entwicklungsgang durchmache, daß seine Form im Laufe der Ewigkeiten immer perfekter geworden sei und daß wir diese Entwicklung weitertreiben könnten.

Noch heute hält sich bei den meisten Menschen unterschwellig ein seltsames Trugbild – die Vorstellung von einer Erde, die vom Tag der Schöpfung an im Prinzip so da war wie heute, mit Pflanzen und Blumen, mit Tieren, mit Fischen und Vögeln. Tatsächlich war die Erde zu Anfang nichts als ein toter Stein mit ein bißchen

Ahnentafel von Menschenaffen und Mensch

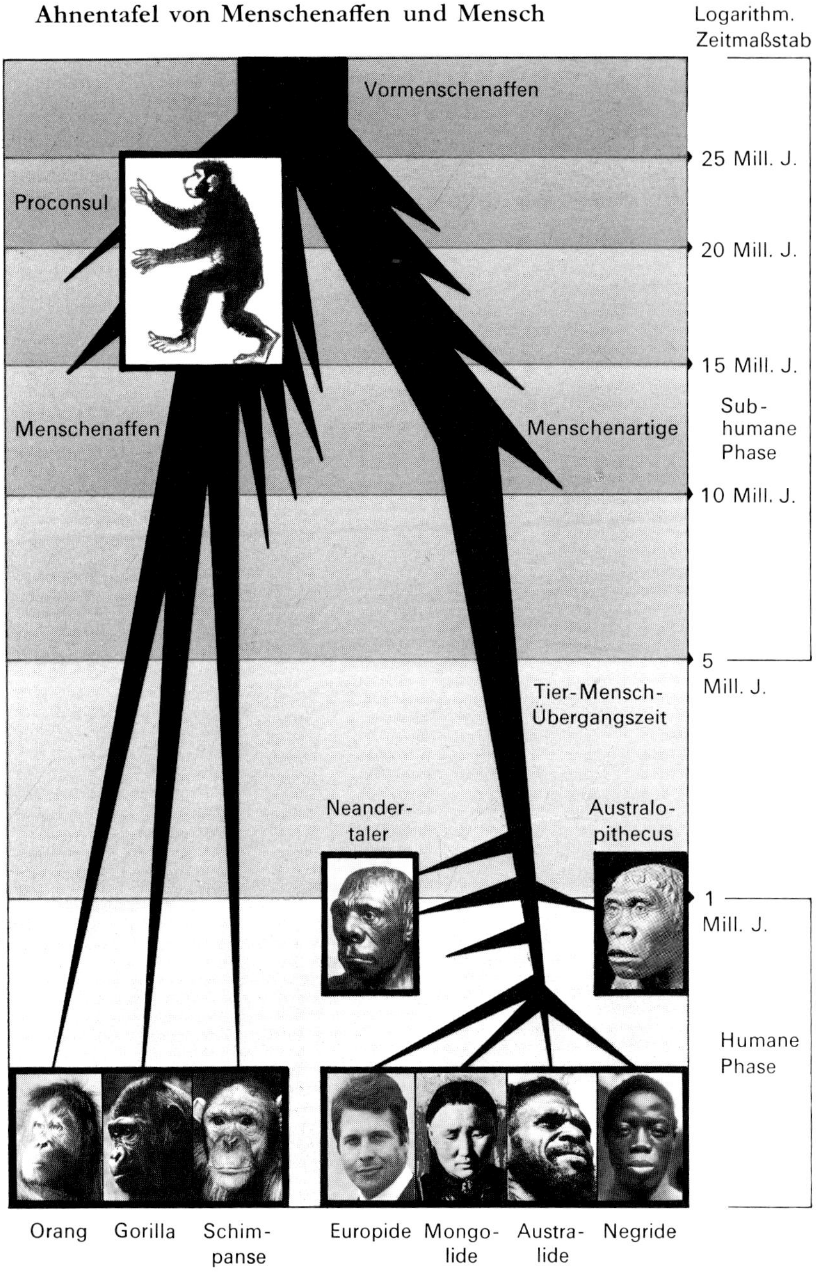

Schicksalsminute im Leben dieses Sterns: Der Ur-Mensch wagt sich an das Feuer heran, um damit seine Höhle künstlich zu erwärmen. So begann, was wir Fortschritt nennen – das Bemühen, eine angenehmere, künstliche Umwelt zu schaffen.

Wasser drumherum. Wer bis vor einer Milliarde Jahren von einem fremden Stern kommend hier gelandet wäre, hätte eine Mondlandschaft vorgefunden, ebenso unbelebt wie jene Einöde, in der Apollo 11 niederging. Erst dann beginnt ein langwieriger Umbau, der in Etappen von Jahrmillionen zu einem immer perfekteren Erdball führt.

Zunächst beleben sich die Meere: vor etwa einer Milliarde Jahren. Ein grandioser Schöpfungszufall fügt die erste einzellige Lebensform zusammen, aus der sich immer kompliziertere Strukturen entwickeln, Zellverbände, Quallen, Polypen, Vorformen der Fische. Dann überzieht sich die steinige, kahle Erdoberfläche mit einem grünen Schleier: vor etwa 330 Millionen Jahren. Schritt für Schritt kämpfen sich vom Ufer der Gewässer erste Pflanzen in den neuen Lebensraum vor.

Vertreter der Tierwelt drängen nach: vor 250 Millionen Jahren. Lurche kriechen an Land, die sich aus den Quastenflossern entwickelt haben. Urvögel steigen in den Himmel (vor etwa 135 Millionen Jahren). Die Saurier kommen, dann die ersten Säugetiere – das große Kribbeln und Krabbeln auf der Welt beginnt.

Zwischen diesen beiden Abbildungen liegen etwa zehntausend Jahre. Motor der Entwicklung von der ersten Hütte bis hin zum vollklimatisierten Ameisenhaufen moderner Architektur war die Erfindung der Landwirtschaft. Erst dadurch, daß der Mensch der Erde vorschreiben konnte, welche Früchte sie zu tragen hatte, erreichte er den Startpunkt in die Zivilisation.

Schritt für Schritt erhält der Erdball – dieses einsam durch das All rasende steinerne Raumschiff – seine Erstausstattung. Es werden in ihm immer perfektere biotechnische Systeme installiert, bis eines Tages – etwa vor 500000 Jahren – ein ganz besonderer Passagier an Bord kommt: der homo sapiens, der denkende Mensch.

Alle vorherigen Bewohner des Erdballs hatten ihren Lebensraum so hingenommen, wie sie ihn vorfanden. Ob eine Art überlebte oder ausstarb, das hing einzig und allein davon ab, wieweit sie es verstand, sich den Gegebenheiten anzupassen. Der Mensch nun aber wird zum ersten Erdbewohner, der sich nicht mehr der Umwelt anpaßt, sondern der beginnt, die Umwelt auf sich zuzuschneiden.

Kaum jemand macht sich klar, in welch gewaltigem Umfang das bis heute bereits gelungen ist. Hätte es nie Menschen auf diesem Erdball gegeben, er sähe heute völlig anders aus. Würden wir erst heute von der Wega anreisend hier landen, wir würden eine Erde vorfinden mit völlig anderen Pflanzen, mit völlig anderen Tieren. Da würde kein zahmer Hund bellen, kein hellborstiges Schwein grunzen, kein Leghuhn gackern. Wir fänden keine eßbaren Äpfel und kaum genießbares Getreide. Gewaltige Wälder würden die Erde bedecken, undurchdringlich und modernd. Es gäbe keine Straßen, keine Autos, keine Städte – ein unberührter Erdball läge vor uns, auf dem die einzigen Bauwerke die Ameisenhaufen wären.

Der Weg hin zu dieser menschengemachten Umwelt von heute hatte nun allerdings recht unterschiedliche Etappen.

Die meiste Zeit – 490000 Entwicklungsjahre lang – geht der Fortschritt sozusagen zu Fuß. Unsere halbäffischen Vorfahren holen sich einen brennenden Holzscheit in die Höhle, um sie künstlich zu erwärmen, und geben so den Auftakt zum Bau einer neuen Umwelt. Das ist aber auch so gut wie alles. Im übrigen können sie froh sein, daß sie nicht verlorengehen auf dem großen Teppich irdischen Lebens. Denn sie existieren nur in winzigen Grüppchen in einer »wilden und feindlichen Umwelt« (Prof. Medawar).

Doch im harten Ringen mit eben dieser wilden und feindlichen Umwelt verzeichnet der Erdenbewohner Mensch einen wichtigen Zugewinn: Jedes Jahrtausend vergrößert sich sein Gehirn um ein Gramm, zwischen seinem ersten Auftauchen und heute also um etwa ein Pfund.

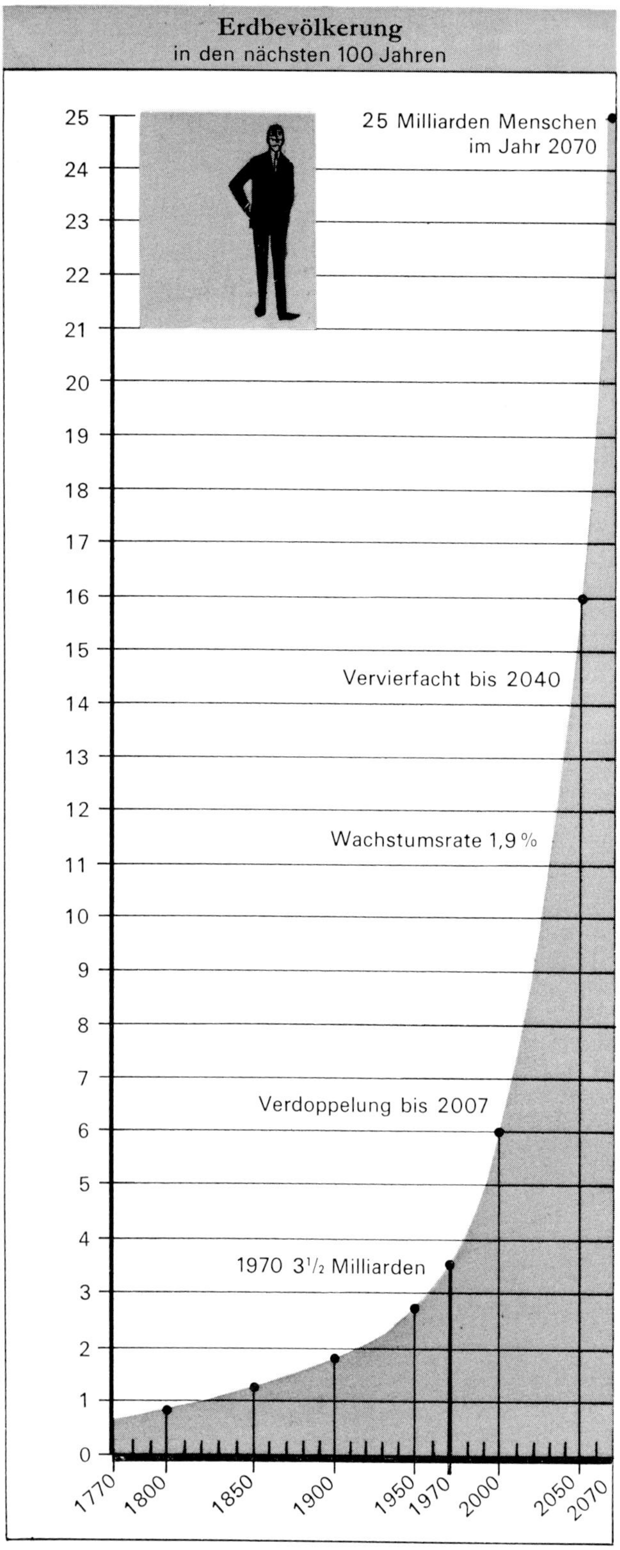

Die Menschen-Lawine. Sie war wichtig. Denn erst durch sie bekam der Mensch den Erdball in den Griff. Doch wer bremst sie nun?

Das stetige bißchen Mehr vervielfacht sich in seinem Wert durch die Entwicklung der Sprache. Man muß nicht mehr alles selbst erleben. Man kann Erfahrung von einem zum anderen, von Generation zu Generation weiterreichen. Das Wissen aus vielen Einzelgehirnen wird gehäuft; es bildet sich ein Gruppenwissen, das sich unabhängig von dem grammweisen Gehirnwachstum entwickelt und mit der Zeit so anschwillt, daß ihm vor etwa 10000 Jahren der erste große Durchbruch gelingt: die Erfindung der Landwirtschaft.

Bis dahin hatte der Mensch – genau wie die Tiere auch – gesammelt und gejagt, was die Erde zu bieten hatte.

Die Wohlstands-Lawine. Wo das technische Zeitalter ausbricht, steigt unaufhaltsam der Wohlstand, wie sich am Beispiel der USA zeigt.

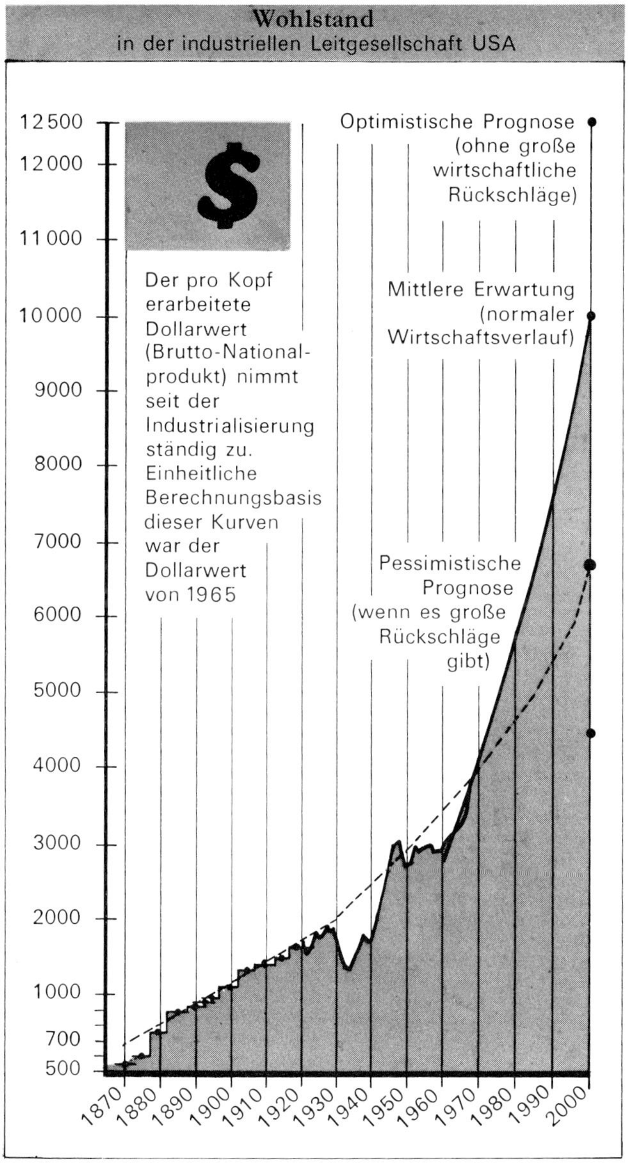

Fand er etwas, war es gut. Fand er nichts, verhungerte er eben.

Nun schreibt er der Erde ganz gezielt vor, was sie für ihn zu liefern hat. Hunger ist nicht mehr Schicksal. Wieviel man zu essen hat, hängt von der eigenen Planung ab.

Welch entscheidenden Einschnitt diese Unabhängigkeit vom zufälligen Vorhandensein oder Nichtvorhandensein an Nahrung letztlich darstellt, macht ein Vergleich deutlich. Angenommen, man rechnet die ganzen 500000 Jahre Menschheitsgeschichte als einen einzigen Tag. Dann wurde die Landwirtschaft erst ganz am Ende

Begegnung der Jahrtausende im Autokino. Filmkamera und Fernseh-auge machten die einst unüber-schaubare Welt zum globalen Dorf. Immer mehr begann der Mensch sich seiner Rolle als Neu-Schöpfer dieser Welt bewußt zu werden.

dieses Tages, vor knapp acht Minuten entdeckt. Und wer sich diesen Menschen-Tag ansieht, beginnt zu staunen: Den ganzen Tag über geschieht so gut wie nichts. Aller Fortschritt, alle Weltveränderung konzentriert sich auf die letzten acht Minuten.

Diese letzten acht Minuten setzen eine Lawine in Gang. Zum ersten Male wird die Menschenzahl nicht mehr begrenzt durch die auf Erden vorgefundene Nahrung. Man kann soviel Nahrung wachsen lassen, wie man will. Und das heißt, man kann auch so viele Menschen ernähren, wie man will: Die Zahl der Erdbewohner wächst an, langsam zunächst, dann immer schneller und schneller. Aus dem kleinen Häuflein der vielleicht nicht einmal fünf oder sechs Millionen Menschen, die zu Beginn dieser letzten acht Minuten in Höhlen hokken, werden an ihrem Ende dreieinhalb Milliarden. Sie verbreiten sich über den ganzen Erdraum, von Feuerland bis zur Arktis.

Die Gehirnmasse nimmt während dieser Zeit nicht wesentlich zu. Sie war vor 10000 Jahren praktisch schon fast so groß wie heute. Der Zugewinn beträgt allenfalls zehn minimale Gramm. Was sich indessen entscheidend vergrößert, ist das Vermögen, Gruppenwissen zu häufeln und auf solchem gebündelten Wissen aufbauend zu verfahren.

Diese »kulturelle Evolution« unterliegt nun ähnlichen Lawinen-Gesetzen wie die Bevölkerungs-Explosion. Auch sie läuft ganz langsam an und wird dann immer schneller. Ein Beispiel für diese Wissens-Explosion: 1665 gab es erst eine einzige wissenschaftliche Zeitschrift auf der Welt; 1865 waren es immerhin schon tausend; 1965 jedoch mehr als 100000 (mit über fünf Millionen Beiträgen im Jahr). Nach Berechnungen des Amerikaners Bentley Glass vergrößerte sich der Wissensschatz der Menschheit in den letzten anderthalb Jahrhunderten »mit einer Verdoppelungszeit von 12 bis 15 Jahren«. Das heißt: Er war »1930 viermal so groß wie 1900, im Jahr 1960 sechzehnmal so groß wie 1900, und er dürfte im Jahr 2000 mindestens hundertmal so groß sein.«

Aus wachsendem Wissensschatz und wachsender Menschenzahl formte sich schließlich die Kraft zu immer erstaunlicherer Umwelt-Veränderung. Es gab genügend Hirne, die Neuerungen ersannen (so brachte allein die Raumfahrt in den letzten zehn Jahren mehr als 12000 Erzeugnisse und Verfahrenstechniken hervor). Und es gab genügend Hände, die auf der Basis dieser Erkenntnisse Veränderungen am steinernen Raumschiff Erde in Angriff nehmen konnten.

Wichtigste Merkmale der ersten Phase des Griffs nach der damit möglich gewordenen Weltbeherrschung: Der Globus wurde mit einem immer perfekteren Verkehrsnetz eingehüllt. Ein Nervensystem aus Telefonleitungen wurde um den Planeten gelegt. Fernsehaugen wurden installiert, die aus der einst unüberschaubaren weiten Welt ein globales Dorf machten. Weltweite Wirtschaftssysteme führten zum Warenaustausch rings um den Erdball. Politik wurde zur Weltpolitik. Englisch wurde zur internationalen Sprache der Piloten wie der Wissenschaftler und mehr und mehr auch aller anderen Menschen. Auf praktisch allen Ebenen wurden globale Systeme errichtet, entstand die erste globale Zivilisation.

Den Pioniertrupp stellten dabei die großen Industrie-Nationen. Sie schufen sich innerhalb weniger Jahrzehnte praktisch das erste vollständige Instrumentarium zur gezielten Weltverwandlung. Die Frage ist für sie schon heute nicht mehr so sehr, was sie aus ihrem Erd-Anteil machen können, sondern was sie daraus machen wollen. Staunend registriert UNO-Generalsekretär U Thant: »Das Wesentlichste und Verblüffendste an den hochentwickelten Volkswirtschaften ist, daß ihnen in kürzester Zeit alle Hilfsmittel in jeder gewünschten Menge zur Verfügung stehen ... Entscheidungen haben sich nicht mehr nach den vorhandenen Mitteln zu richten, sondern die Mittel werden durch Entscheidungen geschaffen. Dies ist eine zutiefst revolutionäre Entwicklung, vielleicht die entscheidendste Umwälzung, die die Menschheit je erlebt hat.«

Genau die gleiche Befähigung zum Machenkönnen, was man machen will, werden aber in den nächsten überschaubaren Jahrzehnten auch die meisten heute noch unterentwickelten Länder der Erde erwerben. In dreißig oder vierzig Jahren wird die Erde nur noch aus »Amerikas« bestehen, wird es überall auf der Welt die gleichen Heerscharen von Wissenschaftlern und Technikern geben, das gleiche Instrumentarium zur Errichtung jeder gewünschten künstlichen Welt. Muß sich die Macht zur Erdmanipulation dadurch nicht in geradezu unvorstellbarer Weise vergrößern?

Sie wird sich in unfaßbarer Weise vergrößern. Sie wird so gewaltig ansteigen, daß auf der Basis dieser Zukunftsprojektion neuerdings nicht mehr nur utopische Träumer, sondern nüchterne Wissenschaftler zu der

Aller Fortschritt entspringt den drei Pfund Denkmasse im Kopf des Menschen. Ihre Leistungsfähigkeit zu steigern, ist heute eines der wissenschaftlichen Hauptziele. Diesem Mann haben amerikanische Forscher von der California-Universität mehr als hundert Drähte ins Gehirn montiert. Stromimpulse lassen ihn zur willenlosen Marionette werden mit gesteuerten Bewegungen.

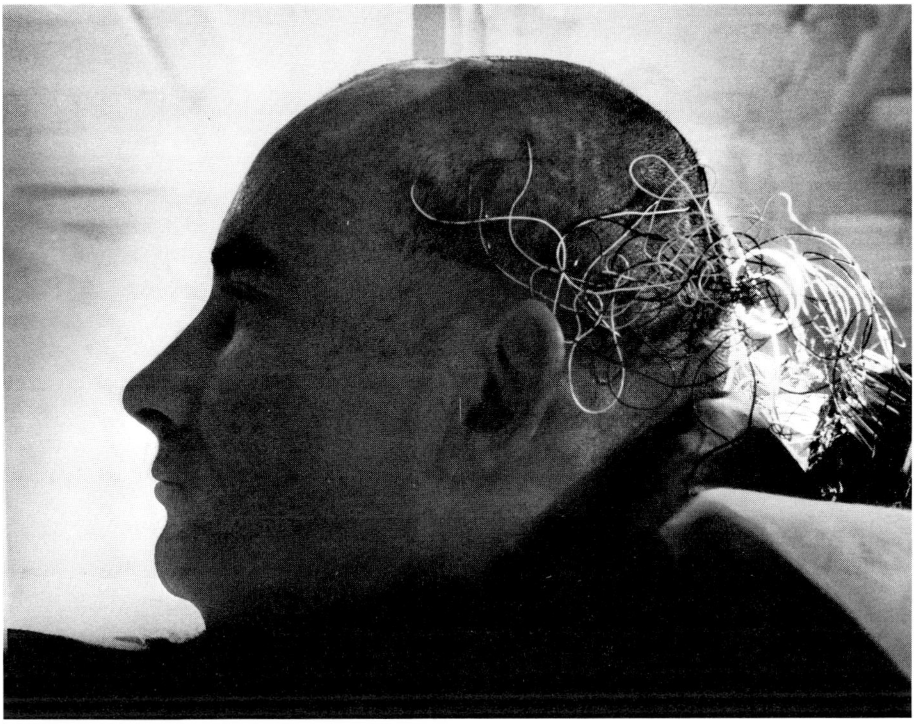

Überzeugung kommen: Wir sind dicht an der Grenze zu jenem technischen und wissenschaftlichen Terrain angelangt, das uns befähigen wird, das lange erträumte »Paradies auf Erden« tatsächlich hier und jetzt zu errichten.

Wie es konkret aussehen wird, ist schwer vorstellbar. Doch »die unfehlbaren Zeichen für das Herannahen des Goldenen Zeitalters – mit allem was dazugehört – sind schon heute um uns, zumindest in den industriell entwickelten Ländern«, wie der amerikanische Genetiker Gunther Stent vermerkt. Und von ihnen ausgehend, lasse sich das gelobte Land zumindest in Umrissen skizzieren.

In der Vision des Wissenschaftlers wird sich »das vor uns liegende Goldene Zeitalter nicht sehr unterscheiden von einem (technischen) Südseeparadies im globalen Maßstab«: Jeder hat genügend zu essen. Er braucht deswegen nicht zu arbeiten. Eine perfekte Technik läßt ihm die gebratenen Tauben in den Mund fallen. Er hat wenig oder gar keine echten Umwelt-Feinde mehr (die meisten Krankheiten sind besiegt). Und »obgleich es nie genügend Tahitis geben wird für die Bevölkerung der ganzen Welt, angenehm klimatisierte städtische Bauwerke werden befriedigenden Ersatz bilden für wirkliches Südsee-Strandleben.«

Der britische Wissenschaftsautor Nigel Calder malt sich bereits ganz konkret aus, wie ein solches Kunst-Paradies vielleicht sein könnte. Seine Ausgangsbasis: Die am meisten verachtete Arbeit – der Ackerbau – ist abgeschafft. Der größte Teil der menschlichen Nahrung wird künstlich hergestellt – eine Entwicklung, die bereits um das Jahr 2000 herum voll eingesetzt haben wird. Große, von Computern gesteuerte Anlagen, die wie Raffinerien aussehen, liefern fast ohne menschliches Zutun Nahrung in Hülle und Fülle.

Das bedeutet nun zunächst einmal, daß die seit langem als Ackerland dienenden Gebiete, in denen man bestenfalls durch archäologische Studien feststellen kann, wie dort die ursprüngliche Vegetation ausgesehen hat, sich in eine »fröhliche Wildnis verwandeln darf, in der alle Menschen einen beträchtlichen Teil ihres Lebens als Heger und Jäger verbringen können.«

Die Städte werden wie riesige Forts in die gewollte Wildnis hineingestellt. Dabei werden »oft ganze Städte von einer gemeinsamen Kuppel oder einem gemeinsamen Dach überdeckt sein. Sie werden ihre eigenen

Der Amerikaner Herman Kahn gilt als der ungekrönte König unter den Zukunftsforschern der Welt. Mit seinem Nachdenker-Team im Hudson Institute bei New York versucht er, Entwicklungen zu berechnen und in Visionen festzuhalten. Diese Weltkarte des Wohlstandes gehört zu seinen Voraussagen.

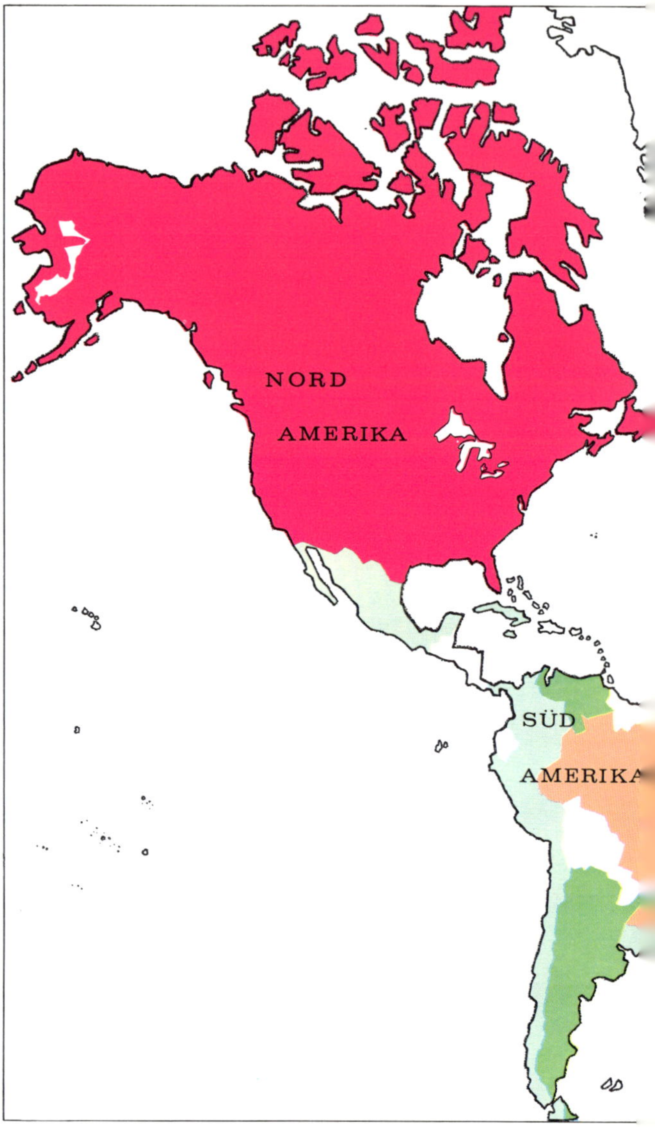

Vorindustriell oder klein und teilweise industrialisiert

50 bis 200 Dollar jährliches Durchschnittseinkommen pro Kopf, das ist so etwa der vorindustrielle Normalzustand. Keine vorindustrielle Gesellschaft der letzten zehntausend Jahre hatte einen größeren Pro-Kopf-Verzehr. Indonesien steht noch heute auf der Stufe einer typisch vorindustriellen Gesellschaft (100 Dollar pro Kopf).

Groß und teilweise industrialisiert

200 bis 600 Dollar pro Kopf. Diese Länder haben deutlich den Absprung vom »indonesischen Normalzustand« erreicht.

Voll industrialisiert

600 bis 1500 Dollar pro Kopf. Wirtschaftliche Lage etwa so wie in den USA während der 20er Jahre oder in Europa kurz nach dem zweiten Weltkrieg.

Die Weltkarte des Wohlstandes 2000

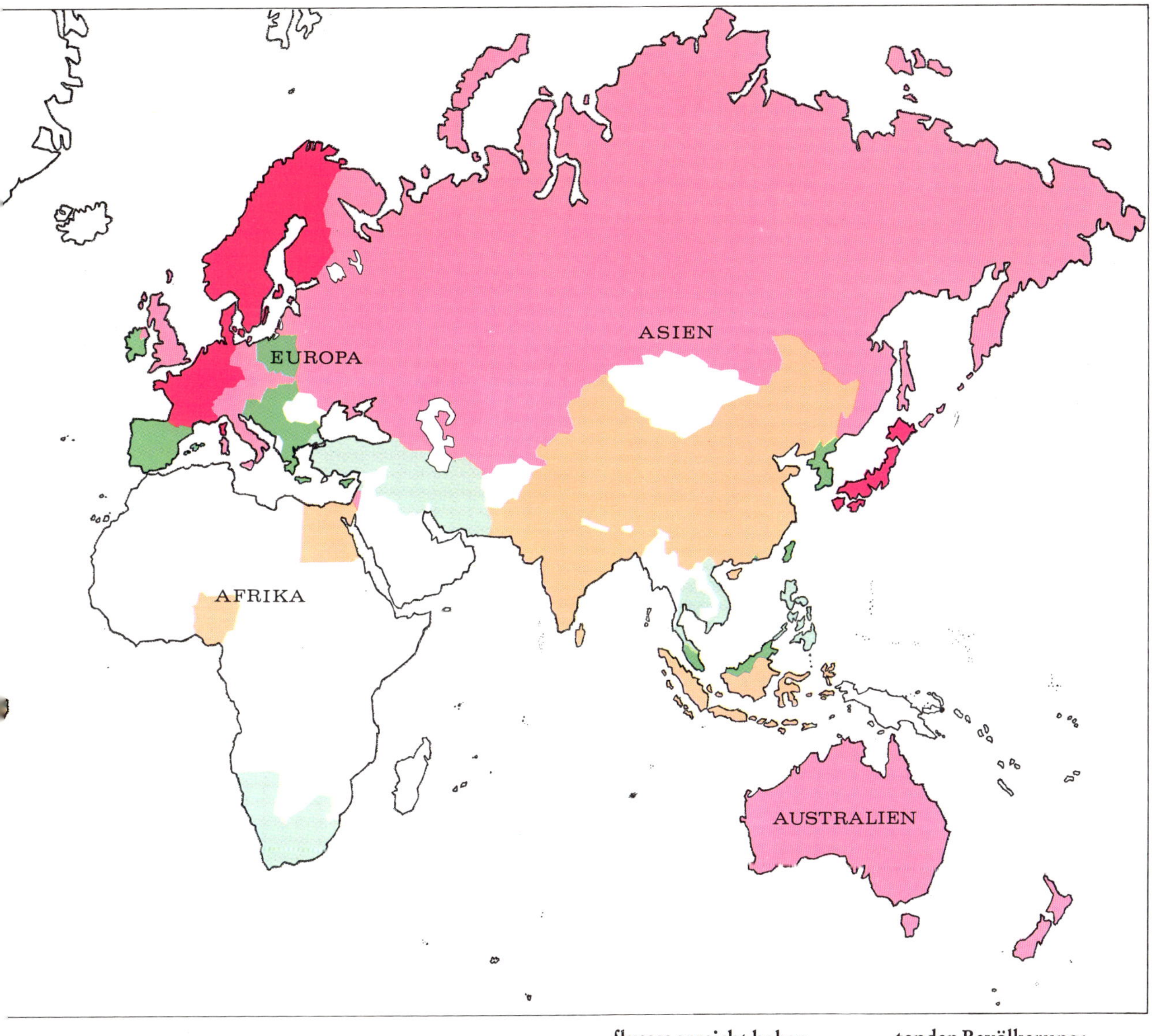

Massenkonsum

1500 bis 4000 Dollar pro Kopf. Das sind Länder, die etwa jenen Grad wirtschaftlicher Entwicklung erreicht haben wie die USA bald nach dem 2. Weltkrieg und danach auch Europa und Japan.

Früh nachindustriell und deutlich nachindustriell

4000 bis 20 000 Dollar durchschnittliches Jahreseinkommen pro Kopf. Rund 40 Prozent der Weltbevölkerung werden im Jahr 2000 das Zeitalter nachindustriellen Überflusses erreicht haben. Die Spitze halten die USA. Dort lebt dann jede zwölfte Familie in einem Wohlstand, der einem heutigen Millionärs-Dasein gleichkommt. Es gibt die Vier-Tage-Woche und weniger als acht Arbeitsstunden pro Tag. Freizeit wird zum Problem. In einer normalen nachindustriellen Gesellschaft sind von der arbeitenden Bevölkerung:

50 Prozent das ganze Jahr beschäftigt
20 Prozent mit Schwarzarbeit beschäftigt
10 Prozent »Halbjahrsarbeiter« aus Hobbygründen
5 Prozent unfreiwillig arbeitslos
5 Prozent arbeitsscheu
5 Prozent freiwillig arbeitslos

Der Aufbruch in die neukonstruierte, technische Umwelt ist gekennzeichnet von Staunen und Verwirrung zugleich. Wo wird das Geschlecht der Menschen einmal landen?

Haushalts-Roboter

Radio-Teleskop

Raum-Patrouille

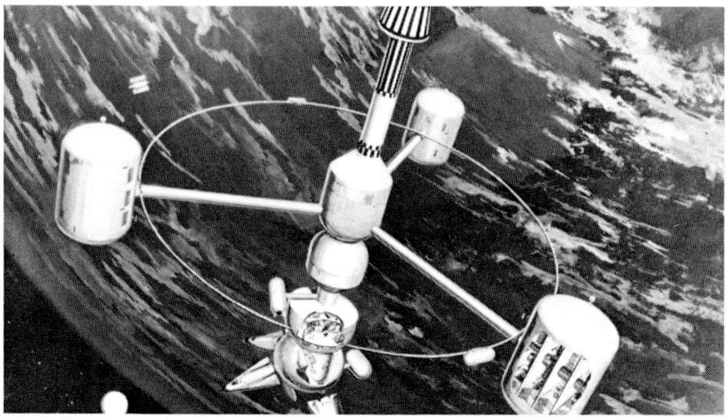

◄ Maschinen-Sklave

Bemannte All-Station

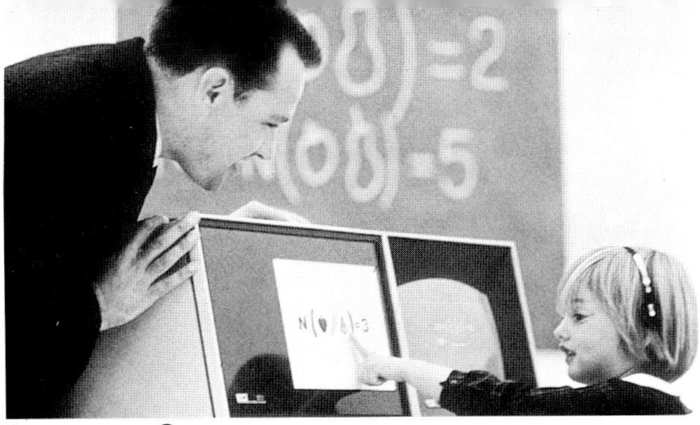

Lernen vom Computer

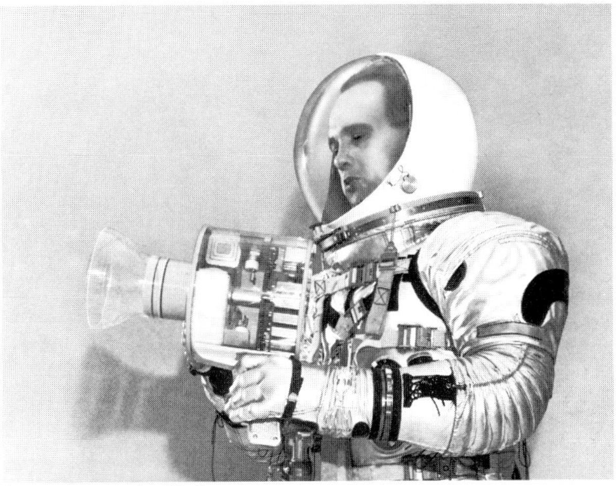

Ausrüstung im Vakuum

Huckepack-Start ins All

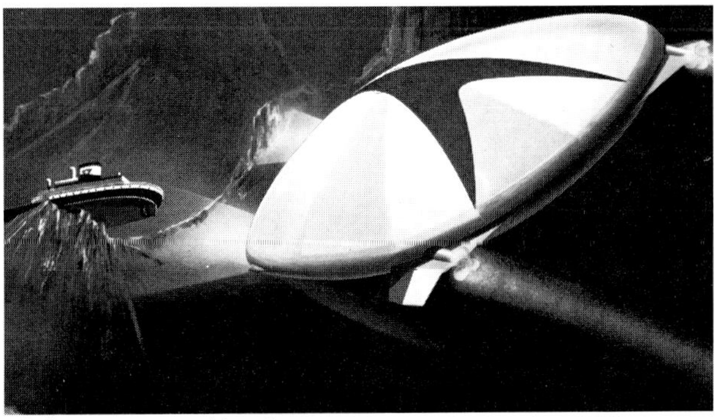

Tiefsee-U-Boot »Turtle«

Villa über der Erde

Villa unter dem Meeresspiegel

Hippie und Beatnik, LSD und Haschisch-Rausch sind für die Zukunftsforscher erste Hinweise auf den Menschen im kommenden Goldenen Zeitalter des Überflusses.

Sinnliche Befriedigung wird eine der Hauptbeschäftigungen sein im technischen Südseeparadies von morgen. Die Anti-Baby-Spritze macht's möglich.

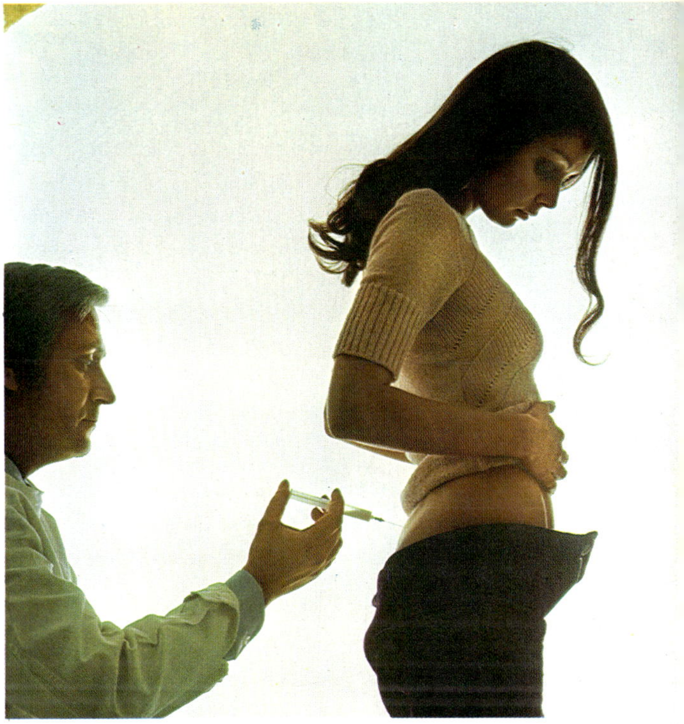

Kraftwerke sowie mechanische und elektronische Werkstätten besitzen. Ebenso werden sie auch über umfassende Anlagen verfügen, um Müll und Abwässer wieder zu verwerten, so daß ihr Bedarf an Rohstoffen klein sein wird. Die Architekten werden beim Entwurf derartiger geschlossener ökologischer Systeme die Erfahrungen von Raumschiffen und Unterseeboten verwerten können.«

Innerhalb der Städte herrscht Kunstklima. Man wird »durch Überdachung und Beleuchtung das ganze Jahr hindurch Frühlingsklima aufrechterhalten oder auf allgemeinen Wunsch Klimaveränderungen vornehmen können. Zur Verschönerung der Umwelt können neben Genüssen für Auge und Ohr auch Wohlgerüche eingesetzt werden ... Kleidung: Sie wird mehr dem Schmuck als dem Schutz dienen« (da rauhes Wetter ja nur noch außerhalb der Stadt zu finden ist).

Die synthetische Nahrungsherstellung erleichtert die »Besiedlung aller Teile der Erde, auch der Gebirge, Wüsten und Polarregionen ... Noch größeren Lebensraum bieten die Ozeane.« Wahrscheinlich werde man mitten im Meer Städte errichten. Von dort aus »werden Menschen in Taucheranzügen und Unterseebooten ausziehen, um Fische zu jagen und die Meerestiefen zu erforschen.«

Die Herstellung der Gebrauchsgüter, deren Vielfalt die heutigen Kaufhäuser vergleichsweise zu Krämerläden werden läßt, wird mit vollautomatischen, von Computern kontrollierten Maschinen gesteuert. Arbeit ist nicht mehr Zwang: »Grundlage des lokalen wie des globalen Wirtschaftssystems werden allgemeine Kenntnisse und die Bereitschaft sein, diese Kenntnisse freiwillig für die Erfüllung interessanter Aufgaben zur Verfügung zu stellen.« Es gibt zwar noch ein Wertungssystem für Leistung (nicht unbedingt Geld). Aber allen wird ein grundsätzlicher Lebensstandard zustehen.

Der amerikanische Fachmann für elektronische Entwicklungen, Richard C. Landers, sagt den technischen Anlagen in dieser Kunst-Welt Eigenschaften voraus, die uns heute noch fast undenkbar erscheinen: Die Maschine der Zukunft werde sich selbst versorgen, selbständig wachsen, sich selbst reparieren und sogar selbst vermehren. Die Methoden dieser technischen Kunstwesen würden nach dem gleichen Muster funktionieren wie etwa der biologische Vorgang des Zellwachstums und der Zellvermehrung.

Und der Zukunftsforscher Robert Jungk konstruiert ein »artifizielles Milieu von morgen«, in dem diese neuartigen Supermaschinen bei der Versorgung des Menschen fast schon ein Eigenleben zu führen beginnen. Er schreibt: »Ein Netz von Kommunikationslinien zieht sich über das Universum. Es verbindet die verschiedensten Maschinen miteinander, die Stadtzentren, die Systeme der Autostraßen, Eisenbahnen, Flüsse, Luftschneisen, Radiowellen . . . Schließlich wird auch der kosmische Raum durch künstliche Satelliten in das große Verbundnetz einbezogen. Es ist durch die Linien der Raumschiffahrt, durch die Nutzung der höheren atmosphärischen Schichten zur Wetterbeeinflussung und als Resonanzboden der drahtlosen Radiotelegraphie den sich ausweitenden Grenzen menschlichen Tuns angeschlossen. Man sieht, das Gespinst umfängt alles und hält es fest zusammen.«

Wie wird sich der Mensch in einer solchen Welt fühlen, die ihm alles im Überfluß beschert, ohne daß er noch selbst groß deswegen aktiv werden müßte? – Der Amerikaner Gunther Stent glaubt, daß dafür die Geschichte der Südsee-Inseln als Musterbeispiel dienen könne. Die Inseln waren einst unbesiedelt. Erst vor 3000 Jahren stießen mutige Männer und Frauen von den Küsten Asiens aus in kleinen Booten vor in die Weiten der Südsee. Sie fanden Inseln, die ihnen Überfluß bescherten; sie kamen in eine Umwelt mit angenehmem Klima, wenig natürlichen Feinden und überhaupt allen Vorzügen der Welt. Ergebnis: Aus den faustisch vorwärtsdrängenden Welteroberern von einst wurde in kürzester Zeit eine Faulenzergesellschaft, eine Art Beat-

Erd-Vision 2000: So sehen Satelliten-Techniker den künftigen Kontrollraum zur Weltüberwachung. Alle Flugkörper im erdnahen Raum werden durch Computerhirne koordiniert und gesteuert.

Mond-Vision 2000: So sehen die Planer der US-Raumfahrtbehörde NASA die künftigen Wohn- und Forschungsanlagen von Mond-City. Die Maulwurfshügel schützen vor schädlicher Strahlung aus dem Weltraum.

Society mit sexuellem Lotterleben und wenig intellektuellen Leistungen.

Genau das gleiche, so glaubt der Wissenschaftler Stent, werde die Zukunft für die ganze Welt bereithalten, wenn sie demnächst das Goldene Zeitalter erreiche. Denn das Paradies durch die Natur und das Paradies durch die Technik seien zwar äußerlich, nicht aber prinzipiell von großem Unterschied.

Er sieht im technischen Paradies drei Gruppen von Menschen: »Auf dem einen Ende der Skala wird es eine Minderheit von Menschen geben, deren Arbeit die Technik in Gang hält, durch die der Mehrheit der hohe Lebensstandard beschert wird. In der Mitte der Skala werden wir einen Typ finden, meist ohne Beschäftigung, für den die Unterscheidung real und illusionär noch etwas bedeutet und dessen Prototyp der Beatnik ist. Er behält ein Interesse an der Welt und sucht Befriedigung in sinnlichen Freuden. Auf dem anderen Ende des Spektrums wird sich ein Typ finden – meist nicht zu beschäftigen –, für den die Grenzen zwischen real und eingebildet weitgehend verwischt sind. Sein Prototyp ist der Hippie. Sein Interesse an der Welt wird sehr gering sein, und er wird seine Befriedigung vielleicht vorwiegend in Drogen suchen.«

Allerdings, bei allen diesen Überlegungen geht der Wissenschaftler davon aus, daß sich zwar die Welt ändert, nicht aber der Mensch. Genau das ist jedoch höchst fraglich. Durch die Genetik hat der Mensch das Werkzeug, seine Art zu erneuern. Warum sollte er nicht einen Menschen erschaffen, der das Paradies erträgt?

Glitzernde Welt, vom Menschen erschaffen – noch funktioniert sie nicht ohne erschreckende Pannen. Doch am Ende der Entwicklung wird daraus »ein technisches Südseeparadies« – so der amerikanische Forscher Gunther Stent in einem Buch, in dem er das »kommende Goldene Zeitalter« vorausberechnet.

Weltwunder Nr. 1

Die Durchbrechung der Lebensgrenze: Mit hundert so jung wie heute mit dreißig

Solange es denkende Menschen gibt, haben sie davon geträumt, das Leben zu verlängern, den Tod hinauszuschieben, den »Jungbrunnen« zu erfinden. Jetzt ist moderne Wissenschaft dabei, den Traum zu erfüllen. Die Mäuse im Blechbehälter des amerikanischen Forschers Denham Harman sind ihr erster handfester Erfolg. Das Leben der Tiere wurde mit Anti-Alters-Drogen um fast die Hälfte der normalen Dauer verlängert. Und genauso soll es auch mit dem Menschen geschehen. Durch Verjüngung aus der Retorte soll sich bis zum Jahr 2000 die Lebensspanne auf 150 Jahre verdoppeln. Mit hundert sollen wir noch so jung sein wie heute mit dreißig.

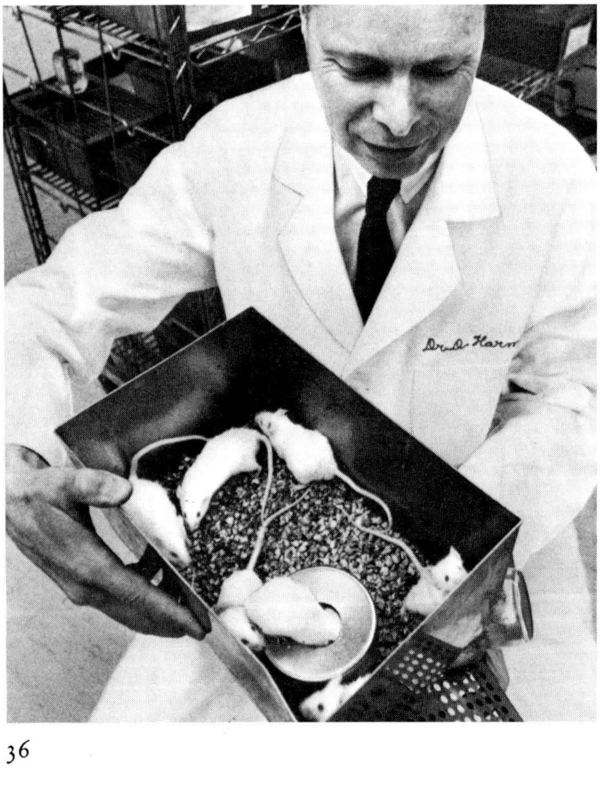

Das Leben hat eine letzte Grenze. Keine ärztliche Kunst vermochte es bislang darüber hinwegzuhelfen. So viele Krankheiten moderne Medizin auch ausrottete, das höchsterreichbare Lebensalter des Menschen verschob sich dadurch nicht um einen einzigen Tag. Das große Ende um die 80 herum blieb unverrückbares Schicksal.

Zum ersten Male verdichtet sich die Zuversicht, daß es nicht für immer so bleiben muß. Zum ersten Male halten Forscher Ergebnisse in der Hand, aus denen sie das klare Versprechen ableiten, noch in den knappen 30 Jahren bis zum Jahr 2000 dem Menschen seine kühnste Hoffnung zu erfüllen: die dramatische Verlängerung seines Lebens auf der Erde.

In den knappen dreißig Jahren bis zum Jahre 2000 schon soll es möglich werden, daß

- 60jährige sich auf 30 zurückverwandeln lassen,
- 100jährige wie in den besten Jahren aussehen und
- die durchschnittliche Lebenserwartung eines Menschen von heute 70 auf 150, auf 200, ja vielleicht sogar auf 300 Jahre emporschnellt.

Fast klingt es wie eine Münchhausen-Geschichte. Aber bahnbrechende Experimente beweisen, daß es geht. Pilzkulturen, Rädertierchen und Testmäuse erleben schon heute jene phantastischen Jungbrunnen-Wunder, die demnächst dem Menschen bevorstehen. Ein nie dagewesener Optimismus durchzieht die großen Labors der Welt und läßt die sonst so zurückhaltenden Wissenschaftler plötzlich in verheißungsvollen Prognosen schwelgen.

In Amerika verkündet Dr. Bernhard Strehler vom Nationalen Gesundheits-Institut: »Für diejenigen, die auf diesem Gebiet arbeiten, gibt es keinen Zweifel, daß die Klärung der Altersvorgänge noch in dieser Generation erreichbar ist.«

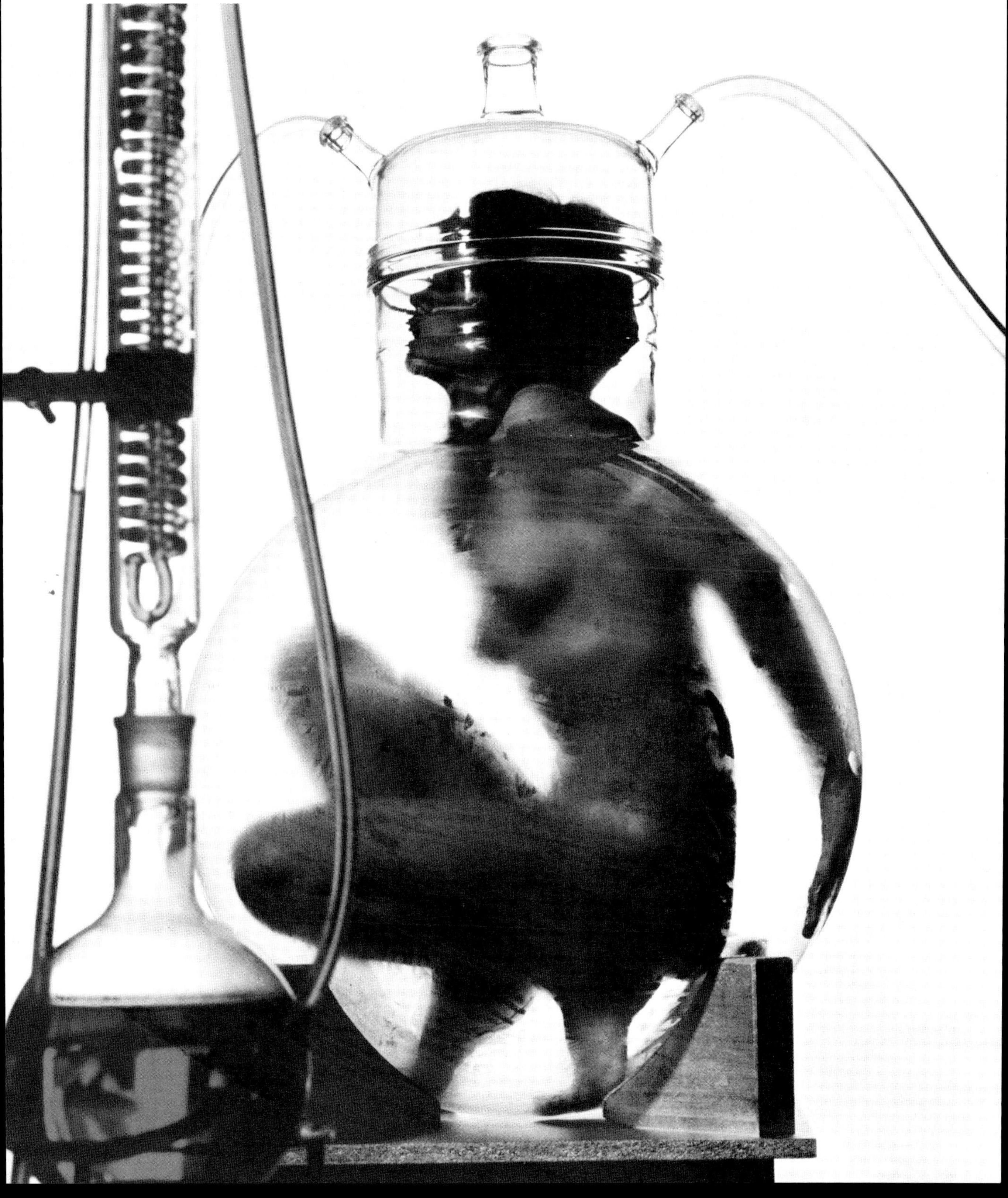

Sein Kollege Dr. Denham Harman von der Universität Nebraska ist überzeugt: »Die Medizin wird schon in verhältnismäßig kurzer Zeit und ohne übermäßige Kosten das große Ziel einer zumindest teilweisen Kontrolle über die Lebensdauer des Menschen erreichen.«

In England nennt Prof. Dr. Alexander Comfort vom University College London bereits konkrete Jahreszahlen: »Angesichts der Fortschritte, die wir in jüngster Zeit gemacht haben, bin ich sicher, daß wir (unter gewissen Voraussetzungen) innerhalb von 10 oder 15 Jahren ... das Altern des Menschen in beachtlichem Umfang kontrollieren können. Ich glaube mit dieser Voraussage nicht zu übertreiben.«

Noch bis vor kurzem konzentrierte sich alle Forschung auf das Ziel, den menschlichen Körper von der Geburt an möglichst »unfallfrei« über die volle naturgegebene Lebensdistanz zu bringen. Eine tödliche Krankheit nach der anderen wurde ausgerottet. Die durchschnittliche Lebenserwartung stieg in den Zivilisationsländern rapide an. Sie verdoppelte sich von etwa 35 Jahren Anfang des 19. Jhdts. auf heute 70 Jahre.

Damit ist die Medizin an der entscheidenden Grenze dessen angelangt, was durch Ausschalten von Krankheiten überhaupt erreichbar ist. Drei große Killer sind noch nicht besiegt – Herzkrankheiten, Krebs und Kreislaufversagen. Aber selbst wenn sie alle drei abgeschafft sind, wird das die durchschnittliche Lebenserwartung nur um knappe sieben Jahre erhöhen.

Der enge Spielraum, den lebensverlängernde Medizin nur noch vor sich sieht, ist die eine Seite des Problems. Die andere:

Nie war die Aussicht, sicher in die siebziger Jahre irdischen Daseins zu kommen, so groß wie heute. Nie zuvor haben so viele alte Leute gleichzeitig auf der Welt gelebt. Aber so recht froh macht diese Vorstellung niemanden. Denn das Alter, das man nun erreichen kann, hat einen entscheidenden Fehler: Man ist nicht mehr jung genug, sich seiner zu erfreuen.

Marilyn Monroe nahm sich das Leben, ehe sie alt zu werden begann. Marlene Dietrich kämpfte Jahrzehnte mit Puder, Schminke und versteckten Schönheitsoperationen dagegen an. Millionen Frauen pendeln irgendwo zwischen diesen beiden Extremen. Den Männern ergeht es nicht viel anders. Sie verstecken ihr Alter hinter Toupets, hinter optisch vorteilhaften Anzugnähten oder hinter dem Glanz junger Mädchen, mit denen sie sich drapieren.

Die Jugend geht vorbei... ein Bild, das traurig stimmt. Moderne Medizin erreicht heute, daß so viele Menschen wie nie zuvor alt werden können. Doch dieses Alter hat einen Fehler: Man ist nicht mehr jung genug, sich seiner zu erfreuen.

Taufliege, lebt einen Monat

Maus, lebt drei Jahre

Wal, lebt dreißig Jahre

Nashorn, lebt vierzig Jahre

Papageien, leben 100 Jahre

Schildkröte, lebt 200 Jahre

Sequoia-Fichten, 4000 Jahre

Der britische Biochemiker und Altersforscher Prof. Comfort registriert: »Ich glaube, daß gerade unser heutiges Wohlleben uns mehr denn je die Erniedrigung fühlen läßt, die in der Tatsache des Alterns liegt. Praktisch fürchten wir das Altwerden fast schon mehr als den Tod. Wie viele können es wirklich verkraften, ein Altersheim zu besuchen? Alle die Frauen, die man dort sieht, waren einmal hübsch oder doch zumindest jung. Alle diese Männer waren einmal tolle Burschen . . .«

Die medizinische Forschung, bislang nur darauf spezialisiert, möglichst viele alte Leute zu produzieren, zog aus solchen Überlegungen die Konsequenz. Immer mehr Wissenschaftler schalteten in den letzten Jahren um. Statt weitere Heilpräparate zu suchen, peilten sie das neue Ziel der künstlichen Verlängerung der Jugend an. Ein Forschungszweig bildete sich heraus, den es bis 1950 noch überhaupt nicht gab – die Gerontologie.

Bei ihrem Vorhaben, die schönsten Jahre des Menschen zu strecken, mußten die Gerontologen gegen zwei Vorurteile ankämpfen, die es ihnen bisweilen noch heute schwermachen.

Zunächst einmal gilt kaum ein Versprechen als so suspekt wie die Ankündigung, das »Elixier des Lebens« finden zu wollen. Zu lange ist die Menschheit damit genarrt worden. Zu Zeiten des biblischen Königs David mußten sich junge, hübsche, unberührte Mädchen zu dem Greis ins Bett legen, weil angeblich ihr Atem verjüngenden Effekt haben sollte. Im Mittelalter mischten Quacksalber »Verjüngungs-Menüs« zusammen, deren bevorzugte Beigabe das »Blut junger Jungfern« war. In den Jahren zwischen 1920 und 1927 ließen sich mehr als tausend ältere Männer Hodengewebe von jungen Schimpansen einsetzen, weil die Affendrüsen als Lebensborn galten. In den fünfziger Jahren wurde das

Ein Mensch ist aus tausend Milliarden einzelner Zellen zusammengesetzt. Jede ist im Prinzip so gebaut, wie sie unsere Zeichnung zeigt. Ihre verwirrenden Strukturen sind vorwiegend aus einem Material gefertigt – aus Eiweiß (Protein) in tausenderlei Varianten. Der Kern ist das »Gehirn« der Zelle. Er steuert ihre Lebensvorgänge. Und er erteilt auch die Befehle, welches Eiweiß-Material (E) hergestellt werden soll. Für die Eiweiß-Herstellung gibt es »Eiweißfabriken« (Ribosomen). Sie verteilen sich über die ganze Zelle. Doch auch diese »Eiweißfabriken« bestehen aus Eiweiß. Das aber bedeutet: Um eine solche Fabrik aufzubauen, muß es »Werkstätten« geben, die erst einmal die Bauelemente dafür anfertigen. Und in Fehlern genau dieses Produktionssystems entdeckten die Forscher den Grund für das Altern (siehe Schemazeichnungen rechts).

Mit dreißig Jahren etwa hat die »Maschine Mensch« den Höhepunkt ihrer Leistungsfähigkeit überschritten. Mit achtzig funktioniert der Körper nur noch halb so gut: (1) Geschmacksnerven auf 30 Prozent verringert; (2) Lungenleistung 50 Prozent; (3) Knochen brüchig; (4) Haut unelastisch; (5) Nervenimpulse 10 Prozent langsamer; (6) 37 Prozent weniger Nervenfasern; (7) Gehirngewicht fällt von 3,03 auf 2,72 Pfund; (8) 20 Prozent weniger Blut zum Gehirn; (9) Blutausstoß des Herzens 70 Prozent; (10) 20 Pfund Körperzellen abgestorben; (11) Nierenleistung 55 Prozent; (12) Adern verhärtet; (13) Körperflüssigkeit nur noch 82 Prozent; (14) verminderte Keimdrüsentätigkeit; (15) verminderte Muskelkraft (Hand noch 55 Prozent)

Bär, lebt vierzig Jahre

Löwe, lebt dreißig Jahre

Gorilla, lebt dreißig Jahre

»Gelee Royale« der Bienenkönigin verkaufsträchtiger Tip der Verjünger. Millionen Mark werden jährlich für Säfte, Pillen und Pülverchen ausgegeben, nach denen man sich »noch einmal so jung fühlt« (gängige Werbewendung) – nur leider nicht ist.

Aus der Enttäuschung über die Pleiten der Vergangenheit entwickelte sich Vorurteil Nr. 1. Es lautet schlicht: Alle Lebensverlängerer sind Scharlatane.

Vorurteil Nr. 2 hat dagegen mehr mythologisch-schicksalhafte Hintergründe. Ihm gilt die Lebensspanne als ehernes Naturgesetz, an dem kein Mensch rütteln kann. Für die einen gibt es so etwas wie einen himmlischen Zauberstab, der den korrekten Ablauf von Heranwachsen und Dahinscheiden steuert: Da tickt eine geheimnisvolle Lebensuhr, und wenn sie abgelaufen ist, dann ist eben alles aus und zu Ende. Für die anderen wird der menschliche Körper zu einer Art biologischem Automobil: Er läuft und läuft – bis das Modell eines Tages auf der Strecke liegen bleibt, alt, verrostet, abgenutzt, Motor kaputt, Getriebe verschlissen, Schrott. Bei beiden Vorstellungen – der mythischen wie der mechanischen – ist auf jeden Fall eines klar: daß ein Körper in der Regel nach 75 oder 85 Jahren unwiederbringlich verbraucht und die Lebensdauer ein unumstößliches Naturgesetz ist.

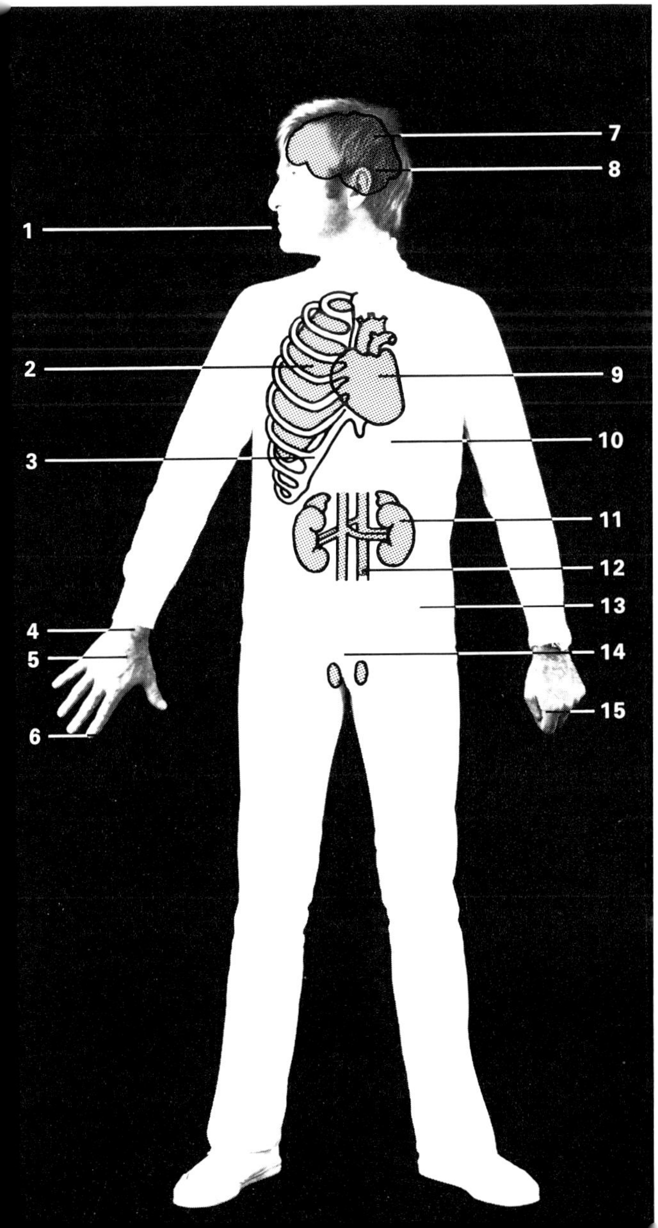

Die ersten Experimente, die den klaren Gegenbeweis erbrachten, gelangen dem amerikanischen Gerontologen Dr. Clive M. McCay. Der Wissenschaftler ging von einer simplen Überlegung aus. Er sagte sich: Mensch und Maus sind beide aus Fleisch und Blut. Aber das eine Lebewesen wird maximal drei, das andere 85 Jahre alt.

Der große Unterschied konnte nicht in der Sache selbst liegen. Im Prinzip ist Mäusefleisch schließlich nicht anders konstruiert als Menschenfleisch. Es mußte also etwas geben, wodurch bestimmt wurde, daß dieses schnell und jenes weniger schnell altert.

Dieses »Etwas« war offensichtlich vererbbar. Nicht nur, daß Mäuse ein anderes Lebenspotential mitbekamen als Menschen. Auch innerhalb der Art erbten die einen mehr Lebenszeit als die anderen.

Wenn aber ein spezieller »Altersfaktor« in jedem Lebewesen die äußerste Lebensdauer festlegte, dann war es sehr wohl denkbar, daß man künstlich ein bißchen daran herumstellen konnte.

Zumindest ein Beispiel aus der Natur sprach dafür, nämlich das der Bienenkönigin. Sie unterscheidet sich zu Beginn ihrer Entwicklung in nichts von anderen Bienen. Dann wird sie jedoch mit »Gelee Royale« gefüttert, einer Substanz, die sich im Körper der Arbeitsbienen bildet. Die seltsame Diät wirkt Wunder. Die Königin wächst nicht nur zur größten Biene im Korb heran, ihr wird auch ein Leben geschenkt, das alle Immen-Dimensionen sprengt. Sie lebt zehn- bis fünfzehnmal länger als gewöhnliche Arbeitsbienen. Auf den Menschen bezogen würde das bedeuten, daß er plötzlich 700 bis 1000 Jahre alt werden könnte.

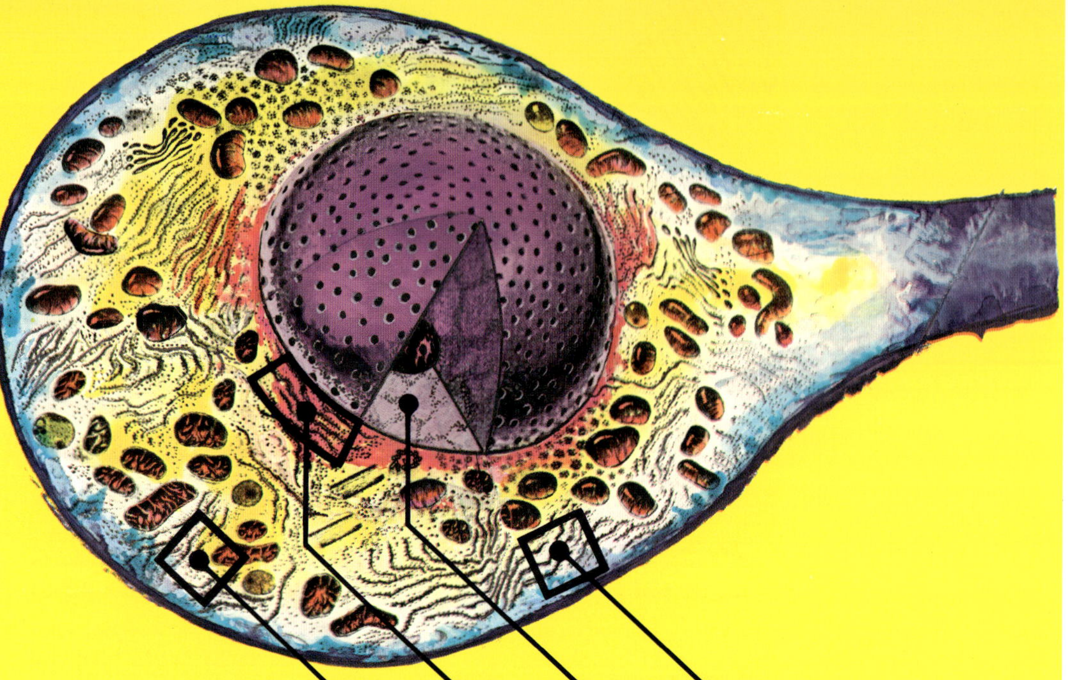

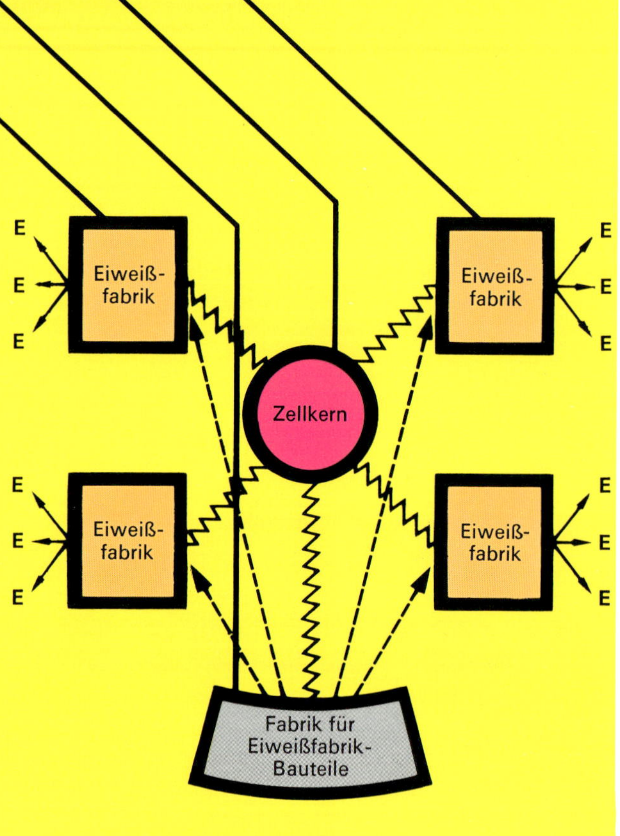

Ein Mensch ist aus Tausend Milliarden einzelner Zellen zusammengesetzt. Jede ist im Prinzip so gebaut, wie sie unsere Zeichnung zeigt. Ihre verwirrenden Strukturen sind vorwiegend aus einem Material gefertigt – aus Eiweiß (Protein) in tausenderlei Varianten. Der Kern ist das »Gehirn« der Zelle. Er steuert ihre Lebensvorgänge. Und er erteilt auch die Befehle, welches Eiweiß-Material (E) hergestellt werden soll. Für die Eiweiß-Herstellung gibt es »Eiweißfabriken« (Ribosomen). Sie verteilen sich über die ganze Zelle. Doch auch diese »Eiweißfabriken« bestehen aus Eiweiß. Das aber bedeutet: Um eine solche Fabrik aufzubauen, muß es »Werkstätten« geben, die erst einmal die Bauelemente dafür anfertigen. Und in Fehlern genau dieses Produktionssystems entdeckten die Forscher den Grund für das Altern (siehe Schemazeichnungen rechts).

Wie die Bienen, so versuchte es zunächst auch Dr. McCay mit Spezialfütterung. Seine Testtiere waren Ratten. Was, so fragte er sich, würde wohl passieren, wenn er ihren Lebensablauf dadurch langsamer zu schalten versuchte, daß er sie auf Hungerrationen setzte und so im Wachstum behinderte?

Eine grausame Prozedur begann. Vom Tage der Geburt an erhielten die Tiere eine genau dosierte Diät, die zum Leben zuwenig und zum Sterben zuviel war. Nicht einen Tag durften sie sich satt fressen.

Das Ergebnis war überraschender als alles, was Dr. McCay erwartet hatte. Normalerweise sterben Ratten nach einem Leben von etwa 750 Tagen. Die Hunger-Tiere aber waren zu diesem Zeitpunkt noch nicht einmal voll entwickelt. Erst mit etwa 1000 Tagen waren sie erwachsen. Und erst nach 1465 Tagen starben sie.

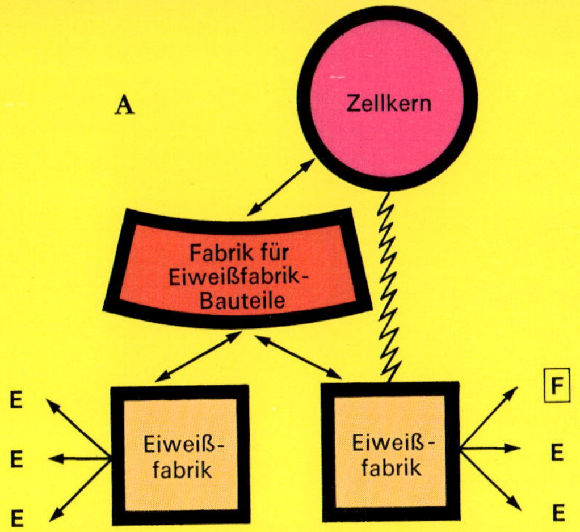

Wenn eine normale Eiweißfabrik einmal ein falsches Eiweißmolekül produziert, ist das nicht schlimm. Alle nachfolgenden sind ja wieder richtig, die wenigen falschen fallen nicht auf.

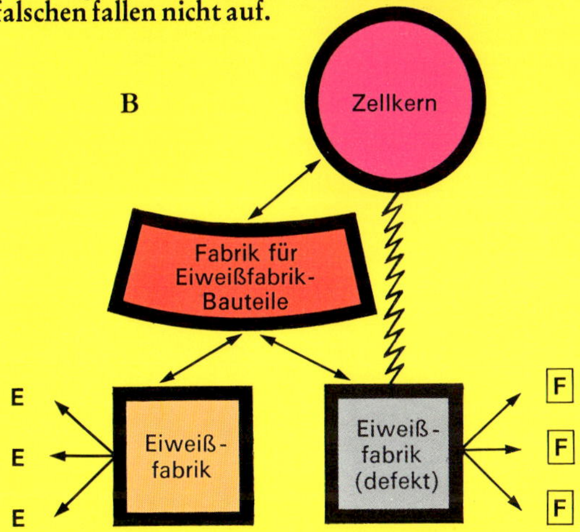

Schlimmer ist es schon, wenn die Fehlkonstruktion eines solchen Eiweißmoleküls einer Spezialwerkstatt unterläuft: der Werkstatt, die das Baumaterial für eine neue Eiweißfabrik liefert. Dann entsteht eine defekte Eiweißfabrik, die pausenlos und ausschließlich fehlerhafte Eiweißmoleküle macht.

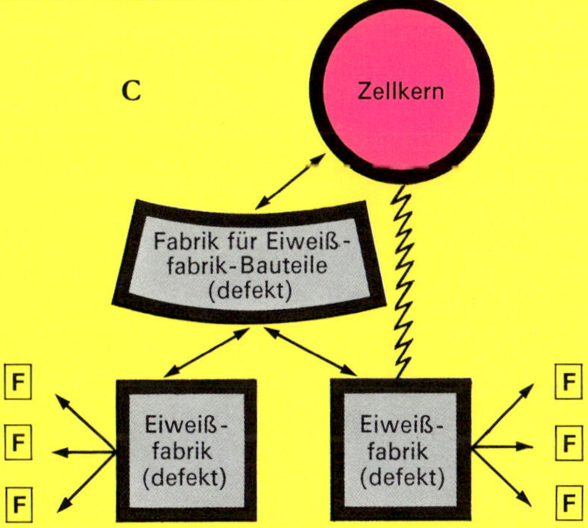

Ganz schlimm wird die Sache indessen, wenn ein falsches Eiweißmolekül zum Aufbau einer neuen »Spezialwerkstatt« benutzt wird. Alle neuen Eiweißfabriken, für die sie Baumaterial liefert, werden dann defekt – und produzieren falsches Eiweiß.

E = Eiweiß F = falsches Eiweiß

Das heißt, ihre Lebensspanne war praktisch verdoppelt.

Die Experimente halfen in der Praxis nicht weiter. Man konnte Menschen schließlich nicht unterfüttern wie die Ratten. Immerhin, die Wissenschaftler erhielten dadurch die Gewißheit, daß die Lebensverlängerung im Prinzip möglich sein mußte. Überzeugt prophezeite der amerikanische Nobelpreisträger Linus Pauling: »Der Tod ist unnatürlich. Theoretisch ist der Mensch so gut wie unsterblich. Sein Körpergewebe vermag sich aus sich selbst heraus zu ersetzen. Sein Körper ist eine sich selbst reparierende Maschine. Zugegeben, er wird alt und stirbt. Die Gründe dafür sind uns noch ein Geheimnis. Aber wenn wir erst einmal die genauen physiologischen Vorgänge der chemischen Körpersubstanzen kennen, dann wird der Erfolg unser sein.«

Eine Periode hektischer Forschungen setzte ein. Ganze Legionen von Testtieren gingen durch die Qualen moderner Serien-Experimente. Die Forscher nähten Mäuse verschiedenen Alters bei lebendigem Leibe zusammen, um zu überprüfen, ob es vielleicht zum Austausch eines geheimnisvollen »Altersgiftes« kam. Sie ließen Testtiere in absolut keimfreien Boxen aufwachsen. Sie beschossen sie mit Radioaktivität, sie pumpten sie voll mit erbschädigenden Stoffen, sie fütterten sie mit seltsamen Substanzen, spritzten ihnen Hormone ein und schnitten ihnen Drüsen heraus. Durch einen Wust von Meßergebnissen und Testbeobachtungen versuchten sie, sich an die Lösung der Frage heranzuarbeiten: Warum altert ein Körper?

Die Folge war eine Flut von Alterstheorien. Als der amerikanische Gerontologe Denham Harman sie zusammenstellte, kam er auf über 120. Er unkte: »Die Leute mit ihren Alterstheorien erinnern mich an die Geschichte von den sieben Blinden, die einen Elefanten befühlten. Dem einen, der ein Bein zu packen bekam, schien der Elefant ein Baum zu sein; der nächste, der den Rüssel betastete, dachte, es handle sich um eine Schlange und so weiter. Jeder hatte irgendwie ein bißchen recht, soweit er es eben verstand . . .«

Immerhin, die Blinden ließen nicht locker, bis sie endlich den ganzen Elefanten hatten. Auf dem 8. Weltkongreß der Gerontologen, zu dem sich wissenschaftliche Prominenz aus vierzig Ländern in Washington versammelt hatte, konnte der britische Forscher Alexander Comfort in einem aufsehenerregenden Einleitungsreferat verkünden:

»Zum ersten Male sind wir hier in der Lage zu versprechen: Wenn die Medizin sich der Sache mit dem nötigen Nachdruck widmet, dann könnte in relativ kurzer Zeit und mit relativ geringen Mitteln dem Menschen eine seiner ältesten Wunschvorstellungen erfüllt werden – die Kontrolle über seine Lebensdauer.« Und in vollem Ernst fügte der Wissenschaftler hinzu: »Ich möchte schon jetzt die Lebensversicherungen warnen. Wir stehen vor einer Attacke (auf die bisherige Lebensgrenze) – innerhalb von Jahren, nicht erst innerhalb von Jahrzehnten.«

Winzige Lebewesen lieferten den Schlüssel, der dem Menschen das Paradies unvorstellbarer Langlebigkeit öffnen soll. Sie sind kaum so groß wie ein Stecknadelkopf und bestehen aus einer einzigen Zelle. Man nennt sie Protozoen. Sie sind die Urtierchen des Lebens überhaupt. Als vor einer Milliarde Jahren sich in der Ursuppe der Meere das Leben zusammenbraute, waren sie die ersten echten Lebenseinheiten. Heute vagabundieren sie entweder wie einst und je im Wasser umher, oder sie siedeln als Krankheitskeime in fremden Organismen. Die gefürchteten Amöben der Ruhr sind solche Einzeller der ersten Stunde irdischen Lebens.

Die Altersforscher machten die Protozoen aus zweierlei Gründen zu ihren bevorzugten Versuchstierchen:

Erstens haben die Einzeller genau jene Eigenschaft, die man sich auch für den Menschen wünscht – sie sind unsterblich. Werden sie »erwachsen«, so teilen sie sich; aus dem einen alten Einzeller entstehen zwei neue junge. Aber nie bleibt ein Leichnam zurück.

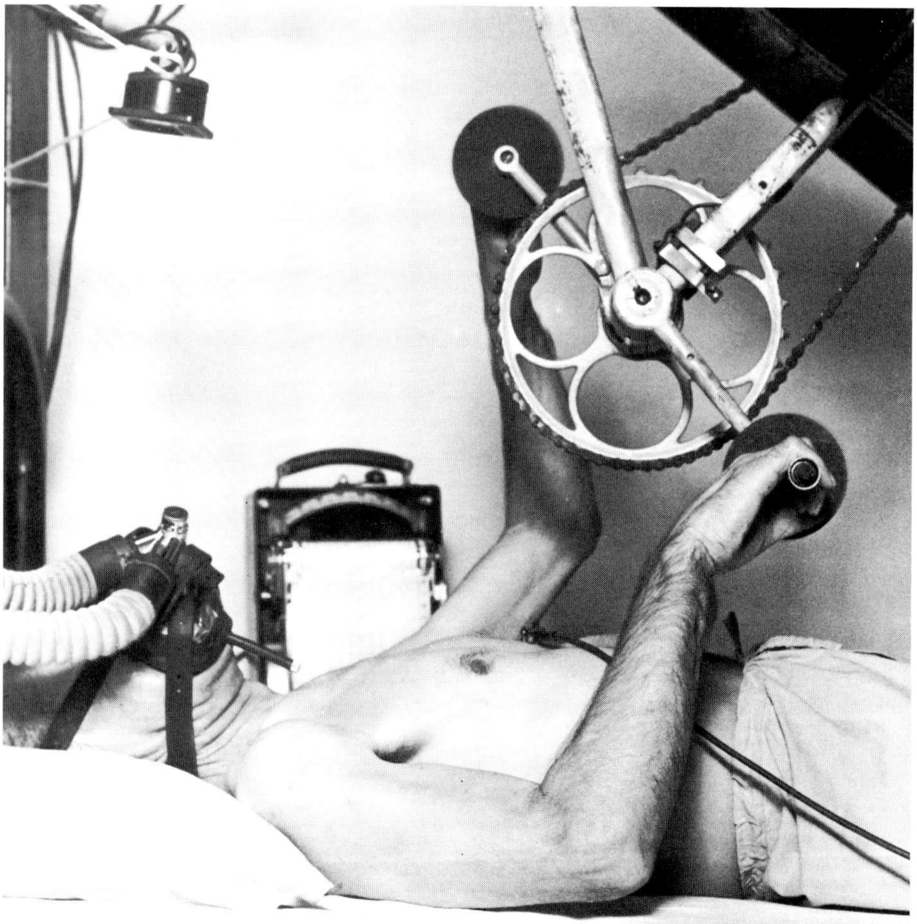

Wie vermindert sich die Leistungsfähigkeit mit zunehmendem Alter? Um diese Frage zu klären, mußten in den Nationalen Gesundheitsinstituten der USA ältere Testpersonen spezielle Kraftmaschinen drehen. Dabei wurde ihr Atem analysiert. In welchem Maße sich im Alter die inneren Feinstrukturen des Körpers verändern, zeigen elektronenmikroskopische Aufnahmen.

Zweitens ist, genaugenommen, der menschliche Körper im Prinzip nichts anderes als eine Ansammlung eben solcher Einzeller. Sein Fleisch und Blut ist zusammengesetzt aus rund tausend Milliarden einzelner Zellen, deren Grundstruktur sich in nichts von der Grundstruktur jener Einzeller unterscheidet, die in einer Wasserpfütze am Straßenrand herumschwimmen.

Zwar haben sich die »Einzeller«, die im menschlichen Körper zusammengeschlossen sind, in ihren Funktionen spezialisiert. Nicht jeder tut mehr alles. Man bildet sozusagen einen Verein auf Gegenseitigkeit. Die einen machen die Arbeit (sie bilden die Muskeln). Andere versorgen sie dafür mit Nahrung (was die Leberzellen übernommen haben). Wieder andere dirigieren die Zellkolonie umsichtig durch die Fährnisse des Lebens (nämlich die Nervenzellen). Aber wer mit dem Elektronen-Mikroskop in jede einzelne dieser verschieden spezialisierten Zellen hineinschaut, kann keinen entscheidenden Unterschied zu den freien Einzellern entdecken – außer, daß die im Verbund lebenden Zellen irgendwie das Todesurteil in sich tragen.

Daß sie Todeskandidaten sind, läßt sich im Reagenzglas zeigen. Schüttet man einzelne menschliche Körperzellen in eine Nährlösung, gibt man ihnen sozusagen die Freiheit von einst wieder, so entwickeln sie sich zunächst wie normale Einzeller. Sie teilen sich in neue, verjüngte Zellen auf, die wiederum heranwachsen und die sich wiederum teilen. Vierzig bis fünfzig Teilungen lassen sich mit Zellen erreichen, die einem menschlichen Embryo entstammen. Aber dann ist es plötzlich aus. Die Vermehrungsfähigkeit hört auf, sämtliche Zellen gehen zugrunde; sie sterben.

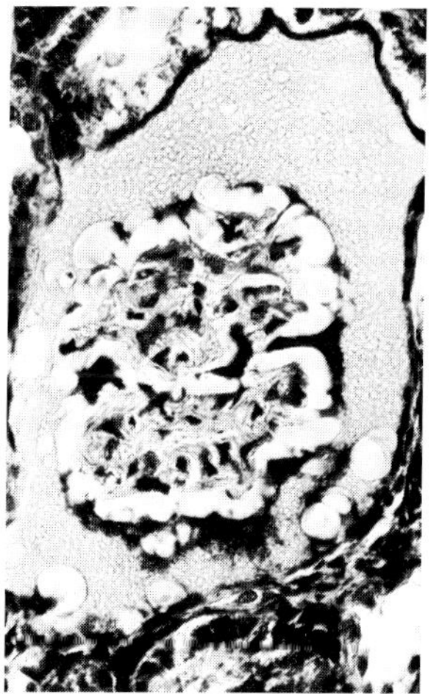

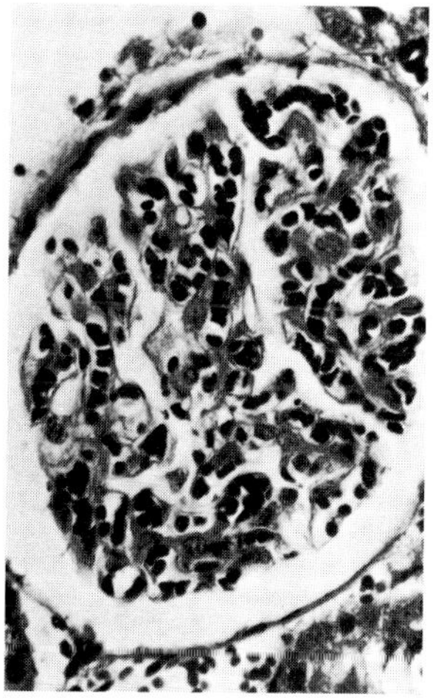

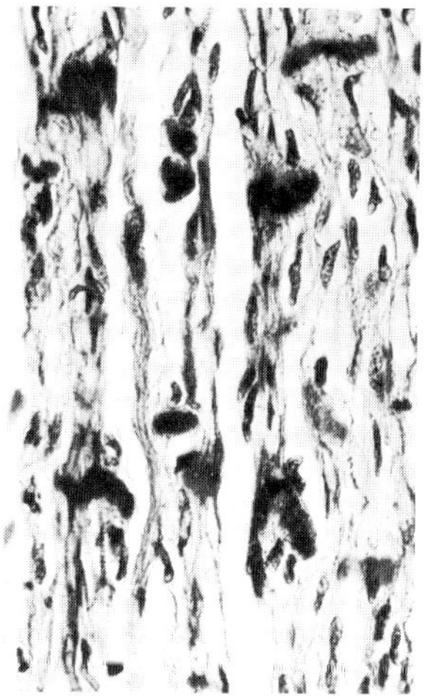

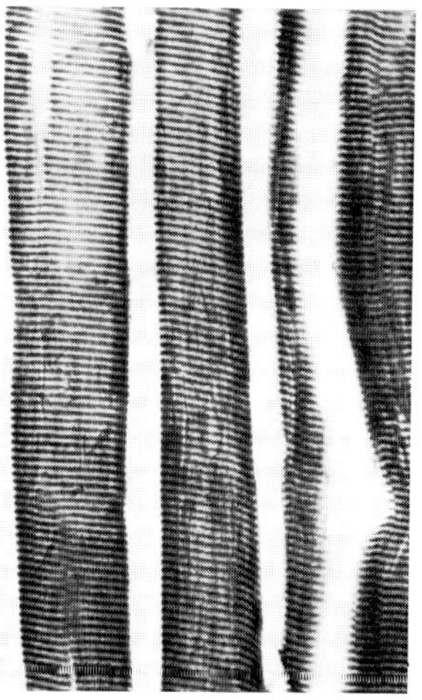

Das große Sterben, das im Reagenzglas nach der 50. Teilung einsetzt, gibt es auch im menschlichen Körper. Es beginnt so um die Dreißig herum kaum merklich, steigert sich dann aber mit zunehmendem Alter immer mehr. Bei einem 80jährigen sind bereits 20 Pfund Körperzellen für immer gestorben. Der Zelltod geht unaufhörlich weiter, bis schließlich das ganze System der Zellkolonie Mensch zusammenbricht.

Warum sterben Körperzellen und warum sterben freie Einzeller nicht? Diese Frage wurde nun zum zentralen Forschungsproblem. Den Gerontologen war klar: Wenn sie den Grund für das Sterben der Körperzellen kannten, dann kannten sie auch den Grund für das Altern.

Ihr erster Verdacht richtete sich auf die Erbsubstanz. In jeder Zelle befindet sich ein weißliches Pulver, die Desoxyribonukleinsäure (DNS). Dieses Erbpulver setzt sich zusammen aus mindestens 40000 Krümelchen, den Erbträgern der Gene. Sie bestimmen, wie ein Mensch aussieht, und sie geben die Anweisungen, was in jeder einzelnen Zelle vor sich gehen soll, welche Art von Protein (Eiweiß) sich darin bildet und wie die Zellteilung abläuft.

Die Forscher kalkulierten nun: Erbsubstanz ist Unfällen ausgesetzt. Sie wird durch Strahlen oder Chemikalien geschädigt. Mit zunehmendem Alter müßte es daher immer mehr defekte Gene im Körper geben. Be-

Trotz Verjüngungspille kann es vorkommen, daß ein Organ ausfällt, streikt. Dann kommt Ersatz vom Tier. Prof. Barnard, Herzverpflanzer Nr. 1, sagt für das Jahr 2000 ganze Tierherden als speziell gezüchtete Ersatzteil-Spender voraus. Hier sein Team bei einer Herzverpflanzung am Pavian.

schädigte Gene bedeuten falsche Eiweißproduktion. Falsches Eiweiß aber vergiftet die Zelle. Der Organismus gerät durcheinander, er altert und stirbt.

So logisch das indessen auch klang, dem strengen Kreuzverhör praktischer Nachprüfung hielt die Theorie nicht stand. Den Beweis, daß es nicht so sein konnte, lieferten zwei Wespen, die sich die Altersforscher für ihr Experiment passend zurechtzüchteten. Die Insekten sahen äußerlich völlig gleich aus. In ihren Zellen aber unterschieden sie sich. Das eine hatte die Erbanweisungen nur einmal, das andere besaß alle Gene doppelt. Beide wurden nun der gleichen Menge schädlicher Strahlung ausgesetzt. Stimmte die Theorie, dann mußte das Leben der doppelt bestückten Wespe weniger verkürzt werden. Sie hatte schließlich Ersatz.

Die Theorie stimmte nicht. Beide Wespenarten wurden in genau der gleichen Weise geschädigt.

Fast zur gleichen Zeit, da die Forscher nach jahrelangen Versuchen diese Fehlanzeige vermelden mußten, gelang ihnen jedoch auf anderem Gebiet ein bemerkenswerter Erfolg. Sie schafften es, unsterbliche Einzeller sterblich zu machen.

Auf den ersten Blick sah die Sache abwegig aus. Schließlich wollte man ja für den Menschen genau das Gegenteil erreichen. In Wahrheit aber war damit die Chance gekommen, erstmals den kleinen Unterschied zwischen sterblich und nicht sterblich einzukreisen.

Bei den künstlich geschaffenen Todeskandidaten handelte es sich um eine Amöbenart. Mit ihnen begann Prof. J. Danielli von der Universität Buffalo ein diffiziles Experiment: Er entnahm ihnen mit einer winzigen Injektionsnadel ein wenig Zelleiweiß und impfte es unsterblichen Amöben ein.

Normalerweise ist eine derartige Übertragung unter Amöben ohne Bedeutung. In diesem Fall aber wurde sie tödlich. Die eben noch unsterblichen Amöben begannen plötzlich genauso auszusterben wie jene, aus denen das übertragene Eiweiß stammte.

Die Konsequenz war klar. Nicht im Erbmaterial (DNS), sondern im Zelleiweiß (Protein) schien die Lösung zu liegen. Dort, so schlußfolgerte Professor Danielli, setzte offensichtlich an, was wir altern nennen.

Auf seine Entdeckung baute sein Kollege Professor Leslie Orgel, einer der brillantesten Wissenschaftler der Welt, eine neue Alterstheorie auf. Seine Erklärung für die geheimnisvollen Altersvorgänge:

Der Mensch und seine Ersatzteil-Verwandten

Organspender-Tiere sollten möglichst etwa so groß wie ein Mensch sein. Das Schaubild, das die Affen unbehaart zeigt, bietet einen Vergleich.

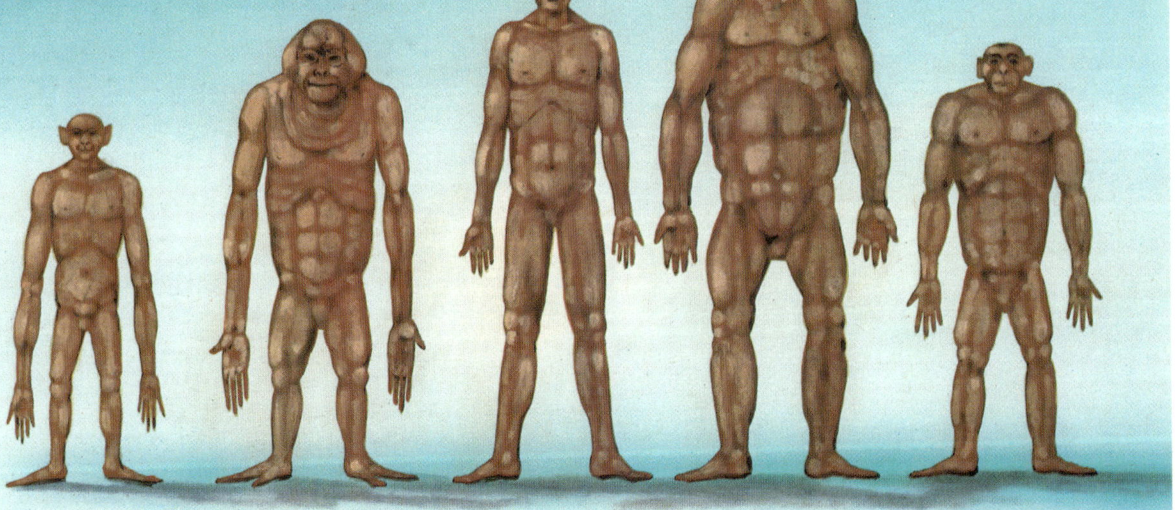

GIBBON Hyglobates — ORANG-UTAN Pongo pygmaeus — MENSCH Homo sapiens — GORILLA Gorilla gorilla — SCHIMPANSE Pan troglodytes

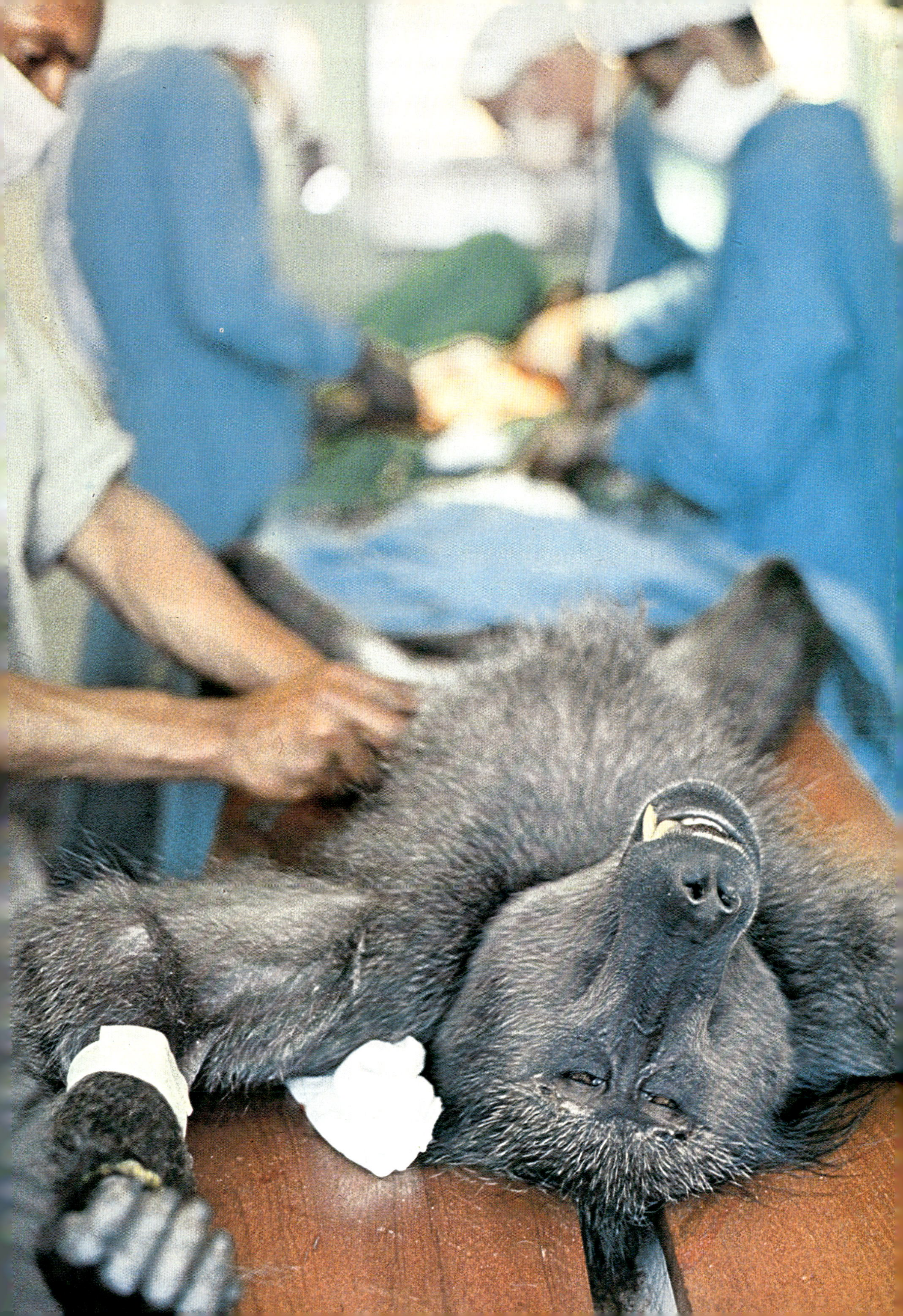

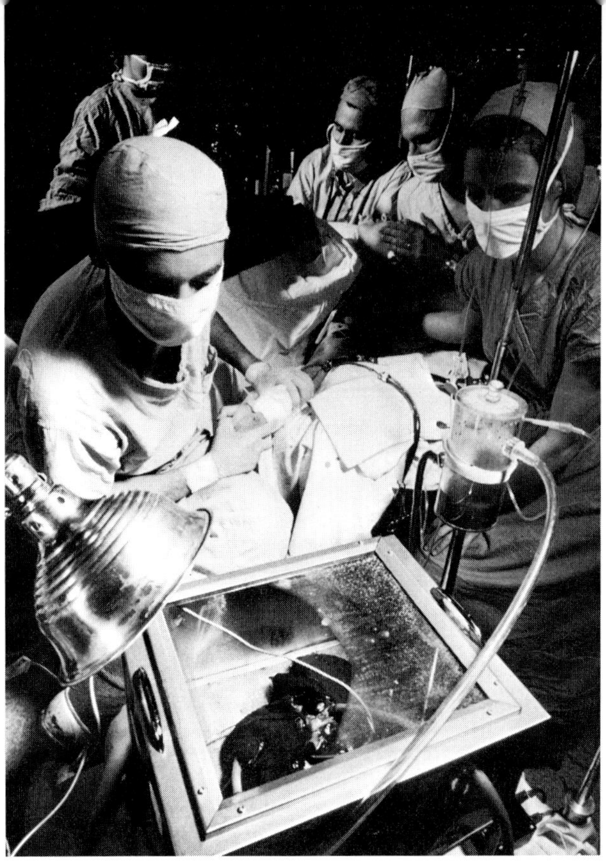

Die frische Leber in diesem Glaskasten stammt von einem Schwein. Amerikanische Ärzte verbanden das Tierorgan mit dem Blutkreislauf eines Patienten, dessen eigene Leber versagt hatte. Tatsächlich funktionierte die Schweineleber über Stunden auch beim Menschen.

Ersatzteillager für den biologischen Apparat Mensch: Bestimmte Dinge wie Blut, Haut, Knochen oder Knorpelmasse der Augen werden schon heute in Ersatzteil-Banken tiefgekühlt aufbewahrt.

Jede einzelne der tausend Milliarden Zellen des menschlichen Körpers ist praktisch eine vollautomatische Eiweißfabrik. Sie arbeitet mit komplizierten Fertigungs- und Überwachungsanlagen. Dennoch gibt es bisweilen auch in ihr Fehlprodukte, Ausschußware sozusagen. Das ist nicht weiter tragisch, solange der Schund nur die Ausnahme bleibt.

Nun kann es jedoch passieren, daß nicht nur zufällig ein falsch geprägtes Stück hinausgeht, sondern daß Prägemaschinen defekt werden und pausenlos Ausschuß liefern. Dann sieht die Sache schon wesentlich gefährlicher aus.

Wirklich schlimm aber wird es, wenn eine Prägemaschine kaputt geht, die dafür da ist, neue Prägemaschinen zu machen. Denn dann ist die Katastrophe nicht mehr aufzuhalten. Der Ausschuß überwiegt, die Produktion bricht zusammen, die Zelle stirbt (siehe Graphik auf Seite 43).

Genau das aber, so theoretisierte Professor Orgel, spielte sich in der Eiweißfabrik der Zelle ab. Das Altern sei nichts als jene Eskalation von Produktionsirrtümern und der Tod nichts als die große »Irrtums-Katastrophe«.

Tatsächlich sprechen inzwischen zahlreiche Experimente dafür, daß er mit dieser Erklärung eines der größten Rätsel des Lebens gelöst hat.

Im John-Innes-Institut (Bayfordbury) fütterte der Biochemiker Brian Harrison Fruchtfliegen mit ganz bestimmten Eiweißbausteinen (Aminosäuren), die gezielte Defekte in die Eiweißfabrikation der Zellen einschmuggelten. Ergebnis: »Wir sahen, daß sich die

Lebensspanne der Fliegen in der Tat radikal verkürzte.« Im britischen National-Institut für Medizinische Forschung versuchte der Alters-Experte Robin Holliday das gleiche mit winzigen Pilzen. Er kam zum gleichen Ergebnis. Bei wieder anderen Versuchen benutzten die Forscher Brotschimmel, weil sich darin das Wirken der eingebauten Fehler besonders deutlich nachweisen läßt. Auch sie fanden: Das ganze Geheimnis, warum wir sterben müssen, liegt offenbar in der Tatsache, daß in den Zellen bei der Eiweißproduktion etwas kaputtgeht.

Das aber ist für die Forscher ein Grund zum Jubeln. Schlimm wäre es gewesen, hätte sich der Fehler im Erbmaterial herausgestellt. Fehler im Eiweiß lassen sich korrigieren. Davon sind sie überzeugt.

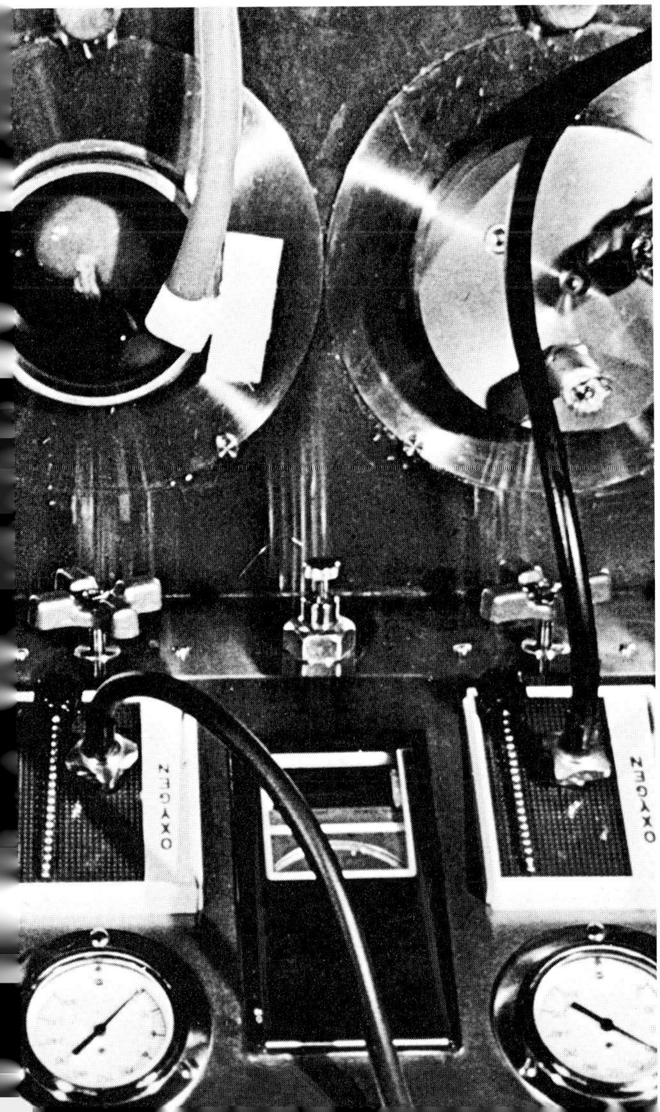

Die ersten Ansätze zu solcher Reparaturarbeit am Zellgebäude des Körpers gibt es bereits. So testet Professor Denham Harman von der Universität Nebraska gegenwärtig eine Methode, die nach seiner Überzeugung schon in Kürze »einer beachtlichen Zahl von Menschen ein Leben von weit über hundert Jahren bringen wird.« Worum es dabei geht, ist folgendes:

Nachweisbar werden Zellen geschädigt, weil sich in ihrem Eiweiß die gleichen Stoffe bilden, die zum Beispiel Butter ranzig und Autoreifen brüchig werden lassen. Man nennt diese Stoffe »Freie Radikale«.

Nun haben Gummi-Industrie und Nahrungsmittel-Chemie inzwischen Substanzen herausgefunden, mit denen sie den Verfall ihrer Produkte aufhalten können. Sie machten die »Freien Radikalen« unwirksam mit einer Art chemischem Staubsauger: Die Schädlinge werden chemisch gebunden, ehe sie Unheil anrichten können.

Professor Harman fragte sich, warum man mit dem menschlichen Körper nicht das gleiche wie mit der Butter machen sollte. Er begann, die in der Industrie verwendeten Haltbarmacher in »lebendigen Systemen« – nämlich bei Mäusen – zu testen.

Er hatte Erfolg. Drei Chemikalien erwiesen sich als wirksam:

- ein Mittel, das industriemäßig Gummierzeugnissen und Schweineschmalz beigegeben wird (Ter-Butylhydroxytoluen, kurz BHT),
- ein Stoff, den Züchter heute dem Brathähnchenfutter beigeben, um ihre Tiere vor der »Crazy-chicken«-Krankheit zu bewahren (Ethoxyquin), und
- ein Strahlenschutzmittel (2-Mercyptoäthylamin).

Wenn Professor Harman seinen Mäusen diese Substanzen unter das Futter mischte, lebten sie im Durchschnitt 44 Prozent länger als normal. Auf den Menschen bezogen würde das bedeuten: Statt wie bisher bei 70 Jahren läge die allgemeine Lebenserwartung plötzlich bei 105.

Professor Harman hat die Stoffe inzwischen an mehr als 1700 Mäusen erprobt. In England laufen ähnliche Versuche mit Fischen und Ratten. Es wird erwartet, daß schon sehr bald auch die ersten freiwilligen Versuchspersonen die Haltbarmacher einnehmen werden.

Einen anderen Weg loten die Biochemiker des Oak-Ridge-Laboratoriums in Knoxville (Tennessee) aus. Sie sagten sich: Wenn Altern wirklich auf Fehlern in der Eiweißproduktion der Zelle beruhte, dann mußte man

dem Körper eben helfen, dieses falsche Material auszusortieren. Wie konnte das geschehen?

Natürliche Schutzgarde gegen falsches Eiweiß sind die Antikörper. Wird einem Menschen etwa ein fremdes Herz eingesetzt, stürzen sie sich sofort auf dieses körperfremde Eiweiß und suchen es zu vernichten. Möglicherweise, so überlegten die Forscher, war die gleiche Schutztruppe auch im Einsatz, wenn es galt, falsch fabriziertes körpereigenes Eiweiß zu vernichten. Und möglicherweise erlahmte sie bei diesem täglichen Kleinkrieg mit der Zeit immer mehr – bis schließlich die von Professor Orgel beschriebene »Irrtums-Katastrophe« da war.

Erste Experimente schienen den Verdacht zu bestätigen. Die Forscher gingen dabei den direkten Weg. Antikörper werden zum Beispiel im Rückenmark gebildet. Also füllten die Wissenschaftler eine Maus im besten Alter (97 Wochen) mit jugendlichem Knochenmark auf. Sie spritzten ihr den Extrakt aus dem Rückenmark einer ganz jungen Maus ein.

Die Verjüngungsspritze wirkte. Es war, als ob der Maus ein neues Leben geschenkt wurde. Die längste Lebenszeit, die ein Exemplar ihrer Gattung normalerweise erreichen kann, beträgt 156 Wochen (drei Jahre). Die behandelte Maus übertraf solche Rekorde. Sie lebte 204 Wochen.

Die ältesten Menschen der Welt sollen um die 150 Jahre alt geworden sein. Auf sie bezogen, würde das Mäuseexperiment bedeuten: Demnächst wird es Menschen geben, die 200 Jahre leben, und durchschnittliche »120 Lebensjahre werden keine Seltenheit mehr sein« – so Dr. J. Albright vom Oak-Ridge-Laboratorium.

Der Wissenschaftler hält es für möglich, daß die lebensverlängernde Spritze auch beim Menschen schon sehr bald angewendet wird. Dabei müsse es natürlich das Ziel sein, die gefragten Antikörper für die Verjüngungstherapie künstlich herzustellen. Bis es soweit ist, lasse sich indessen das gleiche Verfahren wie bei der Maus erproben. Junge Markzellen (etwa von gestorbenen Kindern oder amputierten Kindergliedmaßen) könnten beliebig lange eingefroren und bei Bedarf injiziert werden.

Knochenmark ist nur ein Teil des Immunsystems, das im Körper gegen falsches Eiweiß ankämpft. Auch die Milz gehört dazu. Bei ihren Mäusen entdeckten nun die Oak-Ridge-Wissenschaftler eben an jenem Organ mit

Der Jungbrunnen der Phantasie: Was sich Menschen seit Urzeiten erträumten, verdeutlicht dieses Gemälde von Lucas Cranach d. Ä. Alt und hutzelig ins Zauberwasser steigen und schön und jung wieder herauskommen . . .

Der Jungbrunnen der Wissenschaft: Nicht oberflächliche Säuberung verjüngt. Es kommt darauf an, so entdeckten die Forscher, falsche Eiweißmoleküle aus dem Innern des Körpers herauszuschaffen (hier ein Modell der komplizierten Gebilde). Erst daraus ergibt sich »nicht nur die Möglichkeit, das Altern zu verlangsamen, sondern es auch rückgängig zu machen.« (Prof. Comfort, London)

Beginn des Alterns auffällige Veränderungen. Die Milz wurde größer. Doch je größer sie wurde, desto weniger Antikörper produzierte sie. Wenn sie aber keine Antikörper lieferte, was fabrizierte sie dann? Etwa irgendwelche Fehlprodukte, die als zusätzliches Zellgift wirkten?

Um das zu überprüfen, schnitten die Wissenschaftler den Mäusen im Alter von 100 Wochen die Milz heraus. Zu diesem Zeitpunkt sah das Organ noch normal aus. Ihr Verdacht bestätigte sich. Versuchsleiter Dr. T. Makinodan: »Durch diesen simplen chirurgischen Eingriff waren wir in der Lage, die Lebenserwartung der Mäuse mit einem Schlag zu verdoppeln.«

Noch weiß niemand, ob sich die Milz des Menschen in der gleichen Weise gegen den eigenen Körper wendet wie die der Maus. Wenn ja, dann wäre die Konsequenz dramatisch. Eine harmlose Operation – der Herausnahme des Blinddarms vergleichbar, der ebenfalls zum Immunsystem gehört – und die durchschnittliche Lebenserwartung würde von 70 auf 140 Jahre emporschnellen. Dem Menschen wäre ein volles zweites Leben geschenkt.

Es sind Erfolge wie diese, die den Wissenschaftlern Auftrieb wie nie zuvor geben. Denn so argumentiert Professor Alexander Comfort: »Die Techniken und Substanzen, die bei Mäusen wirksam sind, mögen beim Menschen nicht wirksam sein. Aber im Prinzip ist die Lebensspanne von Säugern modifizierbar – und das heißt, sie ist es mit erdrückender Wahrscheinlichkeit auch beim Menschen.«

Für den renommierten Wissenschaftler steht nicht nur der Beginn der Lebensverlängerung durch das Verhindern von Altersvorgängen »mit absoluter Sicherheit auf dem Programm«. Er hält sogar ein noch größeres biologisches Wunder für erreichbar: die Verjüngung eines Menschen, bei dem das Altern schon einige Zeit im Gange ist.

Er argumentiert: Wie es aussieht, bleibt das Erbmaterial der Zelle heil. Fehler gibt es nur auf der Eiweißebene. Schafft man nun aber das ganze falsche Eiweiß aus der Zelle heraus, so wird es durch neues ersetzt – nach dem noch intakten Schema des Erbmaterials.

Das aber bedeutet: Die Zelle wird von Grund auf erneuert. Wo altersbedingter Eiweiß-Schutt bis dahin ihre normale Arbeit verhinderte, sieht wieder alles so aus wie am Beginn des Lebens.

Junge Zellen können sich teilen, können neue bilden. Sind durch den Altersprozeß Lücken im Gewebe entstanden, so werden sie nun wieder aufgefüllt. Die alte Kraft kehrt in den Körper zurück, seine Muskeln erstarken, sein Herz schlägt wieder wie einst mit 20 oder 30, die Haut blüht auf – ein Mensch wird neu geboren.

Professor Comfort: »Ich möchte nicht groß um diesen Punkt herumspekulieren. Aber wenn Professor Orgels Hypothese stimmt, dann ergibt sich daraus nicht nur die Möglichkeit, das Altern zu verlangsamen, sondern es auch rückgängig zu machen. Wenn das ursprüngliche Erbmaterial intakt bleibt, dann müßte am Ende tatsächlich die echte Verjüngung stehen, von der Menschen so lange träumen.«

Wie lange sich der Tod unter perfekter Anwendung solcher lebensverlängernder Techniken schließlich wird hinausschieben lassen, darüber gibt es nur Mutmaßungen. Die meisten Wissenschaftler glauben, daß – allerdings erst in einer fernen Zukunft – ein Durchschnittsalter von 800 bis 900 Jahren für den Menschen erreichbar ist. Das heißt, daß einzelne ein volles Jahrtausend erleben würden.

Natürlich kann es passieren, daß während so langer Zeiträume trotz Verjüngungspillen dieses oder jenes Organ ausfällt. Das ist dann jedoch keineswegs eine Katastrophe. Ein solches Organ wird schnell durch ein neues jugendfrisches ersetzt.

Dabei muß es sich nicht unbedingt um ein menschliches Austauschorgan handeln. Man kann ebensogut auf Affenherzen, Hundelungen oder Schweinelebern zurückgreifen. Professor Christian Barnard, Herzverpflanzer Nr. 1 aus Kapstadt, prophezeit, daß die Zukunft dem Tierherzen im Menschenleib gehöre. In spätestens zwanzig Jahren werde es ganze Herden von Spendertieren geben. Gorillas, Orang-Utans und Schweine eigneten sich vorzüglich, dem Menschen, Krone der Schöpfung, mit Ersatzteilen auszuhelfen. Unterschiedliche Proportionen seien dabei kein Problem: »Es wird nicht schwierig sein, ein Schwein genau von der Größe des Menschen zu züchten.«

Tatsächlich ist der Zeitpunkt, da ein Tierherzklopfen aus unserer Brust tönt, näher, als es auf den ersten Blick scheint. Denn die entscheidende Barriere, die es dabei noch zu überwinden gibt – die sogenannte Immunreaktion –, gerät immer mehr ins Wanken. Schon jetzt gibt es Mäuse, die Menschenhaut als Fell haben, ohne sie abzustoßen – bahnbrechendes Experiment auf dem Wege

US-Independence, 1776

Freiheitskriege, 1813

Charles Darwin, 1809–1882

Lenin, 1921

Als dieses Foto entstand, behauptete der sowjetische Bauer Schirali Muslimow, 158 Jahre alt zu sein. Durch die neuen Verjüngungstechniken soll ein solches, anderthalb Jahrhunderte langes Leben demnächst für alle ganz normal werden.

Flüchtlingstreck, 1945

Einstein, 1879–1955

Franz. H-Bombe, 1968

Armstrong betritt den Mond, 1969

Wer will, kann sein Leben in Raten leben und immer mal wieder für ein paar Jahrzehnte eingefroren werden

zur absoluten Austauschbarkeit zwischen Tierfleisch und Menschenfleisch. Schon wurde in ersten Experimenten ein Mensch mit einer Schweineleber verbunden; sie funktionierte, sie säuberte sein Blut. Und auch ein Affenherz schlug schon einmal für eine Stunde in einer Menschenbrust, verpflanzt von dem Amerikaner Professor J. D. Hardy in Jackson (Mississippi).

In welchem Tempo sich die Lebenszeit des Menschen, unterstützt durch solche Austauschtechniken, auf den neuen Endpunkt 1000 zubewegt, das wird nicht zuletzt davon abhängen, wie stark sich die Forschung dieses Problems annimmt. Prof. Comfort schätzt, daß der Beginn einer allgemeinen Alterskontrolle »zum Preis eines komfortablen Mittagessens« in zehn bis fünfzehn Jahren zu erwarten ist. Und selbst viele reserviertere Forscher sind sicher, daß bis zum Jahr 2000 die Ausdehnung der Lebensspanne auf vielleicht 150 Jahre erreicht sein wird.

Ewige Unsterblichkeit sieht indessen gegenwärtig noch niemand voraus. Erstens dürften im Laufe der Jahrhunderte auch Schäden am Erbmaterial auftreten, und keiner weiß, ob und wann es einer fernen Gen-Chirurgie gelingen könnte, sie zu reparieren. Zweitens – und das ist der wichtigste Punkt – gibt es Zellen, die sich nach der Geburt nicht mehr teilen und damit auch nicht in der Lage sind, Ausfall zu ersetzen. Dazu gehören die zehn Milliarden Hirnzellen. Spätestens wenn ihr System nicht mehr funktioniert, ist der Tod in Sicht. Und das ist wahrscheinlich nach rund tausend Jahren der Fall.

Immerhin, zumindest theoretisch haben die Wissenschaftler bereits eine Möglichkeit ausgelotet, vielleicht auch die Tausend-Jahr-Grenze noch zu sprengen. Der Weg: Man lebt sein Jahrtausend nicht in einem Rutsch, sondern macht zwischendurch mal Pause – man läßt sich immer mal wieder für ein paar Jahrzehnte oder Jahrhunderte einfrieren.

Die Gefrierprozedur, so verkünden ihre Vorkämpfer, werde dem Winterschlaf bestimmter Tiere ähneln, nur mit wesentlich tieferen Temperaturen, nämlich bei minus 196 Grad Kälte. Steinhart gefroren liegt der Körper dabei in einem Spezialkühlfach. Seine Lebensuhr ist komplett angehalten. Es gibt keine Abnutzung, kein Altern mehr. Die Jahre, die man so tiefgekühlt daliegt, sind also praktisch aufgesparte Lebensjahre, die man nachholen kann, wenn man wieder auftaut.

Unsterblichkeit sieht noch niemand voraus. Höchsterreichbares Alter werden vielleicht einmal tausend Jahre sein. Man kann sie in Raten leben. Wer will, läßt sich immer mal wieder für ein paar Jahrhunderte einfrieren. Erste derartige Gefrierleichen, die in Tiefkühlröhren sauber verpackt auf eine Wiederauferstehung warten, gibt es bereits.

Die Gefrierprozedur soll dem Winterschlaf bestimmter Tiere ähneln, nur bei wesentlich tieferen Temperaturen, nämlich bei minus 196 Grad. Steinhart liegt der Körper dabei im Spezial-Kühlfach. Seine Lebensuhr ist komplett angehalten (hier eine Vision aus dem Film »2001«).

Das Gesicht beim Start ins Leben: Je mehr der Mensch die Welt begreift...

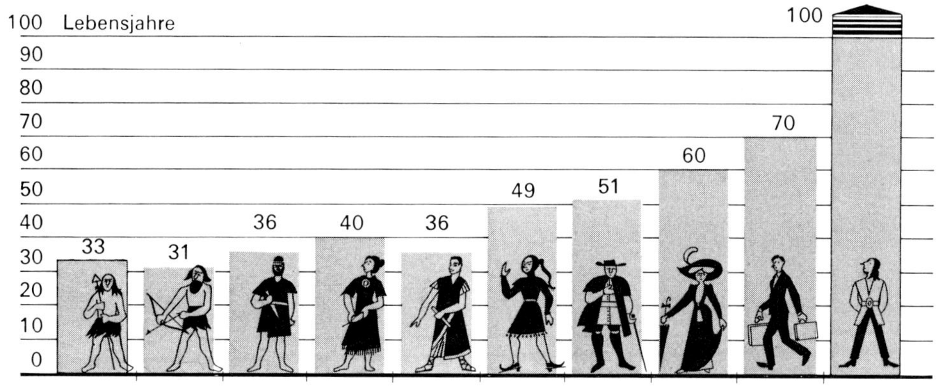

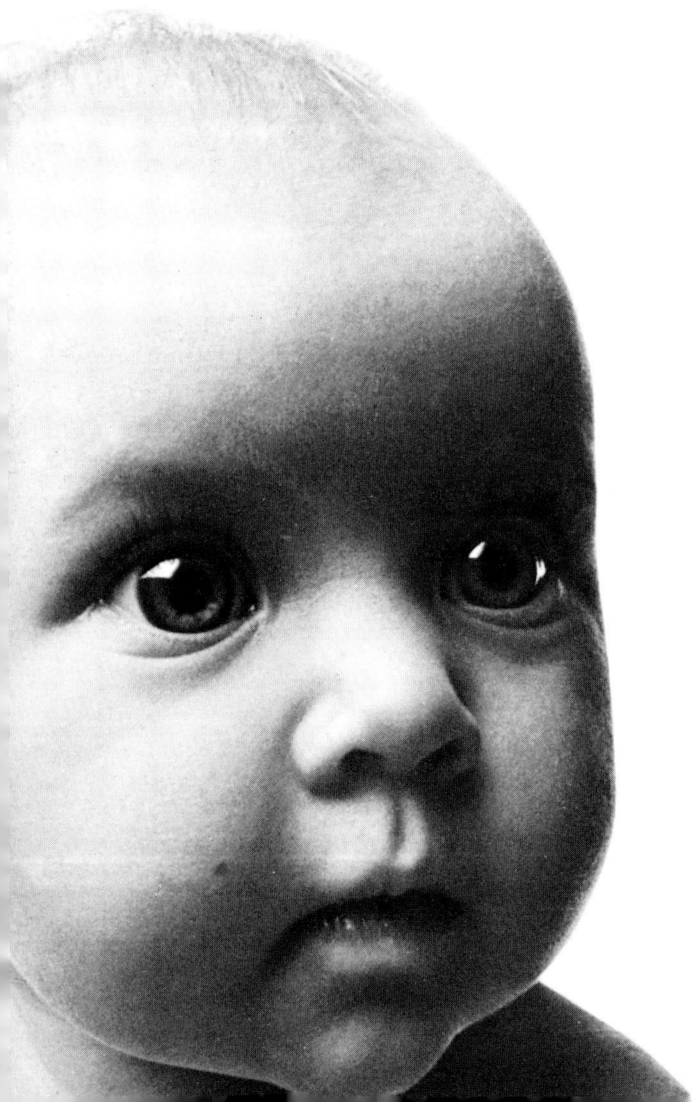

Die Vorstellung solcher Tiefkühl-Konservierung von Menschen wirkt heute noch grotesk. Als sich am 12. Januar 1967 der kalifornische Psychologe Prof. James H. Bedford bei seinem Tod einfrieren ließ, witzelten die Zeitgenossen: »Der wird sich wundern, wenn er tot bleibt.«

In der Tat sind die Gefriertechniken heute noch derart primitiv, daß kaum eine der inzwischen mehr als 50 Gefrierleichen (Preis einschließlich Truhe: 21 000 Mark, jährliche Wartungs- und Stromkosten: 800 Mark) je wieder zum Leben erweckt werden dürfte. Zwar gelingt es schon, einzelne Zellen über längere Zeiträume tiefgekühlt zu lagern (beispielsweise die männlichen Spermafäden, die noch nach Jahren zur Zeugung verwendet werden können). Bei ganzen Zellsystemen, bei ganzen Organismen reichen die gegenwärtigen Verfahren jedoch noch nicht aus. Da der notwendige Kälteschock nicht gleichzeitig den ganzen Körper durchdringt, bilden sich Eiskristalle, die von innen her die Zellen sprengen.

Kaum jemand bezweifelt indessen, daß ein Weg gefunden wird, diese Kalamität zu umgehen. Der kanadische Schwarzfisch läßt sich im arktischen Eis einfrieren und taut im Frühling wieder auf. Er ist ein lebendiges Beispiel dafür, daß es geht. Die amerikanischen Futurologen Herman Kahn und Anthony Wiener nehmen den »menschlichen Winterschlaf, der sich über relativ lange Perioden – Monate oder Jahre – erstreckt«, denn auch bereits auf in den Katalog der »100 technischen Neuerungen, welche im letzten Drittel des 20. Jahrhunderts sehr wahrscheinlich realisiert werden.« Die Konsequenzen, die sich aus einer explosiven Lebensverlängerung ergeben, »liegen heute noch jenseits unseres Vorstellungsvermögens«, wie Prof. R. Goldman von der California-Universität in Los Angeles zugibt. Er kann nur in Fragezeichen daran denken. Zum Beispiel: »Wenn es unabsehbare Langlebigkeit auf unserem ohnehin übervölkerten Planeten gibt, auf welcher Basis wäre dann das Kinderkriegen erlaubt?« Oder: »Ein Hinausschieben des Alters bedeutet auch Zunahme der Jahre aktiver Reife. Wie lange kann unruhige Jugend davon abgehalten werden, im Beruf nachzustürmen? Wie soll diese Wachablösung vernünftigerweise geschehen? Und für wie lange ist auf der anderen Seite echtes Rentnerdasein zu ertragen?« Der Wissenschaftler argwöhnt: »Wir werden kühne Menschen gebrauchen, um einer solchen Zukunft zu begegnen.«

Die Lebensverlängerung wirft eine schier unüberschaubare Anzahl von Problemen auf: Herkömmliche Generationsabgrenzungen verschwimmen, weil Hundertjährige plötzlich wie 30 aussehen. Väter und Söhne, Mütter und Töchter sind nicht mehr zu unterscheiden. – Körperliche Liebe, heute auf allenfalls 50 Lebensjahre beschränkt, wird 100 oder noch mehr Jahre möglich. Macht sie dann immer noch so viel Spaß? Braucht sie neue Anregungen? Wie ist das, wenn Vater und Sohn körperlich gleichwertig in sexuellen Konkurrenzkampf treten? – Man kann plötzlich 100 und mehr Jahre mit ein und demselben Partner verheiratet sein. Hält man das aus? – Wer 300 Jahre alt wird, könnte 2000 oder 3000 direkte Nachkommen haben. Wie kommt er mit dieser Verwandtschaft zurecht?

Dennoch, größer als alle Bedenken sind die Hoffnungen, die sich aus längerem Leben ergeben. Je mehr der Mensch die Zeit begreift, desto schneller verfliegt sie ihm. Er erkennt, wie erbärmlich kurz die Distanz bis zum Tod ist angesichts der Ewigkeiten, die ihn umgeben.

Erst der Sieg über das Altern, so formuliert der amerikanische Wissenschaftsautor Robert Prehoda, ist »der Schlüssel zu unbegrenzter menschlicher Erkenntnis.« Wir werden die Zeit haben, mit dem gebündelten Wissen von Jahrhunderten die Welt zum Paradies umzubauen. Wir werden lange genug leben, um die Planeten ferner Sonnensysteme zu bereisen und zu besiedeln, und das Universum zum neuen Lebensraum des Menschen machen.

Erfüllt von solchen Visionen richtete Professor Comfort einen dramatischen Appell an die Welt, die siebziger Jahre zum Jahrzehnt der Verjüngungsforschung zu erklären: »Es gibt viele Wünsche, die eine Wissenschaftsnation der Menschheit erfüllen kann. Aber ich kann mir wenige Errungenschaften denken, durch die sich eine Epoche, eine Regierung oder ein Volk unvergeßlicher macht als durch diese – die Verlängerung des Lebens.«

In den nächsten 30 Jahren sollen wir sie erleben.

...desto schneller verfliegt ihm die Zeit: Das Gesicht am Ende des Lebens.

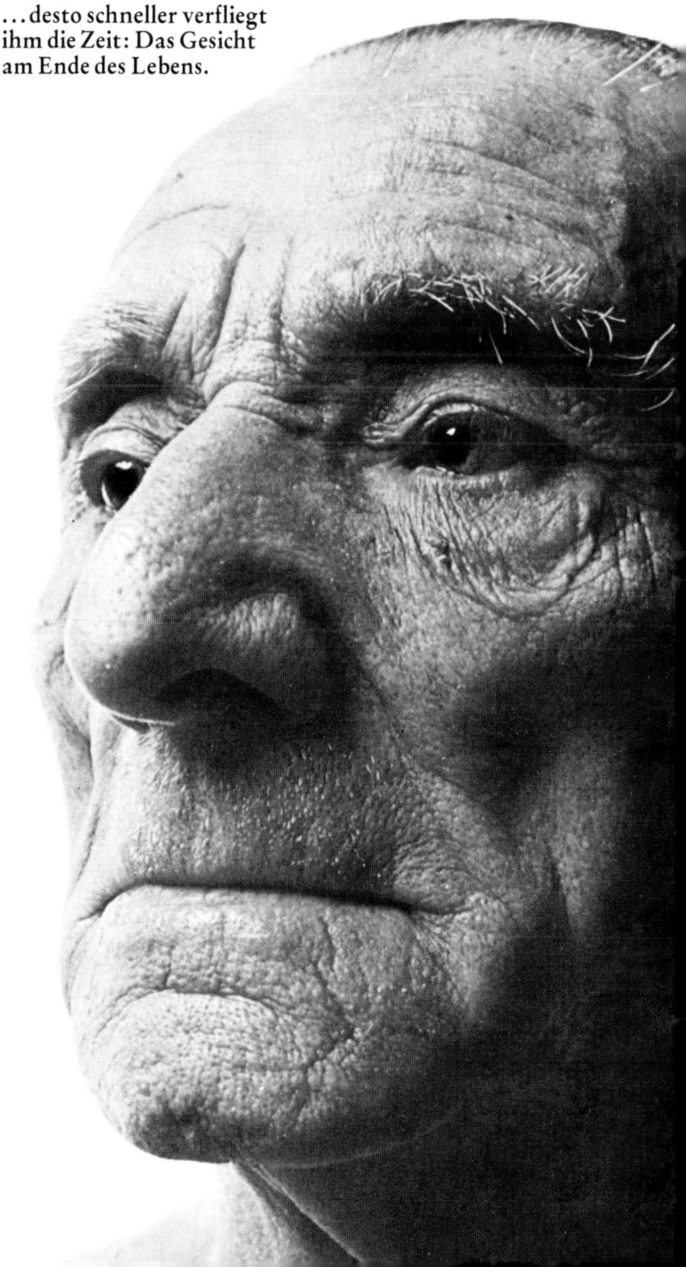

Weltwunder Nr. 2

Die Besiedelung des Meeresgrundes: Eine Stadt in 3500 Meter Tiefe

Riesige Gebiete der Erde werden seit Ewigkeiten bedeckt vom Wasser der Meere. Die U-Kontinente sind neunmal so groß wie die Oberfläche des Mondes. Sie sind angefüllt mit unermeßlichen Bodenschätzen. Dieses Gold der Tiefe soll nun gehoben werden. Das größte Projekt: Mitten im Atlantik wollen amerikanische Weltraumfirmen eine regelrechte U-Stadt errichten, eine menschliche Ansiedlung 3500 Meter unter dem Meeresspiegel. Modelle der künftigen Wohn- und Arbeitskugeln, die zu großen Systemen zusammengekoppelt werden, haben beim amerikanischen General-Electric-Konzern bereits die ersten Tests bestanden.

Wenn man eine Maus unter Wasser taucht, dann ertrinkt sie. So war das bisher.

Im Labor des amerikanischen Forschers Johannes Kylstra von der Duke-Universität in Kalifornien gilt diese Weisheit nicht mehr. Da steht ein Wasserbehälter, bis oben hin mit Flüssigkeit gefüllt – und auf dem Boden dieses »Schwimmbassins« tummeln sich quicklebendige Mäuse. Sie laufen im Wasser umher und ertrinken doch nicht, sie atmen Flüssigkeit und bleiben doch am Leben. Sie spazieren am Grund des vollen Behälters herum, als sei ihr Unterwasser-Leben die natürlichste Sache von der Welt.

Die Unterwasser-Schau, mit der Prof. Kylstra seine Besucher in Erstaunen setzt, ist der Auftakt für ein noch verblüffenderes Spektakulum: Der Wissenschaftler ist dabei, nach der Maus nun auch den Menschen ins Wasserglas zu setzen. Das erste Experiment am Menschen fand bereits statt. Vorsichtig stellte Prof. Kylstra in seinem Labor einen Freiwilligen teilweise auf Wasseratmung um. Strahlend konnte er vermelden: Es geht.

Ein Mensch, der es den Fischen gleich zu tun vermag; der Flüssigkeit atmet; den man in eine bis oben hin gefüllte Riesenflasche stecken könnte, ohne daß er darin ertrinkt – dieses unfaßbare »Unternehmen U-Mensch« gehört zu den Vorbereitungen des größten Abenteuers, das dem Menschen auf seinem Heimatplaneten Erde noch verblieben ist: die Besiedlung der weiten, unerschlossenen Landmassen auf dem Grund der Meere.

In den Riesen-Waschwannen der Ozeane liegt der Reichtum nur so herum. Die gewaltigen Ebenen der stillen Kontinente Tausende von Metern unter dem Meeresspiegel sind gepflastert mit kugelrunden Steinen aus purem Eisen- und Manganerz. Die schroffen Schluchten der dunklen Tiefsee-Welten sind angefüllt mit Bodenschätzen, bergen Öllager, enthalten die letz-

Mitten im Atlantik, 3500 Meter unter den Schiffen, die von Kontinent zu Kontinent ziehen, soll die Tiefsee-Stadt entstehen. Der gewaltige Wasserdruck, der auf der Anlage lastet, wird völlig neue Techniken erfordern.

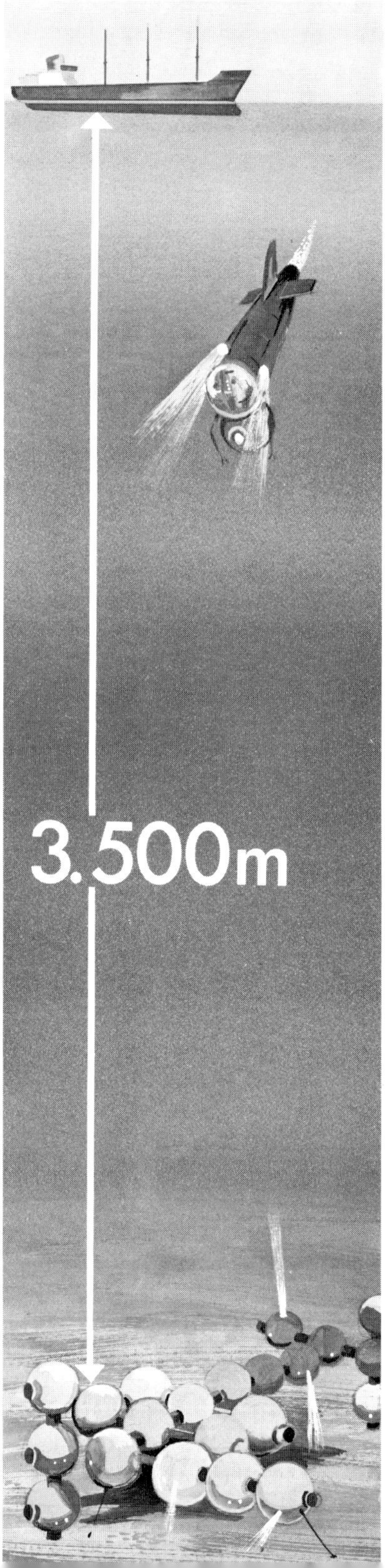

ten – und vielleicht größten – ungeöffneten Schatzkammern der Erde.

Zu Beginn der letzten dreißig Jahre dieses Jahrtausends steht die Menschheit bereit zum Sturm auf jenes Gold der Tiefe. Der Mond ist erreicht; die Grenzen der menschlichen Wohnebene nach oben hin sind gesprengt. Nun wenden sich die Raketen in die entgegengesetzte Richtung. Nun werden die Raumfahrzeuge des Meeres auf die Abschußrampen geschoben, stählerne Riesenkraken, die in den »inneren Weltraum« vorstoßen sollen. Aus dem Menschheitsprogramm »Mann auf den Mond«, das termingerecht erfüllt wurde, wird nun das neue Traumziel »Mensch im Meer«.

Es ist ein Unternehmen, das in einem phantastischen Plan gipfelt: dem Aufbau einer Tiefseestadt für mehrere tausend Bewohner mitten im Atlantik, 3500 Meter unter den Schiffen, die von Europa nach Amerika ziehen. Dort am Grund des Meeres erstreckt sich von Pol zu Pol ein Gebirge, in dem ungewöhnlich große Erzvorkommen vermutet werden. Sie könnten den Rohstoffhunger der Welt stillen helfen. Also soll das U-Gebirge besiedelt werden. Mitten im Atlantik, unter einem Gebirge von Wasser, sollen Menschen um das Jahr 2000 eine regelrechte Industriestadt aufbauen, komplett mit Wohnwaben und Geschäften. 3500 Meter unter dem Meeresspiegel soll ein Außenposten der Menschheit entstehen.

Die vom Wasser bedeckten Ländereien der Erde sind neunmal so groß wie die Oberfläche des Mondes. Noch bis vor zehn Jahren hatte niemand auch nur einen blassen Schimmer, wie jene verborgenen Kontinente aussahen; niemand ahnte, was sie enthielten. Doch während alle Welt gebannt auf den Mond starrte, begann es im Wasser lebendig zu werden.

Tieftauchboote – inzwischen mehr als dreißig – schwebten sanft über die dunklen Welten des Meeresbodens hinweg. Forschungsschiffe ließen Rammböcke am Seil in die Tiefe, um ein paar Pfund Meeresboden aus dem Grund herauszumeißeln und zu studieren. Bohrinseln schoben sich immer weiter ins offene Meer vor, um nach Öl zu fahnden. Das US-Wirtschaftsblatt »Management Review« errechnete, daß »die Ölindustrie schon mehr als 8600 Löcher in den Ozeanboden gebohrt hat.«

Die emsige Kratz-, Bohr- und Meßarbeit der Tiefseeforscher war angesichts der riesigen U-Landschaften wie das hilflose Tapsen eines Fremden in einem dunklen

So würde der Atlantik ohne Wasser aussehen. Die U-Landkarte wurde nach den Meßdaten von Forschungsschiffen und Tieftauchbooten angefertigt. Sie zeigt, daß die Kontinente auf Sockeln liegen, die unter Wasser noch ein Stück weitergehen. Erst dann fällt der Meeresboden steil auf mehrere tausend Meter ab. In der Mitte des Atlantiks erstreckt sich von Pol zu Pol ein Gebirge. Es ist auf seinem Kamm gespalten, so als ob dort die Erde auseinanderbräche. Sie tut es tatsächlich. Innere Erdbewegungen lassen die »Eisschollen« der Kontinente auseinandertreiben. Jedes Jahr ist Amerika vier Zentimeter weiter von Europa und Afrika entfernt. Die Bruch-Spalte in der Atlantik-Mitte wird durch das Gebirge verstopft. Erste Tiefsee-Bohrungen des US-Forschungsschiffs »Glomar Challenger« (Bild oben links) lassen in jenem Gebirge besonders reiche Erzvorkommen vermuten. Daher der Plan einer U-Siedlung in 3500 Meter Tiefe (Pfeil zeigt einen denkbaren Lagerplatz).

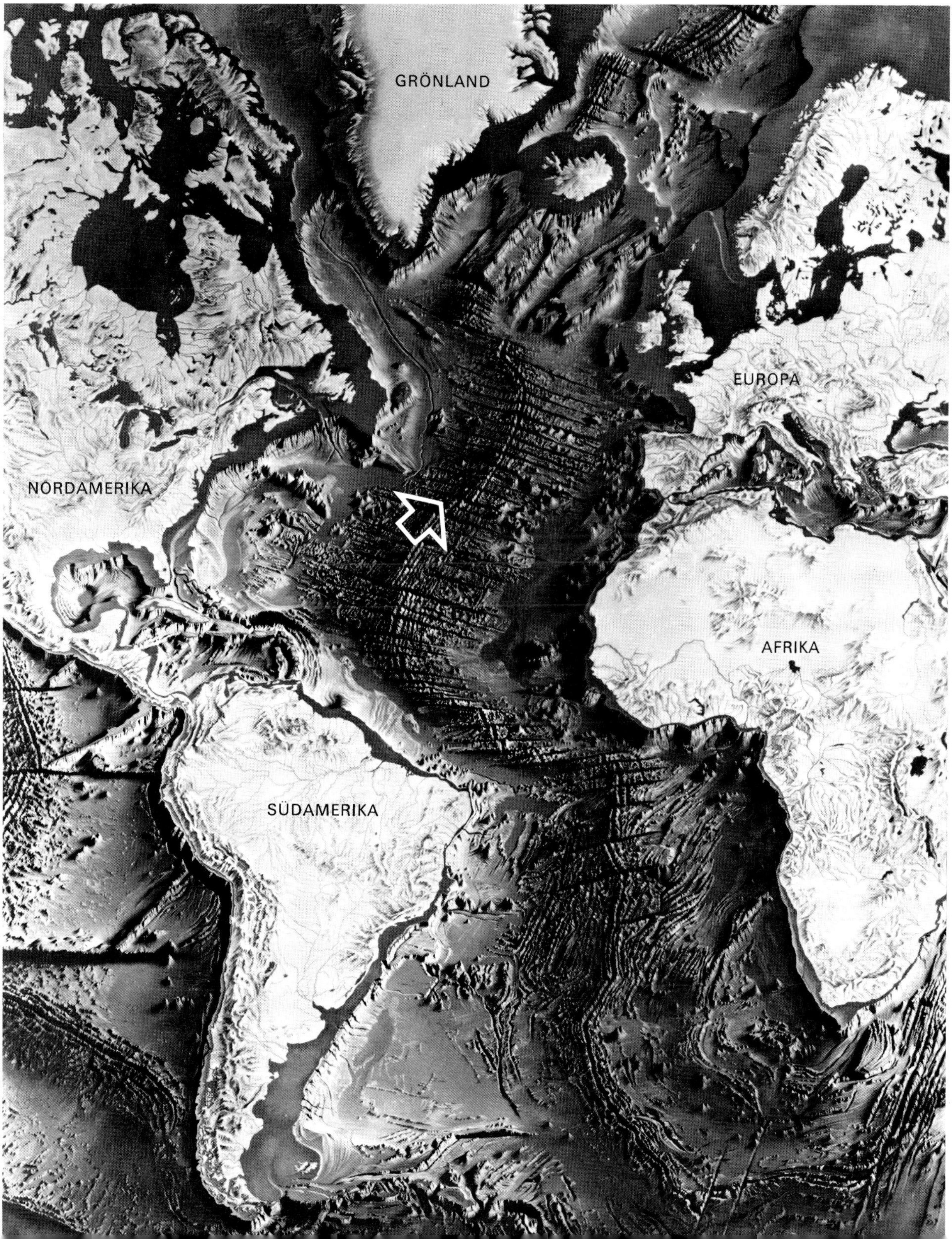

So wird die Tiefsee-Stadt gebaut

Die Männer, die den Mondlandschaften auf dem Grund der Meere ihre Schätze entreißen wollen, tauchen in eine feindliche Umwelt hinein. Diese Zeichnung verdeutlicht, was sie erwartet, wenn sie 1980 mit dem Aufbau der atlantischen Tiefsee-Stadt beginnen. Die Einzelheiten auf dem Bild links sind den Konstruktionsplänen der amerikanischen Firma General Electric entnommen. Sie betreibt gemeinsam mit drei anderen großen Konzernen die Vorarbeiten für das Projekt. Die ersten Bauelemente der U-Stadt sollen Kugeln mit einem Durchmesser von vier Metern sein. Jede von ihnen muß einen Wasserdruck aushalten, der dem Gewicht eines großen Ozeanfrachters entspricht. Prototypen dieser Kugeln haben bereits ihre Tiefentests bestanden. Die künstlichen »Luftblasen« werden an Land vollkommen eingerichtet. Erst dann starten Tieftauchboote (1) mit ihnen in Richtung Atlantik-Gebirge. Dort werden die Kugeln zusammengekoppelt. Als erste siedeln Wissenschaftler auf dem U-Gebirge. Ihre Aufgabe: die Systeme der Kugel-Anlage testen und Wege ebnen zum rentablen Abbau der auf dem Meeresgrund lagernden Erze. Die Bohranlage für die Bodenproben führt durch mehrere Kugel-Etagen (2, 3 und 4). Die Stockwerke sind durch Luken (5) verbunden. An den Seiten der Kugeln befinden sich Beobachtungskuppeln (6) mit schwenkbaren Scheinwerfern. Denn die U-Landschaft liegt in ewiger Nacht. Kein Sonnenstrahl reicht so tief. Eine Schleuse (7) leitet vom Arbeitstrakt hinüber zum Überwachungsraum (8), in dem Fernseh-Monitoren das Kugelsystem kontrollieren und die optische Verbindung mit der Erdoberfläche halten. Dahinter ein Computer-Raum (9) und dann die Wohnkugeln (10) der U-Pioniere. Trotz des gewaltigen Wasserdrucks in 3500 Metern Tiefe soll es möglich werden, daß Taucher freischwimmend die Wohnkugeln verlassen. Sie müssen dazu wie die Fische Flüssigkeit atmen. Experimente an Tieren haben bereits gezeigt, wie das zu machen ist. Mit einem Kunststoff-Gebräu in der Lunge begibt sich der Taucher in eine Schleusenkugel (11). Er kann hinaus- und hereinschwimmen (12), wenn sie geflutet ist (13). Energie für die Station liefert ein Atomreaktor (14). Die Kugelanlage kann beliebig erweitert werden (15), bis daraus eine komplette Tiefsee-Stadt wird.

1
12
11
10
10
10
9
11
12
14
15
11
12
13

Das Baumaterial der U-Stadt wird nicht Stahl sein, sondern Glas. Der Grund: Glaskugeln haben die erstaunliche Eigenschaft, im Wasser mit zunehmender Tiefe immer härter zu werden. Dieser amerikanische Tauchapparat für zwei Personen ist ein Vorläufer künftiger Kugel-Wohnanlagen unter Wasser. Kugeln aus Glas von gerade der Dicke einer Fensterscheibe überstanden Tauchtests in mehr als 4000 Metern Tiefe (Foto unten)

Geisterschloß. Um so erstaunlicher war, was sie dennoch entdeckten. Schon beim ersten Hineintippen in die dunkle Tiefsee-Welt stießen sie auf die Spur verlockender Schätze.

Entdeckung Nr. 1: In einem Routineversuch ließ ein Forschungsschiff der Universität Kalifornien im Atlantik eine Kamera 6000 Meter hinab. Als die Fotos entwickelt waren, wollten die Forscher ihren Augen nicht trauen. Der Meeresboden sah aus, als ob ihn geheimnisvolle Tiefsee-Riesen gepflastert hätten. Er war übersät mit medizinballgroßen Klumpen und Kugeln. Mit einem Spezialnetz förderten die Forscher Proben der seltsamen Steine nach oben: Sie bestanden aus kostbarem Erz. Gehalt: Bis zu 45 Prozent Mangan, 1 Prozent Kobalt, 1,4 Prozent Nickel und 1,8 Prozent Kupfer.

Die Herkunft der Metallklumpen ist noch unklar. In ihrem Innern sitzt immer ein »Kern«, etwa das Schalengehäuse einer Muschel oder ein Haifischzahn. Die Metallsteine müssen also »gewachsen« sein. Eine Theorie geht dahin, daß sie durch metallfressende Mikro-Organismen gebildet wurden, die sich um den Kern herum in Klumpen ansiedelten. Wenn es so ist, dann waren die Metallschlucker sehr gefräßig. Ihre Steinfelder bedekken mindestens ein Viertel des Meeresbodens (geschätzter Gesamtvorrat: 500 bis 1000 Milliarden Tonnen). An den besten Fundstellen wartet auf jedem Quadratkilometer ein Vermögen auf seine Bergung: Erz im Werte von 2,4 Millionen Mark.

Entdeckung Nr. 2: Die Ölfelder der Kontinente gehen unter Wasser weiter. Jeder Erdteil steht auf einer

Art Sockel. Er reicht von der Küste oft mehrere hundert Kilometer ins Meer hinein und liegt an keiner Stelle tiefer als 200 Meter unter der Wasseroberfläche. Erst danach fällt der Meeresboden steil auf mehrere tausend Meter ab.

Auf dem flachen Kontinentalsaum nun, zusammengenommen ein Erdteil größer als Afrika, setzen sich praktisch die Bodenschätze der trockenen Oberfläche fort. An sieben Stellen stießen die Bohrmeißel bereits in unterseeische Öl- und Erdgasblasen hinein. Ein Sechstel der Welt-Ölproduktion sprudelt schon aus untermeerischen Quellen. Meeresforscher sind sicher: »Unter den Ozeanen liegt wahrscheinlich Öl für 14000 Milliarden Mark – und möglicherweise noch mehr« (US-Ozeanograph Roger Revelle).

Entdeckung Nr. 3: Mitten im Atlantik verläuft ein riesiges Gebirge, das gewaltige Erzlager zu besitzen scheint. Es ist seltsam geformt. Wie der Einschnitt in einem Brötchen, so klafft in seiner Mitte eine tiefe Schlucht. Sie erstreckt sich fast von Pol zu Pol. Es ist, als platze die Erdkugel auf der ganzen Länge auseinander.

Tatsächlich geschieht hier auch so etwas ähnliches: Die Erdteile schwimmen wie Eisschollen auf dem glühendflüssigen Magma des Erdinnern. Die »Eisscholle« Amerika und die »Eisscholle« Europa/Afrika treiben nun langsam auseinander. Jedes Jahr ist Amerika vier Zentimeter weiter von Europa entfernt. Das Unterwasser-Gebirge im Atlantik ist die Nahtstelle. Es verstopft den Bruch, und zwar allem Anschein nach nicht nur mit Steinen, sondern auch mit Erzen in ungewöhnlichen Mengen.

Die Mangan-Klumpen, die Ölfelder, die Erzberge und die anderen entdeckten und unentdeckten Schätze der Tiefe alarmierten die Industrie-Giganten. Die Raumflug-Konzerne der USA mit ihrem gewaltigen technologischen Potential erweiterten mit Millionen-Investitionen praktisch über Nacht ihr Programm. Wenn es auf der Erde ein Land gab, das so reich war und noch dazu niemandem gehörte – warum dann auf Schätze setzen, die im Monde liegen? Grumman, Lockheed, North American Aviation, Litton, General Electric, General Dynamics, Westinghouse – Firmen, deren Namen synonym sind mit dem Griff nach den Sternen, bereiteten nun den Griff nach dem Meeresboden vor.

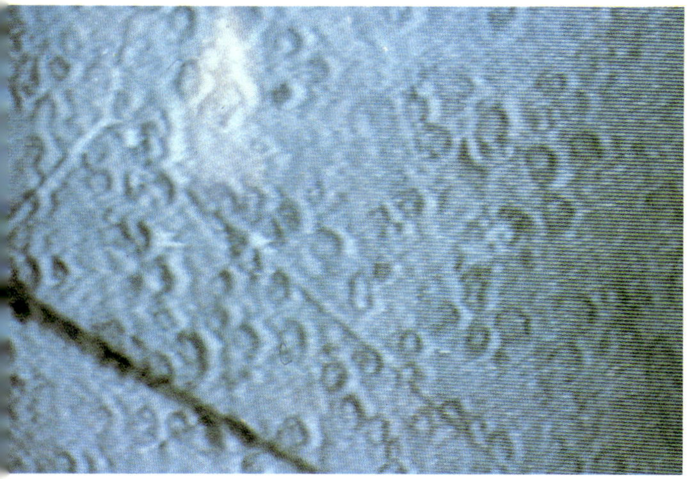

Weite Gebiete des Meeresbodens sind gepflastert mit seltsamen Klumpen und Kugeln. Sie bestehen aus purem Erz, wie erste heraufgeförderte Proben zeigten (Foto rechts). Tieftauchboote mit stählernen »Riesenstaubsaugern« sollen die herumliegenden Schätze des Meeresgrundes nun heben. Ganz unten: Eine Fernsehaufnahme vom Meeresboden und den dort liegenden Erz-Steinen.

Die Bodenschätze des Meeresgrundes bieten sich praktisch in drei Etagen dar:

1. Auf dem flachen Kontinentalsockel, der nirgends tiefer als 200 Meter ist;

2. in den Unterwasser-Gebirgen, die bis zu 3000 Meter unter dem Meeresspiegel aufragen;

3. auf den tiefen Ebenen des Meeresbodens, die meist 6000 bis 8000 Meter unter der Wasseroberfläche liegen.

Der Kontinentalsockel ist relativ leicht zu erobern. Ölsucher haben für seine Besiedelung bereits die wesentlichste Pionierarbeit geleistet. Im Santa-Barbara-Graben sind sie so weit ins offene Meer vorgedrungen, daß ein Bohren von der Wasseroberfläche aus kaum noch möglich ist. Dort, so vermuten die Experten, wird es demnächst das erste Unterwasser-Camp für die Bohrtrupps geben. Mehr als ein Dutzend U-Häuser werden dafür schon getestet; zwei davon in Deutschland, wo man sich auf das Fördern der Öl- und Erdgasvorräte der Nordsee und auf das Abbauen vermuteter Erzlager in der Ostsee (vor Schwedens Küste) vorbereitet.

Die technischen Probleme der 200-Meter-Zone sind indessen so einfach zu lösen, daß sie die US-Raumfahrt-Industrien nicht reizen können.

Beim Schuß zum Mond hatten sie die Erfahrung gemacht, daß man, um eine Nation zu technischer Höchstleistung anzufeuern, ihr ein schier unmöglich erscheinendes Ziel geben muß. Der US-Konzern General Electric proklamierte es: die Besiedlung der erzreichen Unterwasser-Gebirge.

In einer großangelegten Studie, die der amerikanischen Regierung zugeleitet wurde, heißt es dazu: »Von früheren Weltraumplanungen und Entwicklungen wissen wir, daß besonders ferne und schwierige Ziele die Technologie weit schneller und effektiver voranbringen als nahe Ziele. Deshalb haben wir die Inbesitznahme des Atlantik-Gebirges zum neuen Großziel gewählt. Es liegt genügend weit außerhalb unserer heutigen Möglichkeiten, um uns eine völlig neue Generation von Wissen, Gerätschaft und Erfahrung zu bringen. Es ist umgekehrt geeignet, alle näheren Ziele mit verwirklichen zu helfen.«

Noch ehe die US-Regierung entschied, ob sie ähnlich der Weltraumbehörde nun eine »nasse NASA« bilden sollte, fielen bei der Industrie praktisch schon die Würfel. Vier große Konzerne – General Electric, die Sun

Erz für Milliarden Mark – auf dem Grund der Ozeane liegt der Reichtum nur so herum

Shipbuilding Corporation, die Reynolds Aluminium Corporation und die Corning Glass Company – schlossen sich offiziell um das Projekt zusammen; andere Firmen begannen, stillschweigend ihre Entwicklungen darauf abzustellen. Fast wie von selbst tauchte Amerikas »neuer Mond« aus dem Meer auf: der Bau einer menschlichen Ansiedlung auf dem Grund des Atlantiks, auf dem Rücken des Erzgebirges der Tiefe.

Das Projekt erhielt den Namen »Bottom-Fix« (etwa: »Auf den Grund gehen«). Sein erster Zielpunkt ist auf das Jahr 1980 abgestellt. Bis zum Ende des Jahrzehnts soll auf einem Gipfel oder an einem Hang des U-Gebirges für einen wissenschaftlichen Vortrupp ein Dorf errichtet werden. Als Tiefe sind etwa 3500 Meter vorgesehen.

Schon diese erste Teilstrecke des Unternehmens stellt die Techniker vor Schwierigkeiten, die denen des Mondschusses kaum nachstehen. In 3500 Meter Tiefe, wo die Station gebaut werden soll, herrscht ein unvorstellbarer Wasserdruck. Die stählernen U-Boote von heute würden in jener Tiefe zermalmt werden wie leere Streichholzschachteln unter einem Schmiedehammer. Als das amerikanische Atom-U-Boot »Thresher« 1963 mit 129 Mann an Bord auf den Meeresboden durchsackte, zerplatzte es in tausend Teile. Heruntergelassene Kameras entdeckten in 2500 Meter Tiefe von dem Riesenboot nur noch weit verstreute Trümmerstücke.

Für die Häuserbauer am Meeresgrund ist dieser Druck das Problem Nr. 1. Bei Tieftauchtests versuchte man ihm bislang mit Stahl zu begegnen. So ließ sich der

Schweizer Tiefsee-Forscher Jacques Piccard bei Krupp eine Stahlkugel bauen, die so perfekt gegossen war, daß er damit am 23. Januar 1960 in die größte Tiefe vorstoßen konnte, die je ein Mensch erreicht hat: 10740 Meter unter dem Meeresspiegel.

Der Druck, den die 12,5 Zentimeter dicken Wände seiner Tauchkugel dabei aushalten mußten, entsprach dem Gewicht eines ganzen Schlachtschiffes. Auf dem kleinen Stahlball lasteten mehr als 60000 Tonnen.

Für den Bau einer ständigen Unterwasser-Wohnstatt ist ein Stahlgehäuse indessen trotz solcher Tiefenbewährung nicht so recht geeignet. Sein Hauptfehler ist die Gefahr der Korrosion, die Möglichkeit, daß der Stahl von dem Salzwasser zerfressen wird.

Vordringliche Aufgabe der U-Architekten war es daher, sich nach einem anderen, beständigeren Baumaterial umzusehen. Sie fanden es. Der Baustoff für die konzipierte Siedlung am Meeresgrund heißt – Glas.

Glas gilt als zerbrechlich. Im Wasser entwickelt es jedoch erstaunliche neue Eigenschaften. Taucht man eine hohle Glaskugel ins Wasser, dann wird sie mit jedem Meter verblüffenderweise immer härter. Die Fachleute nennen das Phänomen Tiefenhärtung. General Electric und Corning Glass gingen sofort daran, die Verwendbarkeit der Entdeckung zu überprüfen.

Das Härtungsprinzip hatte sich an einer Glaskugel gezeigt, die aus einem Stück gegossen war. In eine solche Kugel aber kann niemand einsteigen. Sie braucht eine Tür. Um einen Einstieg zu schaffen, zerschnitten die U-Hausbauer die Kugel in einzelne Segmente. Dann wurde sie wieder zusammengesetzt wie das Leder eines Fußballs. Ein Gitter aus dem harten Edelmetall Titan bildete die »Nähte«.

Das glastechnische Stückwerk hielt großartig. Labortests verliefen so vielversprechend, daß die General-Electric-Leute ein erstes naturgetreues Modell der späteren Wohnkugel im Miniformat fertigten. Das etwa einen halben Meter große Facetten-Gebilde, das im Sommer 1969 in den ersten Tieftauch-Test geschickt wurde, machte einen keineswegs vertrauenerweckenden Eindruck. Es hatte gleich zwei verwundbare Stellen – je eine herausnehmbare Einstiegsluke an jeder Seite. Und seine zehn Glassegmente waren vergleichsweise hauchdünn – die Wandstärke betrug nur knappe 1,3 Zentimeter. Daß diese Kugel aus zerbrechlichem Glas dem gewaltigen Druck der Tiefe standhalten sollte, war schier unvorstellbar.

Dieses Schachspiel findet etwa dreißig Meter unter dem Meeresspiegel in einem der zahlreichen U-Häuser statt, die gegenwärtig getestet werden. Die meisten sind für Taucher gedacht, die in der 200-Meter-Zone des Festlandsockels arbeiten.

Hunderte von Tauchern tummeln sich heute schon auf dem Meeresgrund. Sie installieren Meßbojen, sie legen Ölleitungen, sie hantieren in hundert Meter Tiefe so selbstverständlich mit Hammer und Schraubenschlüssel wie ihre Kollegen an Land. Ihre Atemluft: Ein Kunstgemisch aus Helium und Sauerstoff.

Wissenschaftler der Universität Kiel sind bereits dabei, die erste Fischfarm vor der deutschen Küste einzurichten.
Aus Perlon-Volieren bauen Taucher Unterwassergehege, in denen junge Steinbutte gemästet werden sollen. Was bis zum Jahr 2000 aus solchen Anfängen entstanden sein wird, zeigt unsere Zeichnung. Fütterung, Brutaufzucht und Fangmethoden werden dann weitgehend automatisiert sein. Taucher, die in U-Häusern leben, überwachen die Anlagen.

Ähnlich großzügige U-Anlagen wie bei den Fischfarmen sind auch bei den Ölcamps der Tiefe nötig. Die Pumpwerke werden mit gläsernen Kuppeln überdacht sein. Die erste derartige U-Station dürfte vor der kalifornischen Küste entstehen. Dort sind die Ölsucher schon so weit ins offene Meer vorgedrungen, daß sie nicht mehr von der Oberfläche her bohren können.

Sie hielt stand. Am 12. August 1969 konnte General Electric melden: »Das technische Modell der geplanten Bottom-Fix-Wohnkugel hat soeben den Tauchtest in 4000 Meter Tiefe erfolgreich beendet ... Jeder Quadratzentimeter der Kugel war dabei einem Druck von mehr als zehn Zentnern ausgesetzt.

Vom Prinzip her war damit das wahrscheinlich entscheidenste Problem der künftigen U-Siedlung »Atlantik City« gelöst. Konnte man erst haltbare »Luftblasen« auf dem Meeresboden plazieren, dann war es nicht mehr schwierig, daraus künstlichen Lebensraum für Menschen zu machen. General Electric stellt sich die Sache so vor:

Das ganze U-Dorf für die Wissenschaftler-Vorhut wird auf dem Trockenen montiert. Es wird wahrscheinlich aus mindestens zwei Dutzend Kugeln bestehen müssen, die für den Anfang nicht zu groß konzipiert werden. Jede von ihnen soll einen Durchmesser von etwa vier Metern haben. Die Kugeln werden mit röhrenförmigen Verbindungsstücken aneinandergekoppelt.

Herzstück des ganzen Systems ist ein Atom-Reaktor. Die Tiefsee-Station liegt in Bereichen absoluter Dunkelheit. Die Kugeln und das sie umgebende Terrain müssen ausgeleuchtet werden. Es muß geheizt werden, denn in 3500 Meter Tiefe ist es empfindlich kalt. Man muß sich möglichst aus dem Meerwasser Luft herstellen können. Und es müssen die zahlreichen Apparate und Maschinen vom Kochherd über die Meerwasser-Entsalzungsanlage bis hin zu den vielfältigen elektrischen Forschungssystemen mit Strom versorgt werden. Dafür ist ein relativ großes Kraftwerk nötig, dem allein schon mehrere Kugel-Stockwerke eingeräumt werden müssen.

Die volleingerichteten Arbeits- und Wohnkugeln werden durch Tieftauchboote an ihren Bestimmungsplatz im Atlantik befördert. Das geschieht ähnlich wie beim Zusammenbau einer Raumstation. Das Boot – gleichsam die Raketen – hat die Kugel vorn in einer Greifvorrichtung und steuert sie vorsichtig auf den Meeresgrund. Dort wird sie verankert. An die erste Kugel werden in einem Koppelungsmanöver die anderen nacheinander angefügt.

Die »Aquanauten« erreichen ihre Station am Meeresboden, ohne sich die Füße naß zu machen. Sie besteigen an der Wasseroberfläche ein spezielles Zubringer-Tauchboot. Es läßt sich in 3500 Meter Tiefe an eine

Wenn der Mensch zugreift, dann schliesst sich auch die mechanische Faust der stählernen Riesenkrake

Dock-Kugel ankoppeln. Durch einen Verbindungstunnel steigen sie dann in die Wohnanlage um.

Während der Tauchfahrt und auch innerhalb des Kugelsystems atmen die Aquanauten ganz normale Luft. Der Druck wird so reguliert, daß er immer dem der Erdoberfläche entspricht. Wer sich in einem U-Dorf absetzen läßt, merkt praktisch gar nicht, daß er die Erdoberfläche verlassen hat.

Die wichtigste Aufgabe der ersten Bewohner des Atlantik-Gebirges besteht darin, Geräte und Fahrzeuge zu erproben, mit denen das Erz abgebaut werden kann. Es kann wahrscheinlich im »Tagebau« gewonnen werden, wie das Eisenerz des Kiruna-Berges in Schweden. Also wird es mit Baggern abgebaut, die auf Selbstfahr-Lafetten am Meeresgrund operieren.

Die Bagger können Roboter sein. Ein Prototyp wird gegenwärtig vom französischen Petroleum-Institut erprobt. Er nennt sich »Télénaute« und ist zunächst für Tiefen bis 200 Meter vorgesehen, also für den Kontinentalsockel. Der Roboter, der einfache Greifbewegungen ausführen kann, kriecht am Meeresboden umher und wird von einem oben schwimmenden Schiff gesteuert. Seine »Augen« sind eingebaute Fernsehkameras. Die gleichen Fernlenk-Roboter, wenn auch in größeren Dimensionen, wären für den Erzabbau im Atlantik-Gebirge denkbar.

Wahrscheinlicher aber ist nach Meinung von Experten, daß dafür große Abbau-Maschinen konstruiert werden, die eine mehrköpfige Besatzung brauchen. Ihren Vorläufer hat eine solche Konstruktion in einem Schürfgerät der britischen Firma Cammell Laird, dessen Erprobung bereits läuft. Es ist ein stählerner Koloß auf vier Rädern, der bis in 200 Meter Tiefe gehen soll. An ihn kann eine ganze Batterie von Werkzeugen angebracht werden, zum Beispiel ein Kran, ein Baggergreifer oder das Bohrgestänge für Bodenproben. Bedient werden diese Geräte von einer Besatzung, die in einer druckfesten Kabine im Innern des Gefährts sitzt.

Das geringste Problem ist der Abtransport der geschürften Erze. Sie lassen sich ohne großen Kraftaufwand an die Oberfläche bringen. Der Auftrieb des Wassers wirkt wie ein natürliches Förderband. Der erste Tiefsee-Schlepper, der die Erzfracht heraufschaffen könnte, ist bei der Starfighter-Firma Lockheed in Bau. Es handelt sich um ein atomgetriebenes linsenförmiges Gebilde unter der Projekt-Bezeichnung »Turtle« (»Schildkröte«), dessen Einzelheiten noch geheim sind.

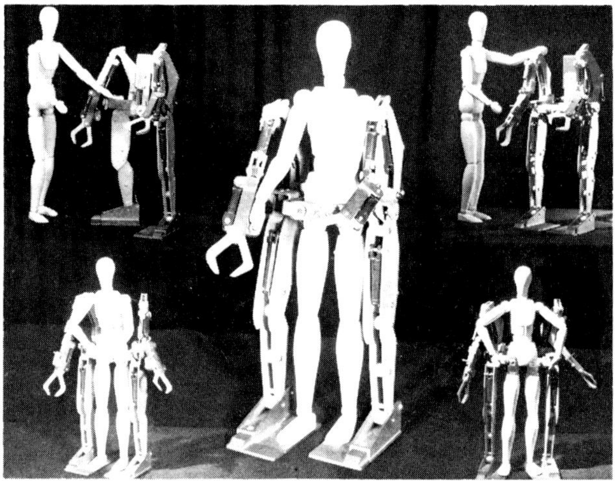

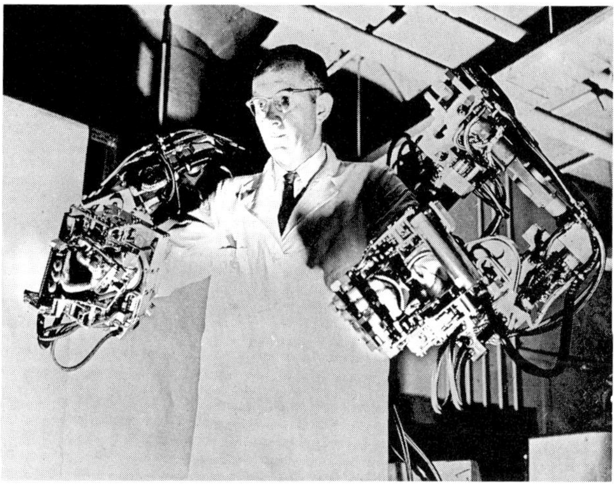

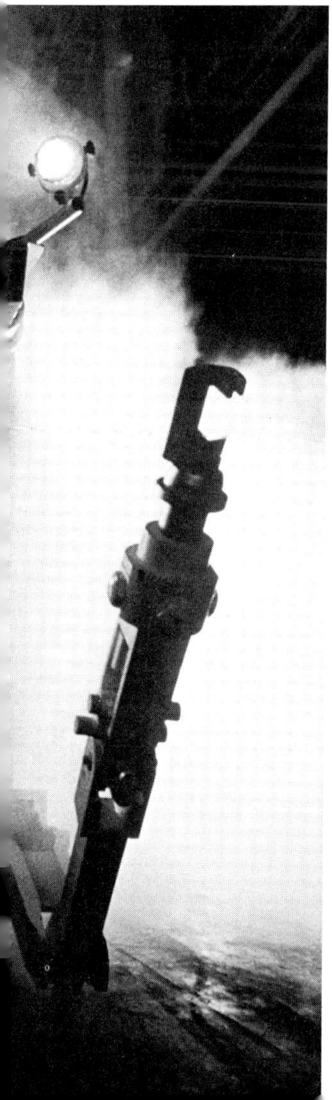

Zunächst wurde am Modell studiert, wie sich Greifbewegungen des Menschen auf Roboter-Arme übersetzen lassen. Aus dem Modell wurden komplizierte Konstruktionen mit elektronischem Gefühl für jede ausgeführte Bewegung. Das Endprodukt ist schließlich eine stählerne Riesenkrake des Meeres. Der Mensch bleibt innerhalb des Stahlgehäuses. Aber wenn er im Innern seine Arme bewegt, greifen auch die Stahlarme des Tieftauchbootes zu. Die amerikanische »Beaver«, die unser Foto zeigt, kann in Tiefen von mehr als tausend Metern arbeiten.

Grund: Die Riesenschildkröte des Meeres ist nicht nur in der Lage, Nickel, Mangan oder Kobalt an die Oberfläche zu transportieren. Sie läßt sich auch als bewegliche Abschußbasis für Unterwasser-Raketen verwenden.

Da so vieles schon im Bau und anderes im Prinzip gelöst ist, kommen die Entwicklungs-Ingenieure von General Electric zu einem erstaunlich eng gehaltenen Zeitplan:

■ Schon 1971/72 soll der erste Prototyp eines U-Kraftwerkes auf Tauchstation gehen (gefördert vom US-Innenministerium, das einen 1000-Megawatt-Atomreaktor in einer Tiefe von nicht ganz hundert Metern vorschlug).

■ Schon 1974 sollen die ersten Systeme von »Bottom-Fix« auf Grund gesetzt werden (zunächst in seichterem Wasser).

■ Schon 1979/1980 sollen die Tauchkugeln des ersten Tiefsee-Dorfes auf dem Atlantik-Gebirge montiert werden.

■ Schon 1989/1990 soll der Aufbau einer »menschlichen Kolonie« beginnen, der ersten regelrechten Tiefsee-Stadt der Welt.

Wie sie im einzelnen aussehen wird, vermögen die Meereseroberer heute nur in Umrissen zu sagen. »Am besten«, so meinte einer von ihnen, »stellen Sie sich das ganze vor wie das Camp einer Ölbohrstelle in der Wüste Sahara oder in den eisigen Polarzonen Alaskas.«

In der Tat ist eine solche Modellvorstellung geeignet, ein wenig von dem zu erfassen, was sich um das Jahr 2000 herum im Atlantik, 3500 Meter unter dem Meeresspiegel, tun wird. Der Erzabbau im Atlantik-Gebirge kann nur dann rentabel sein, wenn er in großem Maßstab betrieben wird. Die Tiefsee-Station wird also vielleicht ein paar tausend Arbeiter benötigen. Um sie unterzubringen, ist unter Wasser eine wahre Kugellandschaft nötig. Die Kugeln dürften unterschiedlich groß sein. Mittelpunkt des ganzen Systems ist möglicherweise eine Riesenkugel, der »Marktplatz«. Von ihr gehen strahlenförmig Kugel-Ketten aus, die »Straßen«. Sie haben bewegliche Bürgersteige. Autos sind nicht nötig. Für die Schnellbeförderung sind Tauchboote denkbar, die über der Stadt nach einem bestimmten Fahrplan hin- und herschießen und an den Haltestellen »ankoppeln«.

An die »Straßenzüge« angeheftet sind links und rechts die Wohnkugeln, Geschäfte und Gaststätten. Der

Belegschaft der U-Stadt, die auf vorgeschobenem Posten und relativ engem Raum zu kampieren gezwungen ist, muß Abwechslung für die Freizeit geboten werden. Es muß Kinoräume, es muß Fernsehübertragungen von der Erdoberfläche geben.

Die U-Stadt hat keinen Sturm zu fürchten. Es gibt dort auch kein Gewitter und keine Schneeverwehungen. Die Naturgewalten der Erdoberfläche reichen an die Meeresgrund-Siedlung nicht heran. Dennoch schwebt sie ständig in einer tödlichen Gefahr: Wehe, wenn es irgendwo zu einem Wassereinbruch kommt.

Wie sich die U-Stadt vor einer solchen Flut bewahren läßt, ist heute noch nicht klar. Eine Möglichkeit: Zwischen den einzelnen Kugeln werden Schotten eingebaut, die sich im Notfall von selbst schließen. Im Prinzip würde das Ganze funktionieren wie die automatische Löschanlage eines Kaufhauses. Wenn es dort brennt, löst die Hitze des Feuers eine Sperre aus, und aus zahllosen Wasserdüsen an der Decke schießt ein Löschregen herunter. In der gleichen Weise könnte auch die Alarm-Automatik in der U-Stadt funktionieren, nur daß der »Auslöseschalter« nicht die Hitze, sondern der Druckanstieg wäre.

Alle Automatik hat indessen irgendwo ein Ende. Das wissen auch die Planer der U-Stadt. Irgendwann kommt der Punkt, wo kein Roboter mehr zu helfen vermag, sondern nur noch ein denkender Mensch. Was aber dann?

Antwort der U-Stadt-Bauer: Dann muß der Mensch eben aussteigen. Wir werden ihn nicht nur in einem gläsernen Muschelgehäuse auf dem Meeresgrund abladen. Wir werden ihn auch in die Lage versetzen, daß er seine Wohnkugeln wenigstens im Notfall freitauchend verlassen kann.

Das Vorhaben scheint auf den ersten Blick aussichtslos. Wie soll ein Mensch aus empfindlichem Fleisch und Blut in 3500 Meter Tiefe heil und lebendig bleiben, wenn selbst stählerne U-Boote dort zermalmt werden?

Die größte Tiefe, die je ein Taucher freischwimmend erreichte, liegt heute bei 350 Metern. Er bedient sich dabei technischer Tricks. Schon in etwa 60 Meter Tiefe wird ein normales Luftgemisch durch den Wasserdruck zum tödlichen Gift. Der Taucher schaltet daher sein Atemgerät auf ein verträglicheres Gemisch aus Sauerstoff und Helium um. Taucher, die mit solcher Kunstluft in der Lunge am Meeresgrund Ölleitungen oder Kabel flicken, sind heute keine Seltenheit mehr.

Mit den erreichten 350 Metern Tiefe ist der Mensch aber wahrscheinlich schon recht dicht an der ersten ab-

Speziell abgerichtete Seehunde helfen den Tauchern. Sie transportieren notfalls Geräte vom Grund an die Oberfläche und umgekehrt.

Zu den vielen Gerätschaften des modernen Tauchers gehört auch dieses U-Auto. Mit seiner Hilfe kann der Taucher sich am Meeresboden schnell fortbewegen.

soluten Barriere angelangt. Mediziner errechneten, daß er kaum tiefer als 400 Meter gehen darf, weil dann »der Wasserdruck so groß wird, daß es unmöglich ist, eingeatmetes Gas aus der Lunge wieder auszustoßen« (so das US-Fachblatt »Offshore«).

Wenn aber schon in 400 Meter Tiefe das Atmen unmöglich wird, wie sollte ein Taucher dann in 3500 Meter Tiefe aussteigen können? – Der Mann, der als erster den Ausweg wies, war der holländische Professor Johannes Kylstra, inzwischen an der amerikanischen Duke Universität tätig. Er überlegte:

Fischen macht der Wasserdruck offensichtlich nicht viel aus. Selbst in 10740 Meter Tiefe entdeckte Piccard bei seinem Tieftauch-Rekord Fische; einen skelettartigen Plattfisch von einem halben Meter Länge und eine Art Garnele, grellrot und 2,5 Zentimeter lang.

Für die Unempfindlichkeit der Fische gegen Druck gibt es nur eine Erklärung: daß sie keine luftgefüllte Lunge haben, sondern Wasser atmen. Der Italiener Rodolfo Margaria bewies das in einem blutigen Experiment. Er steckte schwangere Ratten in einen Stahlzylinder, den er dann mit Wucht aus verschiedenen Höhen herunterknallen ließ. Der Aufprall tötete das Versuchstier sofort, nicht aber seinen Nachwuchs. Den Fötussen in der fruchtwassergefüllten Gebärmutter konnte der Aufpralldruck nichts anhaben.

Das war für Prof. Kylstra der Ansatzpunkt. Wenn Flüssigkeitsatmung vor tödlichem Druck schützt, so sagte er sich, dann mußte sich der Mensch bei seinem Weg in die Tiefe eben umstellen. Wie bei seinen ersten Atemübungen im Mutterleib mußte er Wasser atmen.

Für den Forscher war der Gedanke gar nicht einmal so abwegig. Kylstra: »Alles Leben nahm seinen Anfang im Meer. Zwar ist es schon ein paar Millionen Jahre her, seit die ersten Lebewesen aus dem Wasser krochen und sich auf die Luft als neue Atemmasse umstellten. Im Prinzip aber ist eine Lunge nichts anderes als die Abwandlung der Kiemen. Warum sollte sie nicht ihren Sauerstoff auch aus dem Wasser holen?«

Der Wissenschaftler versuchte es zunächst an Mäusen. Sein Verfahren war brutal. Er reicherte salzhaltiges Wasser, Meerwasser sozusagen, künstlich mit größeren Mengen Sauerstoff an und warf die Tiere hinein.

Er berichtet: »In den ersten Sekunden versuchten die Tiere verzweifelt, die Oberfläche zu erreichen. Aber ein Gitter hielt sie unten. Nach der ersten Aufregung beruhigten sie sich und schienen plötzlich gar nicht mehr in Angst zu sein. Sie machten rhythmische Bewegungen. Man sah richtig, wie sie die Flüssigkeit ein- und ausatmeten. Sie spazierten dabei am Grund umher. Einige blieben für Stunden in dem Wasserbehälter.«

Das war der Beweis. Die Theorie stimmte. Eine Lunge war in der Lage, sich auch aus einer Flüssigkeit Sauerstoff herauszuholen. Daß man ertrank, lag nicht am Wasser schlechthin. Das lag daran, daß normales Meerwasser für die Lunge einen zu geringen Sauerstoffgehalt hatte. Sie war auf den Sauerstoffreichtum der Luft eingestellt. Hätte Wasser ebensoviel Sauerstoff wie Luft, brauchte niemand im Meer zu »ertrinken«, das heißt zu »ersticken«.

Erregt ging der Forscher an das nächste Experiment. Was es zu klären galt, war die Frage: Machte Wasser-

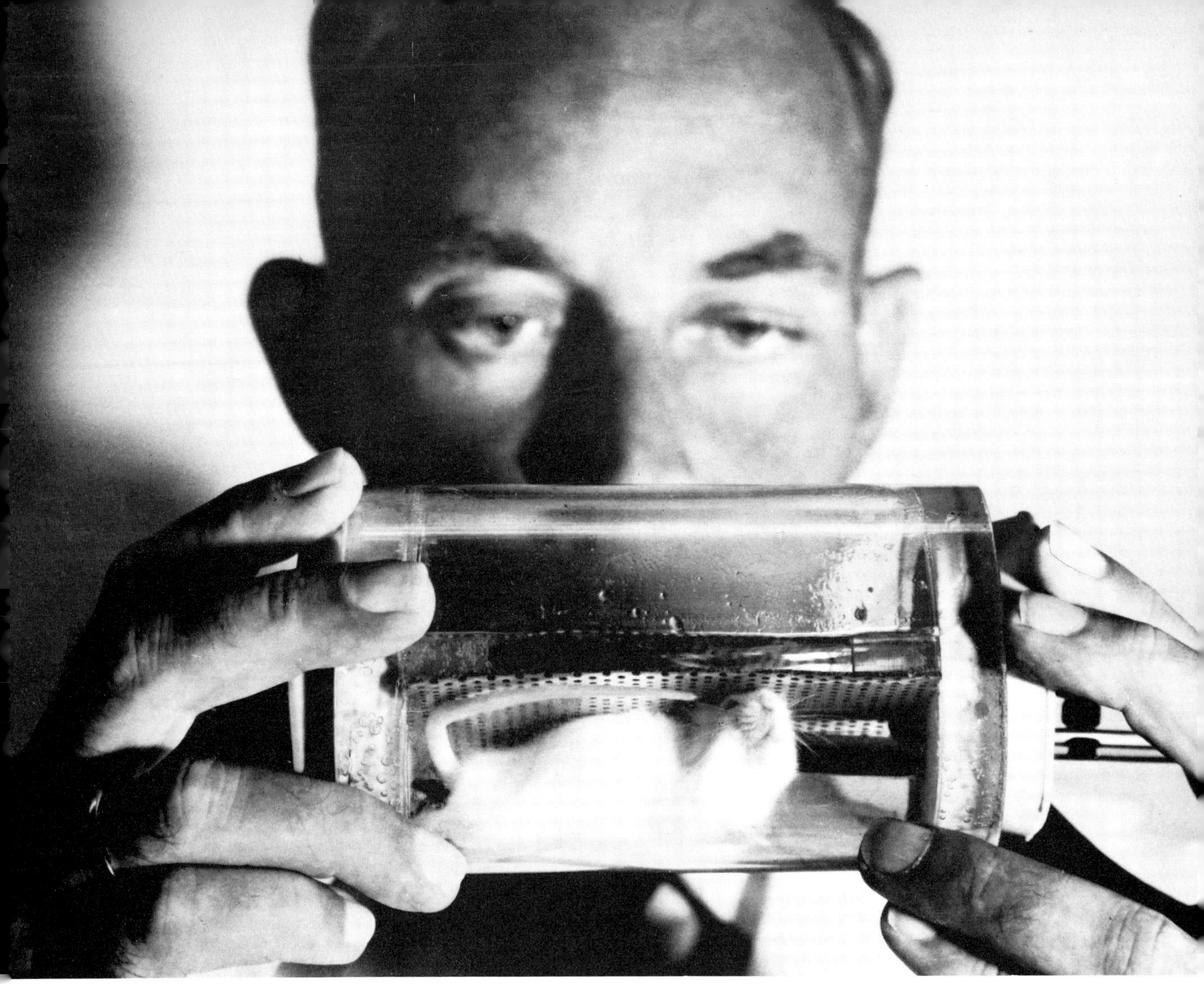

Die Maus in diesem Glas ist völlig unter Wasser. Ein Gitter verhindert, daß sie auftaucht. Dennoch ertrinkt das Tier nicht. Der amerikanische Professor Johannes Kylstra hat die Flüssigkeit künstlich mit Sauerstoff angereichert. Nun atmet die Maus Wasser, als wäre es Luft. Für den Forscher ist das der Beweis: Lungen sind nur eine Abwandlung der Kiemen. Auch der Mensch, so meint er, kann Flüssigkeit atmen und dann wahrscheinlich ebenso tief tauchen wie die Fische des Meeres.

atmung die Tiere wirklich weitgehend unempfindlich gegen Druck?

Eine Maus wurde in einen Druckbehälter gesetzt. Dann preßte Prof. Kylstra das Atem-Wasser, in dem sie herumkrabbelte, hydraulisch zusammen. Künstlich wurde sie auf »Tauchtiefen« von mehreren tausend Metern gebracht. Ergebnis: Sie schien es gar nicht zu merken; sie blieb mobil und munter.

Eine dritte Überraschung erwartete den Forscher, als er die Maus wieder auf normalen Druck zurückbrachte. So schnell die Druckverhältnisse auch wechselten, bei Wasseratmung gab es offensichtlich keine Auftauchprobleme.

Beim Tauchen mit Luft ist die Rückkehr an die Oberfläche die kritischste Phase. Schon nach wenig mehr als 20 Meter Tiefe preßt der Wasserdruck verstärkt Sauerstoff ins Blut. Das ist nicht gefährlich, solange der Taucher in der Tiefe bleibt. Steigt er jedoch schnell wieder auf, wird der überschüssige Sauerstoff zu Gift. Er bildet kleine Bläschen; er läßt das Blut schäumen wie Sekt (der auch erst perlt, wenn die Flasche geöffnet wird und der Druck entweicht). Das »kochende« Blut raubt dem Taucher innerhalb weniger Sekunden die Besinnung. Er

Und der Mensch wird Flüssigkeit atmen - genau wie diese Maus

Auch einen Menschen ließ Prof. Kylstra schon einmal Wasser atmen – zur Vorsicht allerdings nur mit halber Lunge. Er montierte in jeden Lungenflügel einen Schlauch. Dann leitete er auf einer Seite mit Sauerstoff angereichertes Salzwasser hinein. Die Testperson spürte es kaum und atmete normal.

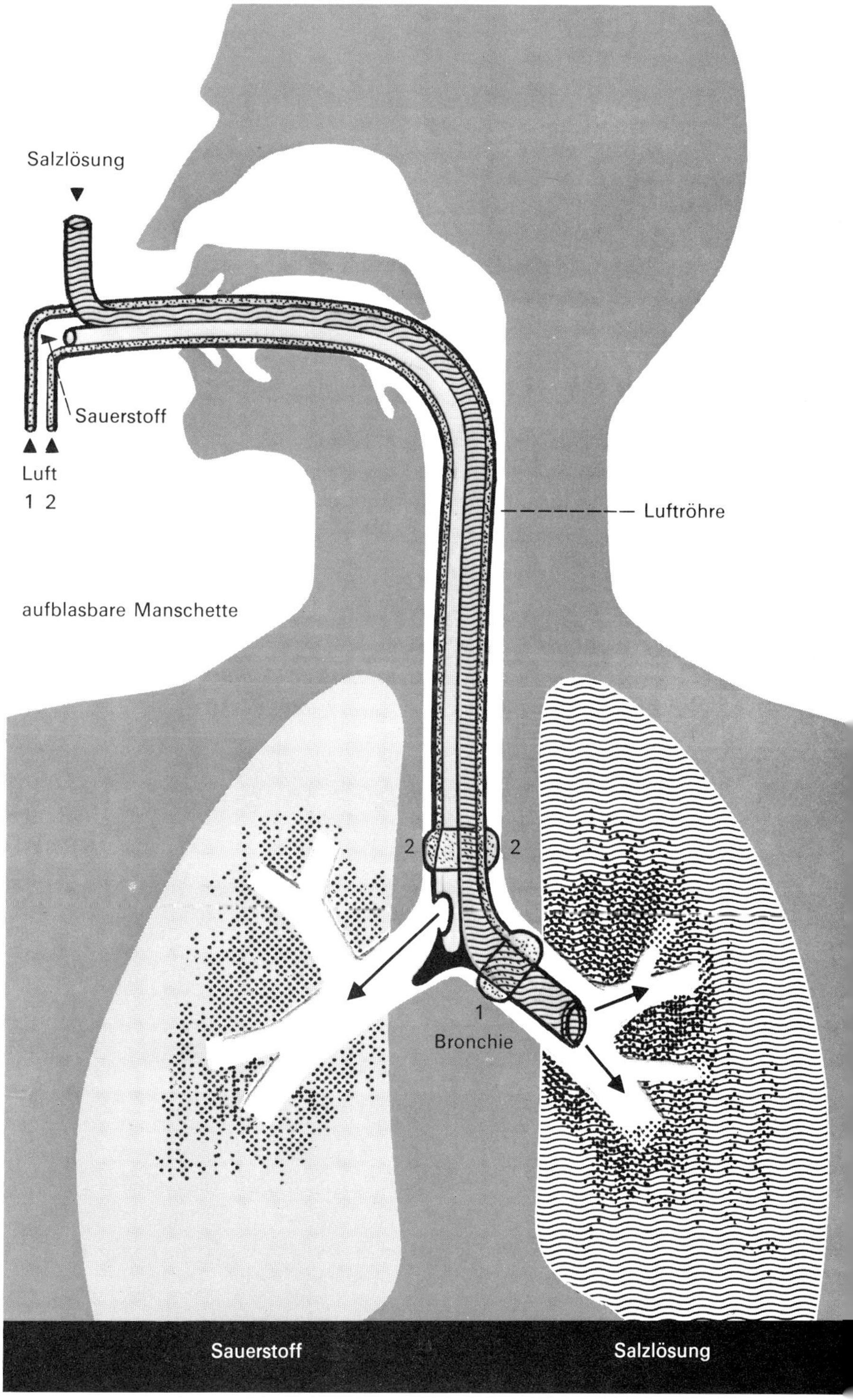

Alle Welt konnte zusehen, wie die Amerikaner vom Mond Besitz ergriffen. Raumschiff-Kommandant Neal Armstrong rammte im Sommer 1969 die amerikanische Flagge in den Mondstaub.

Doch auch auf dem Meeresgrund, neunmal so groß wie der Mond, steht schon eine US-Fahne. Ein Tieftauchboot stieß sie mit seinem stählernen Greifarm in die wüstenartige Unterwasser-Landschaft, 1200 Meter tief im Pazifik.

stirbt. Um diese Gefahr zu umgehen, holt man daher heute die Taucher in Druckkabinen herauf und bringt sie dann in stundenlanger Prozedur langsam wieder auf Normaldruck.

Die U-Mäuse aus Prof. Kylstras Wasserbehälter kannten solche Schwierigkeiten nicht. Eine von ihnen brachte er innerhalb von drei Sekunden aus der simulierten Tauchtiefe von 1000 Metern auf normalen Oberflächendruck. Als er die Maus anschließend aus dem Wasser heraushob, prustete sie kurz und atmete dann Luft weiter, so als sei gar nichts geschehen.

Den Versuchs-Serien mit Mäusen schlossen sich Tests mit Hunden an. Prof. Kylstra baute sich dazu eine große Druckkammer. Jedes Versuchstier wurde an eine Batterie von Überwachungsmaschinen angeschlossen und über einen in die Luftröhre montierten Schlauch mit sauerstoffreichem Wasser beatmet. Die gründliche Untersuchung der anschließend herausoperierten Lunge ergab keine Schäden durch die Wasseratmung.

Einen Hund, der 24 Minuten lang Wasser geatmet hatte, ließ der Professor als biologischen Beweis am Leben. Das Tier ist heute Maskottchen des holländischen U-Boot-Rettungsschiffes »Cerberus«.

Die Erfolge bei Tieren ließen Prof. Kylstra schließlich auch den ersten gewagten Test am Menschen unternehmen. Der amerikanische Taucher Francis J. Falejczyk stellte sich freiwillig dafür zur Verfügung. Aus Sicherheitsgründen durfte er es zunächst nur mit halber Lunge probieren. Wie bei einer Intubations-Narkose wurde ihm ein Doppelschlauch in die Luftröhre geschoben. Die zwei Endstücke mündeten in den Bronchien. Jede Lungenhälfte konnte damit getrennt beatmet werden.

Der Taucher blieb bei vollem Bewußtsein. Er gab selber das Zeichen, daß der Versuch begonnen werden könne. Ein Schalter klickte. Ruhig hob und senkte sich die Brust des Freiwilligen, so als sei nichts geschehen. Tatsächlich aber strömte plötzlich nur noch in seine linke Lungenhälfte normale Atemluft. Über den Schlauch zur rechten Lungenhälfte sog er ein mit Sauerstoff angereichertes Atem-Wasser ein.

Es gab keinerlei Komplikationen. Testfreiwilliger Francis Falejczyk hatte keine Atemnot. Prof. Kylstra: »Er berichtete anschließend, daß er in der flüssigkeitsgefüllten Lungenhälfte kein wesentlich anderes Gefühl gehabt hätte als in der gasgefüllten. Auch sei das Hineinströmen und Hinausstoßen der Atemflüssigkeit nicht mit irgendwelchen unangenehmen Reizungen verbunden gewesen.«

Zum Jubeln war es allerdings noch zu früh. Bei allen Versuchen zeigte sich ein zunächst unlösbar erscheinendes Problem. Die Salzlauge vermochte zwar ausreichend Sauerstoff in die Lunge hineinzubefördern. Beim Ausatmen aber transportierte sie nicht genügend Kohlendioxyd ab. Der Giftstoff sammelte sich im Körper an und führte bei längerer Wasseratmung zum Tode.

An der Suche nach einem Ausweg aus diesem Dilemma beteiligten sich inzwischen mehr als ein halbes Dutzend Institute. Die ersten Erfolgsmeldungen kommen aus dem Medical Center der Universität Alabama. Dort fand Prof. Leland C. Clark heraus, daß es nicht unbedingt Salzwasser sein muß. Es gibt andere, bessere Atem-Flüssigkeiten. So können bestimmte synthetische Fluor-Kohlenstoffverbindungen das giftige Kohlendioxyd dreimal so leicht aus der Lunge übernehmen. Nicht nur das. Sie lassen sich auch einfacher mit Sauerstoff anreichern. Bei ganz normalem Druck nehmen sie 30mal soviel davon auf wie Wasser. Mäuse, die Prof. Clark in das flüssige Kunststoff-Gebräu hineinsetzte, fühlten sich darin offensichtlich recht wohl.

Die Marschrichtung ist damit abgesteckt. Es gibt für die Forscher kaum noch einen Zweifel, daß sie den Tauchern in absehbarer Zukunft für ihren Tiefeneinsatz ein Atemgerät werden liefern können, das Flüssigkeit statt Luft enthält. Und sie sind ebenso sicher, daß den Pionieren der Tiefe von diesem Augenblick an kein Wasserdruck mehr etwas wird anhaben können.

Der Weg des Menschen in die Welt 3500 Meter unter dem Meeresspiegel ist damit frei, der Weg in die phantastischste Ansiedlung, die Menschen je gebaut haben – die Stadt auf dem Grund des Atlantiks.

Weltwunder Nr. 3

Revolution in der Fortpflanzung: Das Baby aus der Retorte

Schon in fünf oder zehn Jahren werden Eltern wählen können, ob ihr Kind ein Mädchen oder ein Junge werden soll. Es ist eine Neuerung, die eine Revolution der menschlichen Fortpflanzung einleitet. Schauplatz künftiger Baby-Produktion wird nicht mehr der Mutterleib sein, sondern die Kinderfabrik. Ihre Stichworte: Retortenbefruchtung, Eitransplantation, käufliches Keimmaterial, Gen-Chirurgie und künstliche Gebärmutter. Männer zeugen Nachwuchs in Frauen, die sie nie im Leben sehen. Frauen tragen in ihrem Leib die Kinder anderer Frauen aus. Gebärroboter liefern Nachwuchs mit Gütesiegel.

Mindestens fünf Millionen Frauen in der Bundesrepublik legen keinen Wert darauf, das eigene Kind auch selber auszutragen. Sie würden es ohne Bedenken im Leib einer fremden Frau, einer bezahlten Mietmutter, züchten lassen. Sie würden es sogar einer künstlichen Gebärmutter zum Ausbrüten übergeben, wäre der Schwangerschaftsroboter schon da.

Nicht nur die Frauen sind bereit, Menschen auf neue Art in die Welt zu setzen.

Fast die Hälfte aller erwachsenen Männer in Deutschland legen nicht unbedingt Wert darauf, das eigene Kind auch selber zu zeugen. Sie würden diesen Vorgang sofort der Befruchtungsspritze eines Arztes überlassen, wenn sie dadurch vorherbestimmen könnten, ob es ein Junge oder ein Mädchen wird.

Gäbe es schon funktionierende Befruchtungskliniken, Keimzellen-Depots und Baby-Fabriken, sie hätten in Deutschland Hochkonjunktur. Millionen Männer wären bereit, ihr Sperma zu verkaufen. Hunderttausende von Frauen würden sich als Mietmütter verdingen. Wenn es der bessere und bequemere Weg zum Baby ist, dann gibt es keine Hemmungen, Zeugungsrecht und Schwangerschaft künftig an ein Fruchtbarkeits-Labor abzutreten. Das ist das erstaunliche Ergebnis einer Untersuchung, die das Marplan-Institut in Frankfurt anstellte. Die Repräsentativ-Umfrage, im Auftrage der Zeitschrift STERN ausgeführt, läßt keinen Zweifel: Das Baby aus der Fabrik, für Millionen ist es bereits heute zum erklärten Wunschkind avanciert.

Das muß und das wird Konsequenzen haben. Innerhalb der nächsten dreißig Jahre, so mutmaßen Experten, wird sich die Art, wie Menschen Kinder in die Welt setzen, radikal ändern. Schon heute existieren erste Spermabanken und Befruchtungslabors. Bis zum Jahr

BP
PP

2000 werden sie sich zu Superkliniken ausgewachsen haben. Schritt um Schritt werden sie übernehmen, was bislang der ganz intime Schöpfungsakt zweier Menschen war – die Schaffung neuen menschlichen Lebens.

Der erste, entscheidende Durchbruch auf diesem Weg steht unmittelbar bevor. Es ist die Erfüllung des elterlichen Herzenswunsches, selber bestimmen zu dürfen, ob es ein Junge oder ein Mädchen werden soll.

Nie zuvor ist das Interesse an dieser Entscheidung so groß gewesen. Das hat einen Grund. Einst bekam man ein ganzes Dutzend Kinder, und der Zufall fügte es in den meisten Ehen, daß es nicht nur Nachwuchs von einer Sorte war. Heute kommen Kinder nicht mehr wie Regen, der fällt oder nicht fällt. Sie werden vorgeplant. Man beschließt, wann sie kommen sollen und wie viele es sein dürfen. In der Regel sind nicht mehr als zwei vorgesehen, ein Junge und ein Mädchen. Doch eben diese Planung klappt meist nicht. Statt des Pärchens kommen plötzlich zwei Jungen (oder Mädchen).

Nichts ersehnen sich die Eltern daher so sehr wie die Möglichkeit, das Geschlecht ihrer Kinder selber bestimmen zu können. Fast die Hälfte, sowohl der Männer (49,3 Prozent) als auch der Frauen (47,9 Prozent), sehen darin die Krönung ihrer Elternschaft.

Die Forschung ist dabei, ihnen den Wunsch zu erfüllen. Aber es gibt dafür eine Vorbedingung, die mit einem Schlag die menschliche Fortpflanzung revolutioniert: Das Kind kann nicht mehr wie einst und je im Ehebett gezeugt werden. Der Mann muß sein Zeugungsrecht abtreten an ein medizinisches Labor, an eine Befruchtungsklinik. Alle körperliche Umarmung zwischen ihm und seiner Frau ist nur noch Spiel der Liebe. Wenn es ans Zeugen geht, ist er selbst nicht mehr dabei. Dann wird von ihm nur noch sein Sperma gebraucht.

Erst die raffinierten Methoden moderner Wissenschaft vermochten zu zeigen, daß es allein an diesem männlichen Samen liegt, ob ein Junge oder ob ein Mädchen entsteht. In dem Erguß des Mannes gibt es zwei völlig verschiedene Arten von Samenfäden.

■ Die einen bewirken männlichen Nachwuchs: Sie enthalten als Erbmerkmal ein sogenanntes Y-Chromosom.

■ Die anderen bewirken weiblichen Nachwuchs: Sie enthalten als Erbmerkmal ein sogenanntes X-Chromosom.

Beide Sorten sind gleich gut vertreten. Von den bis zu 400 Millionen Samenfäden, die bei einem einzigen

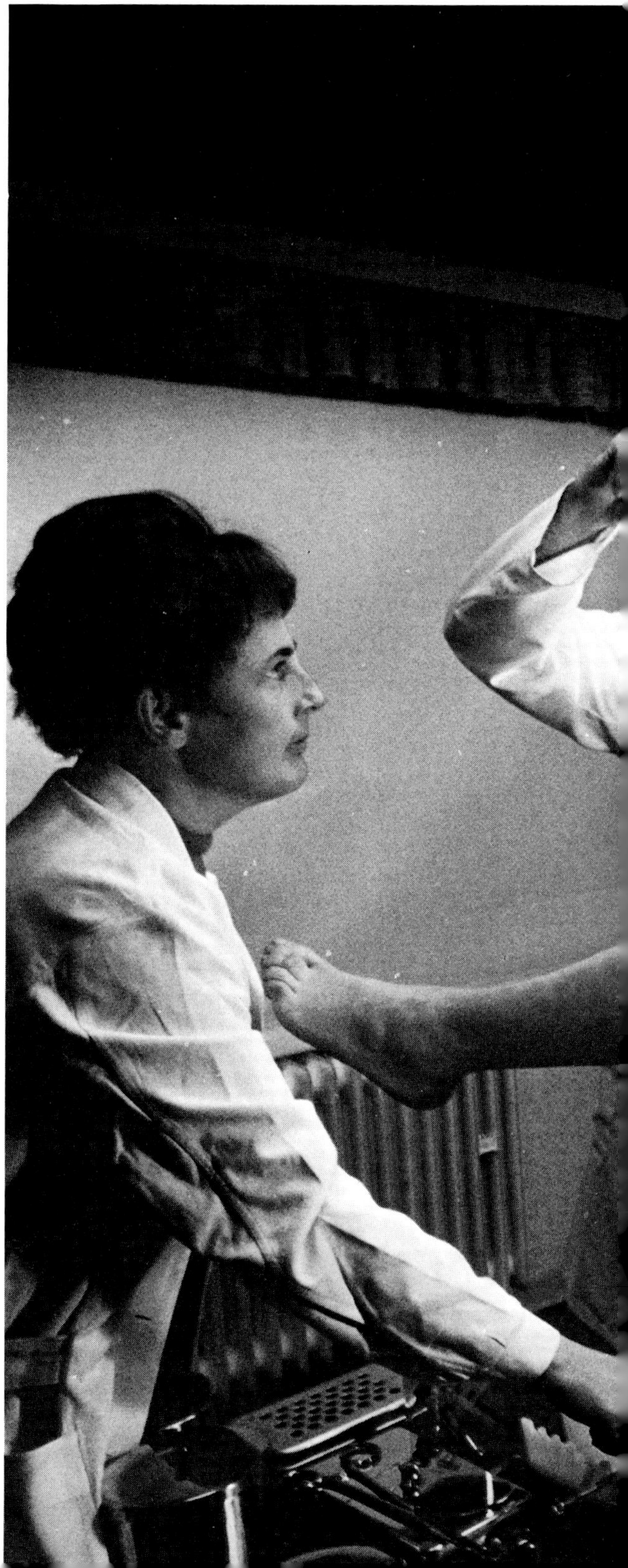

Künstliche Befruchtung - ein geheiligter Augenblick wird zum nüchternen Laboratoriums-Akt

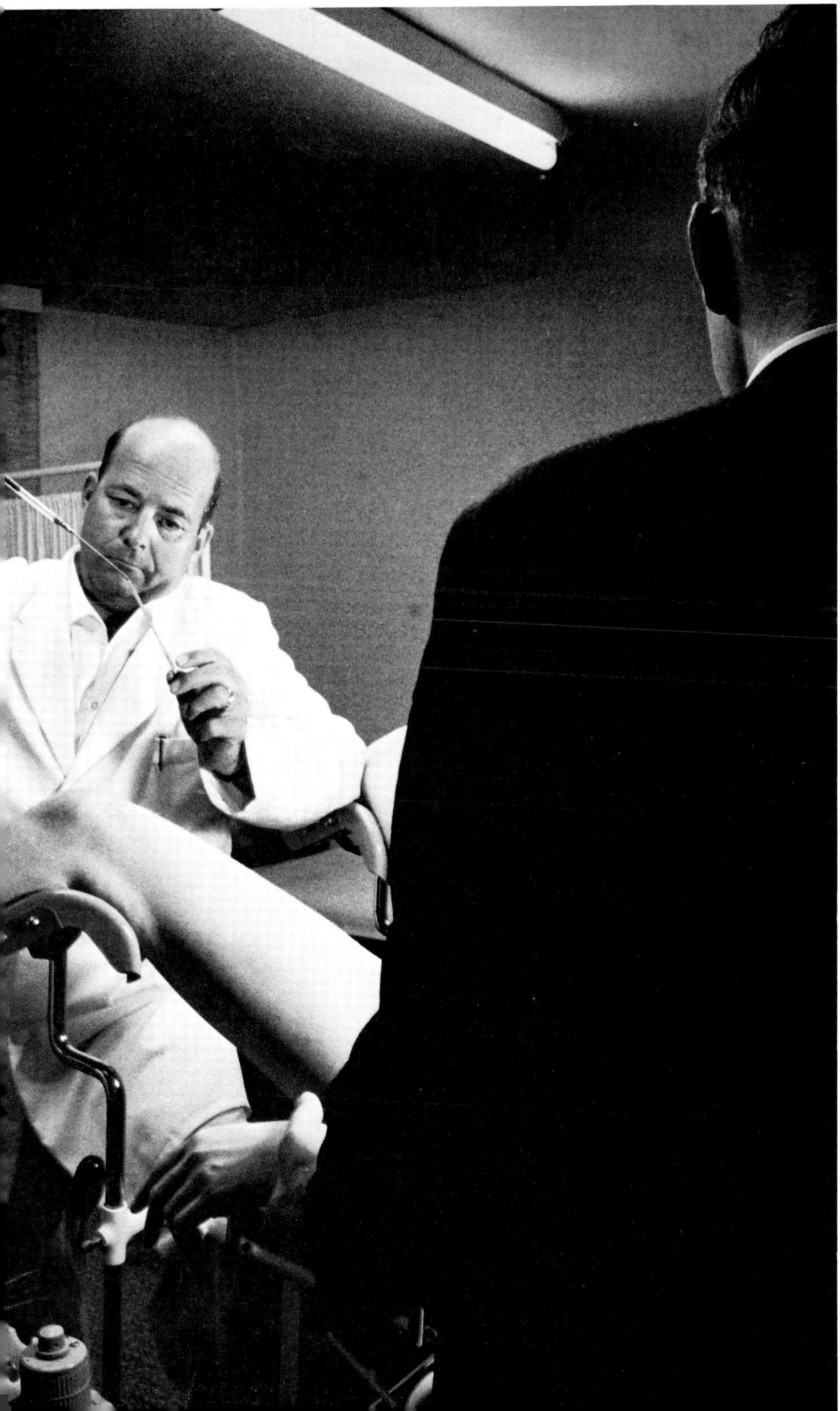

Vortrupp auf dem Weg zu einer neuen Art der Kinderproduktion sind jene Frauen, die unfruchtbare Männer haben. Sie lassen sich den Samen fremder Spender mit der Befruchtungsspritze einimpfen. Bei dem Frauenarzt Dr. Gerhard Schaad (Bad Pyrmont) wurden so innerhalb von knapp drei Jahren mehr als dreihundert Kinder gezeugt.

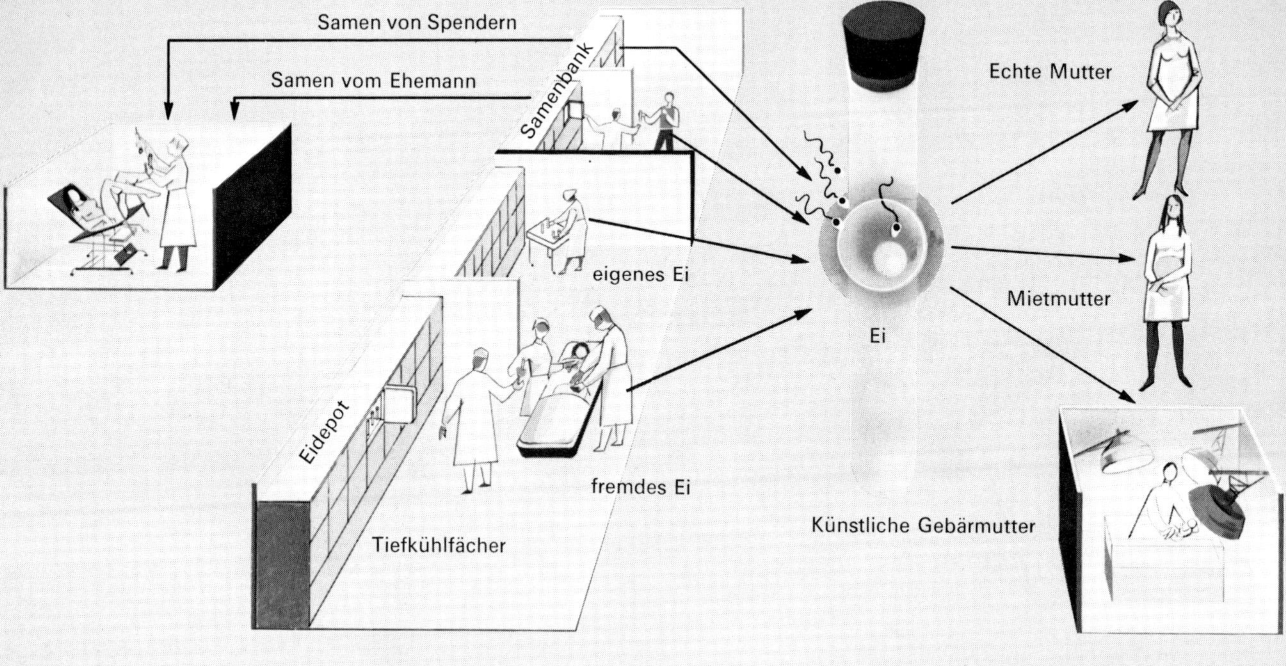

Künstliche Befruchtung
Schon heute leben auf der Welt eine Viertelmillion Menschen, die mit der Befruchtungsspritze gezeugt wurden. Nun soll die künstliche Befruchtung zur ganz normalen Zeugungsart für alle Ehepaare werden. Denn nur so läßt sich ein alterlicher Wunsch erfüllen: die Vorherbestimmung, ob es ein Junge oder ein Mädchen werden soll. Noch in diesem Jahrzehnt wird es zu diesem Zweck spezielle Befruchtungskliniken geben.

Keimzellen-Lager
Ihr Herzstück ist die Samenbank. Dort wird das Sperma bei 196 Grad Kälte gelagert. Wie das Sperma des Mannes, so läßt sich auch das Ei der Frau aus dem Körper herausnehmen und tiefgekühlt einlagern. Künftige Befruchtungskliniken werden riesige Depots haben – mit Keimstoff auch von Pop-Stars und Nobelpreisträgern.

Zeugung in der Retorte
Ei und Samen vereinigen sich auch in der Retorte. Sexueller Kontakt der Partner ist nicht nötig. Unser Schaubild verdeutlicht: Selbst Menschen, die einander nie im Leben begegnen, können ein Kind miteinander erzeugen. Denn die Frau kann ehelichen Keimstoff benutzen oder »mischen«: eigenes Ei – aber Samen vom Spender; eheeigener Samen – aber Ei von einer Fremden; fremdes Ei – fremder Samen.

Gebärmütter
Haben Eltern einen Embryo in der Retorte zeugen lassen, so kann sich die vorgeburtliche Entwicklung künftig auf drei Arten abspielen: in der echten Mutter, in einer Mietmutter, im Roboter.

Liebesakt ausgestoßen werden, sind genau die Hälfte männlich und die Hälfte weiblich. Welches Spermium den Wettlauf zum Ei gewinnt und die Befruchtung ausführt, das bleibt dem Zufall überlassen.
Die Entdeckung der zwei Samentypen erschien nun als ein geradezu idealer Ansatz für den Versuch, das Geschlecht eines Kindes vorherzubestimmen. Man brauchte schließlich nichts weiter zu tun, als die Spermien zu sortieren, die »weiblichen« auf das eine Häufchen und die »männlichen« auf das andere. Je nachdem, mit welchem Häufchen man eine Frau befruchtete, würde sie dann einen Jungen oder ein Mädchen zur Welt bringen.

In der Praxis allerdings gestaltete sich eine solche Spermien-Trennung zu einem recht schwierigen Unternehmen. Unter dem Mikroskop sieht ein Samenteilchen wie das andere aus. Wie sollte man trennen, was man nicht unterscheiden konnte?

Die Forscher fanden Wege. Zumindest im Tierversuch haben sie bereits erste gezielte Geschlechtsverschiebungen erreicht. Eine Methode: Das Sperma wird in eine zähflüssige Speziallösung (Grundsubstanz Eigelb) hineingegossen. Da die weiblichen Spermien etwas schwerer sind, sinken sie schneller zu Boden. Ein anderes Verfahren: Die Spermien werden durch ein elektrisches Feld geleitet und elektromagnetisch getrennt.

Beide Tricks brachten indessen nur halbe Erfolge. Das wurde vor allem nach einem Großversuch klar, der in der DDR unternommen wurde. Dort befruchtete das

Gezielte Zeugung: Der Frankfurter Fertilitätsexperte Dr. Georg Silló-Seidl füllt bei der künstlichen Befruchtung das Sperma in eine Plastik-Kappe, die er auf den Gebärmutterhals setzt (hier am Modell demonstriert).

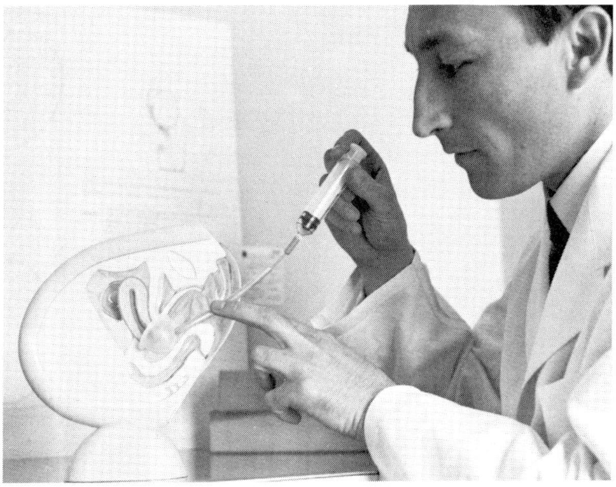

Institut für künstliche Besamung in Schönow bei Berlin insgesamt 1368 Kühe mit dem Trennsperma. Ergebnis: Sie erreichten Wunsch-Kälber im Verhältnis 70 zu 30.

Das mag nun für die Landwirtschaft schon recht beachtlich sein, für den Menschen ist die Spermientrennung erst dann interessant, wenn sie mit absoluter Sicherheit immer funktioniert. Wonach die Wissenschaftler denn auch suchten, war eine Art Wunderpulver, eine Chemikalie mit einer geradezu phantastischen Eigenschaft: Sie sollte, ins Sperma geschüttet, je nach Wunsch jeweils immer nur eine Sorte Samenteilchen am Leben lassen, entweder die »weiblichen« oder die »männlichen«.

Die Lösung, die zum ersten handfesten Ergebnis auf diesem Wege führte, fand Dr. Erich Schilling vom Max-Planck-Institut Mariensee bei Hannover. Er machte sich eine Entdeckung in der Natur zunutze. Niedere Pflanzen und niedere Tiere entwickeln gewisse Sexual-Lockstoffe, die dazu da sind, den Samen anzuziehen. So arbeitet zum Beispiel das Farnkraut mit bestimmten Säuren (Gamonen). Im Morgentau löst es ein wenig davon auf und dirigiert damit die spermienartigen Samenfäden zum Ort der Befruchtung.

Für Dr. Schilling war dieser Wirkungsmechanismus Anlaß genug, seine Suche nach dem Wunderpulver bei diesen organischen Säuren zu beginnen. Er hatte auf Anhieb Erfolg. Er fand gleich eine ganze Reihe von Säuren, die genau jenen Effekt hatten, den er sich erhoffte: die Lähmung immer nur einer Geschlechtsart von Spermien, während die andere unangetastet blieb.

Die Ehefrau Mrs. Prutting aus New York ließ sich heimlich von einem Arzt mit ehefremdem Spendersamen befruchten. Sie wollte ihrem Mann das Kind als eigenes unterschieben. Er merkte den Schwindel und ließ sich scheiden. In der Zukunft wird Elternschaft einen völlig neuen Sinn erhalten.

Die Wirkstoffe, die der Forscher bislang als die besten ansieht, sind keineswegs exotisch. Schlichte Apfelsäuren, Zitronensäure und Ascorbinsäure töten die »männlichen« Spermien ab. Mini-Dosierungen von Salzsäure vernichten die weiblichen. Bei Kaninchen erreichte er so bereits klare Geschlechtsverschiebungen.

Alle diese Versuche der Forschung waren außerordentlich zeitraubend. Denn was man herausgefiltert hatte, das ließ sich immer erst erkennen, wenn bei den Versuchstieren der Nachwuchs da war. Beim Menschen ergab sich noch ein zusätzliches Hindernis. Welche Frau wäre schon bereit gewesen, auf bloßen Verdacht hin mit einem Sperma-Filtrat an sich experimentieren zu lassen?

Seit Mitte 1970 sind die Forscher nun jedoch aus diesem Stadium der Blindversuche heraus. An der Universität Oxford hat der Wissenschaftler Dr. Vosa ein einfaches Verfahren entdeckt, die beiden Spermienarten unterscheidbar zu machen. Er fügt der Samenflüssigkeit ein wenig von dem Malariamittel Atebrin bei, und prompt leuchten alle »männlichen« Spermafäden auf, ihr Y-Chromosom beginnt unterm Mikroskop auffällig zu fluoreszieren.

Zwar tötet das Atebrin die Spermien. Sie sind also nicht mehr für den Zeugungsvorgang zu gebrauchen. Was aber für die Forscher wichtig ist: Sie haben durch diesen Test zum ersten Male die Chance, ohne langwierige Zuchtversuche schnell und sicher zu prüfen, ob ein Trennverfahren geklappt hat oder nicht. Das macht die Wissenschaftler optimistisch. Sie glauben, daß sie vielleicht schon bis 1975 das Baby mit Geschlechtsgarantie liefern können.

Angenommen, es wünschen sich Eheleute ein Kind von ganz bestimmtem Geschlecht, so hat zunächst der Mann in der Befruchtungsklinik zu erscheinen. Er muß sein Sperma abliefern. Er wird dazu in eine kleine Kabine geführt und mit sich allein gelassen. Um ihn herum trägt alles streng medizinischen Charakter. Reagenzgläser, Personal in weißen Kitteln, Desinfektionsgeruch in allen Räumen. Aber auch die kühlste Laboratmosphäre täuscht nur schwer über den Kernpunkt der Sache hinweg: Hier ist ein offizielles Masturbationszentrum entstanden.

Die Fruchtbarkeits-Experten rechnen damit, daß die Männer in der Regel weder optischer Ersatzerotik noch technischer Nothilfe bedürfen. Nur in Sonderfällen werde Unterstützung notwendig sein.

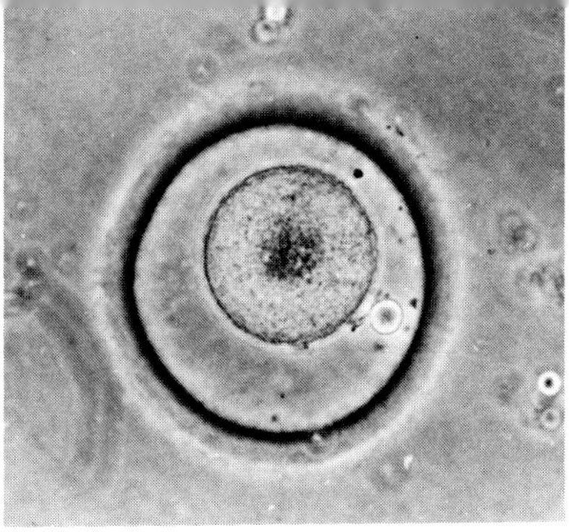

Ein Schnitt durch das menschliche Ei. In Wahrheit ist es so winzig wie die Spitze einer Stecknadel. Aber unter dem Mikroskop wirkt es wie ein Spiegelei in der Pfanne mit gelbem Dotter in der Mitte.

Ein menschlicher Samenfaden, wie ihn noch niemand sah. Die plastische Aufnahme gelang durch eine neue mikroskopische Fototechnik. Der Kopfteil enthält das Erbmaterial; der peitschenartige Schwanz dient zur Fortbewegung. Die echte Größe: Kopfdurchmesser knapp ein dreitausendstel Millimeter.

Eine hochtechnisierte Methode der Spermagewinnung ist beispielsweise die sogenannte Elektroejakulation. Sie wurde zuerst bei der künstlichen Tierbesamung erprobt. So erhält man den Samen von Schafen, indem man – wie der New Yorker Gynäkologe Alan F. Guttmacher es beschreibt – »eine Elektrode am Rektum und die andere auf der Haut über dem vierten Lumbalwirbel befestigt. Dann wird eine Serie von zehn bis zwanzig elektrischen Reizen (30 Volt) ausgelöst, wobei auf einen fünf Sekunden langen Stromstoß immer eine fünf Sekunden lange Pause folgt.«

Ähnliche Versuche am Menschen wurden von dem Forschungsteam des Amerikaners R. L. Rowan angestellt. Es zeigte sich jedoch, daß die Elektroejakulation für die klinische Anwendung zu umständlich ist. Praktikabel erscheint dagegen die Erfindung des New Yorker Forschers Dr. Aquilas Sobrero. Er verwendet einen leicht umgebauten Massage-Vibrator, der für billiges Geld im einschlägigen Versandhandel bezogen werden kann.

Über das Ergebnis berichtet Dr. Sobrero: »In einer Gruppe von 15 normalen Männern im Alter von 18 bis 47 gab es bei 150 Versuchen nicht einen einzigen Fehlschlag. Die Ejakulation erfolgt innerhalb einer bis sieben Minuten.«

Das Häufchen Menschensamen, so oder so gewonnen, wird in der Abteilung »Spermabank« der Befruchtungsklinik zunächst gründlichen Qualitätskontrollen unterworfen. Zahl und Beweglichkeit der Spermien werden gemessen (zeugungsfähige Samenfäden legen die Strecke von einem Millimeter in 40 bis 50 Sekunden zurück). Erst wenn feststeht, daß die Spermien zur Befruchtung in der Lage sind, kommen sie in die Trennanlage, die zwei Häufchen aussortiert, ein »männliches« und ein »weibliches«.

Die beiden Spermaproben werden anschließend eingefroren. In aller Ruhe kann die Befruchtungsklinik dann den günstigsten Zeugungstermin abwarten. Die Frau darf den Monat auswählen, von dem an ihr eine Schwangerschaft am besten passen würde.

Das Sperma-Eis aus der Tiefkühltruhe ist mehr Chemikalie als natürlicher Keimstoff. Es wird einer Prozedur unterworfen, die den Laien unheimlich vorkommen muß. Eine bewährte Methode: Der männliche Erguß kommt zunächst in eine Spezialzentrifuge. Bei 1500 bis 2000 Umdrehungen pro Minute

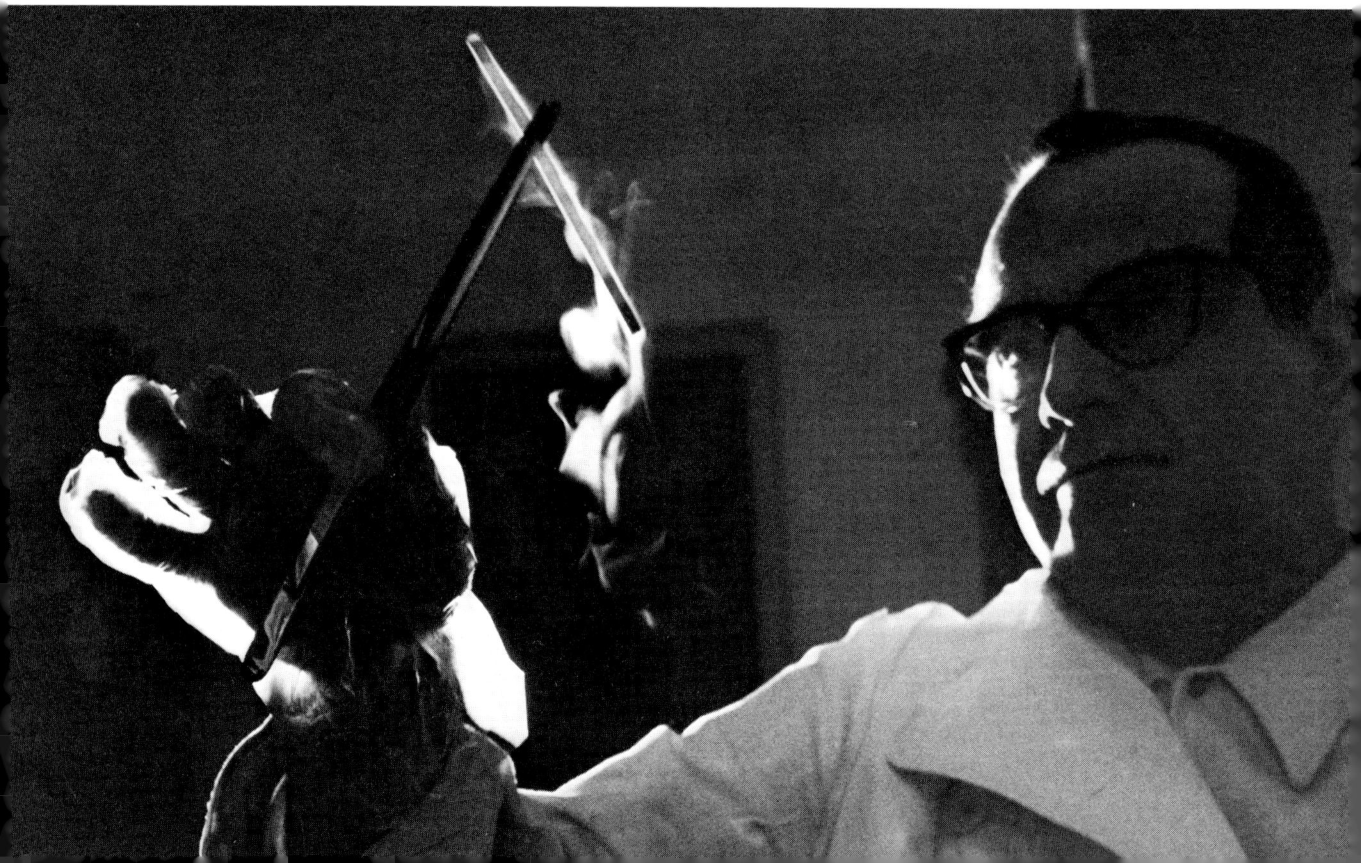

Wer sein Sperma einfrieren lässt, kann selbst als Toter noch Kinder zeugen

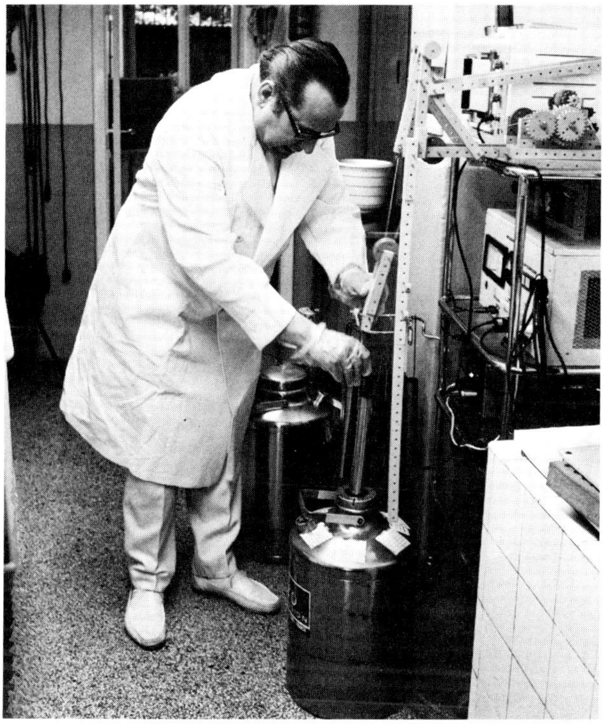

wird dort kondensiertes Samengemisch hergestellt. Dieses Konzentrat versetzt der Arzt mit Glyzerin und Eigelb. In Milligramm-Dosierungen kommen außerdem zahlreiche chemische Stoffe hinzu, wie Natriumzitrat, Glukose, Penicillin, Streptomyzin und Glyzin.

Sinn der Mixarbeit: Sie soll die Überlebenschancen der zerbrechlichen Samenfäden bei dem rabiaten Gefriervorgang erhöhen. Wichtigste Beigabe ist dabei das Glyzerin. Es verhindert die Bildung größerer Eiskristalle im Innern des Spermiums, die seine Filigranstruktur sprengen würden. Es ist der gleiche Schutzstoff, mit dem die Insekten während des Winterschlafes die Kälte schadlos überstehen. Die übrigen Zutaten sind vor allem dafür da, unerwünschte Krankheitskeime auszuschalten, die sich im Sperma befinden könnten.

Das chemisch aufbereitete Schöpfungsmaterial wird in dünne Röhrchen abgefüllt und versiegelt. Mit genau festgelegter Geschwindigkeit müssen diese Proben dann in den eisigen Stickstoff-Dampf einer Gefrieranlage eingetaucht werden. Der Leiter der ersten europäischen Spermabank, Dr. med. Kurt Sokol von der »Forschungsstelle für physikalische Medizin« in Bremen, benutzt einen automatischen Tauch-Arm. Das

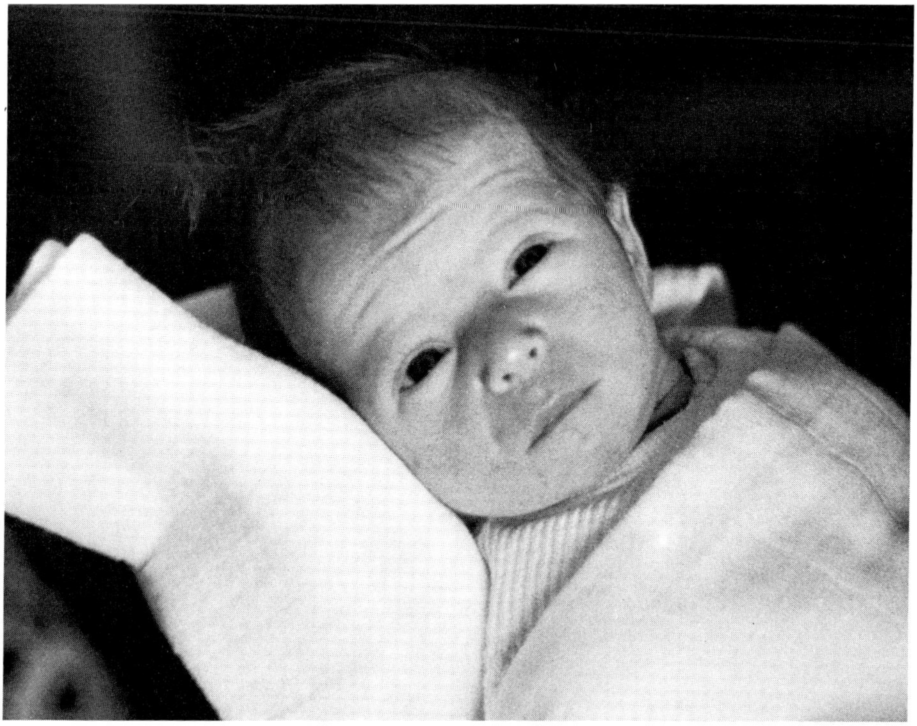

Männlicher Same kann heute unbegrenzt haltbar gemacht werden. In der Spermabank des Bremer Arztes Dr. Kurt Sokol ist er in großen Nickelbehältern bei der Weltraumkälte von minus 196 Grad eingelagert. Ein geheimnisvoller Schleier umgibt die Spermaröhre, wenn sie wieder aufgetaut wird. Es ist Kondenswasser der Luft, hervorgerufen durch die Kälte der Samenprobe. Doch auch nach dem Kälteschlaf in der Gefrierbombe hat das Sperma noch die Kraft zur Befruchtung, wie das Foto des ersten ehelichen Gefrierbabys der Welt beweist, eines Jungen aus der Gegend von Frankfurt.

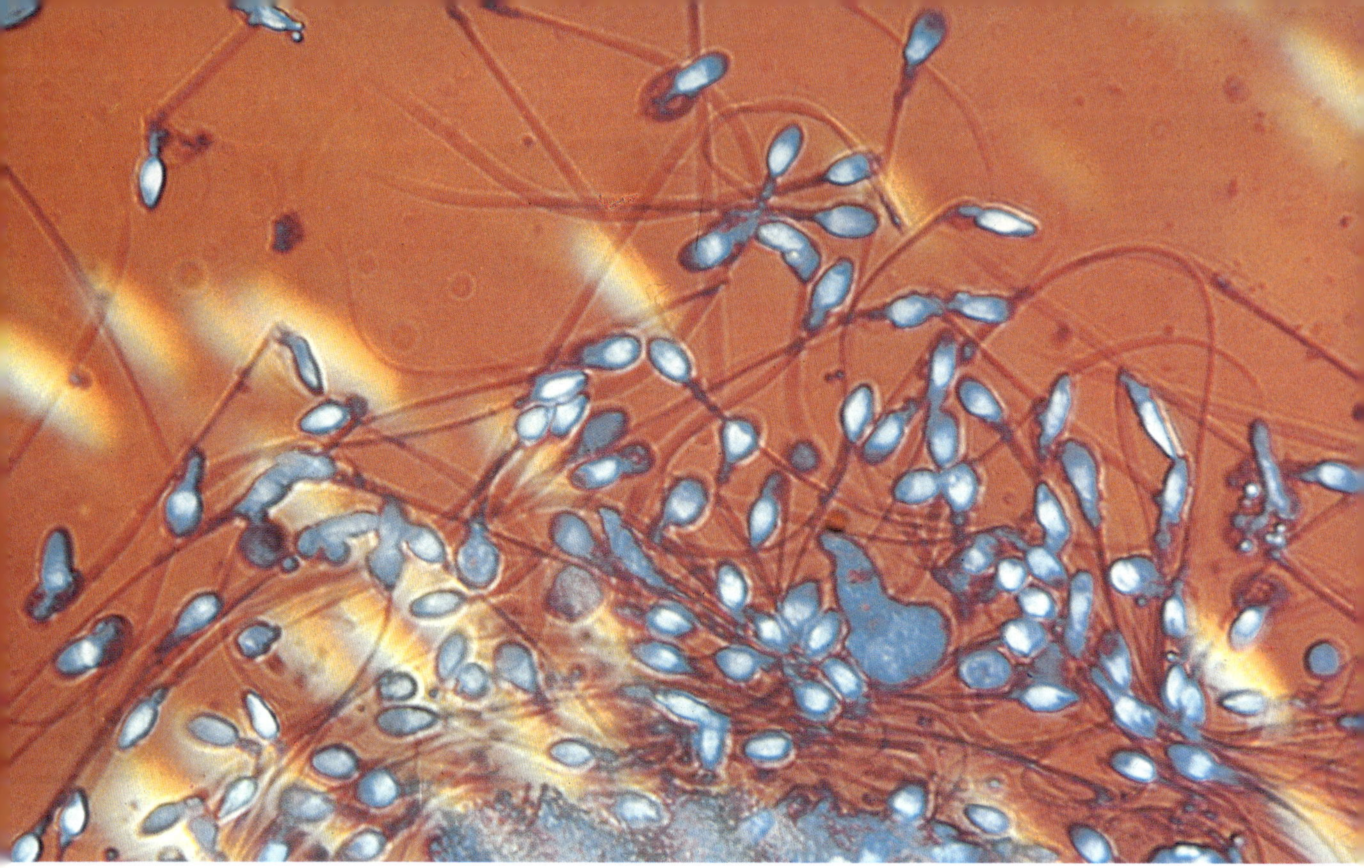

Gerät sorgt dafür, daß der Samen in genau acht Minuten auf die Weltraumkälte von minus 196 Grad gebracht wird.

Bei minus 196 Grad stehen alle Lebensvorgänge still. Der Stoffwechsel im Innern der Spermazelle ist erlahmt. Sie braucht keine Nahrung und verbraucht keine Energie. Sie liegt starr und tot da. Alle chemischen und physikalischen Prozesse sind abgeschaltet. Die Keimzelle hat den Nullpunkt der belebten Materie erreicht. Nichts an ihr verändert sich. Sie wird nicht älter. Noch nach Jahrtausenden würde sie so aus der Kühltruhe hervorgehen wie an jenem Tage, da sie eingefroren wurde.

Der Tauprozeß dauert etwa vier Minuten. Er wird beschleunigt, indem der Arzt das Sperma-Röhrchen in Leitungswasser hineintaucht. Anschließend wird unter dem Mikroskop noch einmal zur Sicherheit geprüft, ob die Samenfäden gelitten haben. Sie haben nicht gelitten.

Der Amerikaner Samuel Behrman vom Medizinischen Forschungszentrum der Universität Michigan verwendete Sperma, das zwei Jahre lang in der Tiefkühltruhe gelegen hatte. Es war noch genauso zeugungsfähig wie am ersten Tag. Der Arzt befruchtete damit in einer Versuchsserie achtzehn Frauen. Alle wurden schwanger.

Die unbegrenzte Haltbarkeit des Samens hat Konsequenzen. Schon sehr bald nach dem Beginn der Vorherbestimmung von Junge oder Mädchen wird diese Tatsache die nächste große Neuerung auf dem Gebiet der Fortpflanzung bewirken: das vorsorgliche Deponieren des männlichen Samens schon im jugendlichen Alter von etwa 18 Jahren.

In jedem Erguß des Mannes schwirren bis zu 400 Millionen Samenfäden herum. Sie sehen von außen alle gleich aus. Tatsächlich aber sind es zwei völlig verschiedene Arten: Die einen bewirken männlichen Nachwuchs, die anderen weiblichen. Könnte man sie entsprechend sortieren, ließen sich Jungen oder Mädchen ganz nach Wunsch zeugen. Erste Trennanlagen – hier ein Elektrophorese-Gerät im Max-Planck-Institut München – gibt es bereits. Noch in diesem Jahrzehnt soll die perfekte Spermatrennung da sein.

Nichts ersehnen Eltern so sehr wie die Möglichkeit, das Geschlecht ihrer Kinder selber bestimmen zu können. Fast die Hälfte aller Frauen und Männer in Deutschland sehen darin die Krönung ihrer Elternschaft.

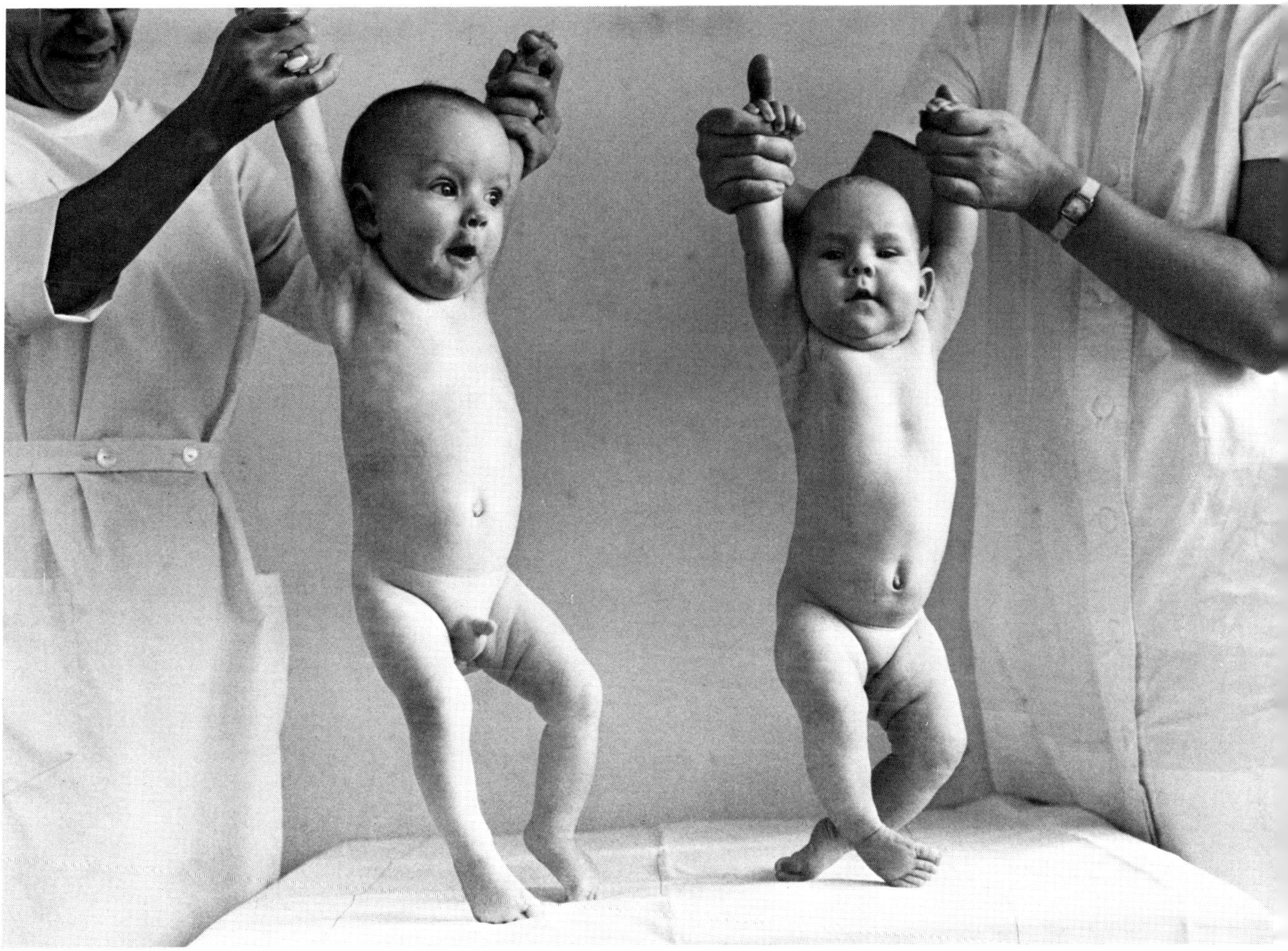

Die männliche Fruchtbarkeit ist in der hochtechnisierten Welt von heute aufs höchste gefährdet. Tierexperimente beweisen, wie verheerend sich beispielsweise die künstliche Umwelt auswirken kann, die den Mann bisweilen am Arbeitsplatz umgibt. In Italien sperrte Prof. Bonnadonna mehrere Hähne zwei Monate lang in Dunkelzellen. Sie hörten auf zu krähen und wurden unfruchtbar. Der Japaner Tokuyama erwärmte die Hodenregionen von Affen in der Weise, als ob sie vor einem Hochofen stünden. Sie wurden steril. Der Amerikaner Dr. Monge brachte Kaninchen in sauerstoffarme Luft. Sie bekamen keinen Nachwuchs mehr. Als der Forscher daraufhin den Samen von Tauchern, U-Boot-Fahrern und Arbeitern in Druckkabinen analysierte, fand er einen ungewöhnlich hohen Anteil unfruchtbarer Männer. Heute sind in Deutschland mindestens eine Dreiviertel Million Männer im fortpflanzungsfähigen Alter nicht in der Lage, Vater zu werden.

Je eher ein Mann sein Keimmaterial vor solchen Umweltgefahren in die Tiefkühltruhen einer Spermabank rettet, desto besser. Diese Erkenntnis, so meint der Präsident der amerikanischen Wissenschaftler-Vereinigung Prof. Bentley Glass, werde sich unter den Männern sehr bald durchsetzen und dazu führen, daß junge Leute »spätestens mit zwanzig Jahren« zur Samen-Entnahme in die Spermabank gehen wie zur Pockenimpfung.

In Deutschland wurde Ende 1970 mit dem Aufbau der ersten Sperma-Bank begonnen, die speziell für solche Vorratshaltung da sein will. Sie ist Teil der Privat-Klinik Feldafing am Starnberger See und wird von dem

Frankfurter Fruchtbarkeitsexperten Dr. Georg Silló-Seidl geleitet. Wie er berichtet, wurde er dazu gedrängt, seit es ihm gelungen war, einem Lastkraftwagenfahrer mit Hilfe der Fruchtbarkeitstruhe zu einem Kind zu verhelfen, zum ersten ehelichen »Gefrierbaby« der Welt.

Der Lkw-Fahrer war offenbar durch das ewige Rütteln seines Fahrzeuges vermindert zeugungsfähig geworden. Dr. Silló-Seidl ließ sich von ihm zu den verschiedensten Zeiten Spermaproben geben. Immer wenn der Arzt eine akzeptable, gerade noch zeugungsfähige Probe herausfand, konservierte er sie in der Tiefkühlmaschine. Genau an den Tagen höchster Fruchtbarkeit wurde das Gefriersperma dann der Ehefrau eingespritzt. Der Mann saß zu dem Zeitpunkt, da seine Frau in Frankfurt von ihm schwanger wurde, am Steuer seines Lastzuges irgendwo in Südfrankreich.

Dr. Silló-Seidl: »Die Geschichte ging durch die Presse und machte die Männer darauf aufmerksam, wie leicht es aus sein kann mit der Vaterrolle. Aus allen Teilen Deutschlands kamen Anfragen von Männern, die in fruchtbarkeits-gefährdenden Berufen tätig sind. Sie wollten ihr Sperma einfrieren lassen. Deshalb entschlossen wir uns, die Sperma-Bank einzurichten. Ich bin sicher, die jungen Leute werden sehr bald erkennen, welche Chance sich ihnen da bietet.«

Hat ein junger Mann seinen Samen einfrieren lassen, braucht er nicht mehr um seine Fruchtbarkeit zu bangen. Sie ist ihm sicher für sein ganzes Leben. Will er ein Kind in die Welt setzen, nimmt er seine Frau mit zur Spermabank, wo fein säuberlich in kleinen Ampullen verpackt sein jugendlicher Qualitätssamen lagert. Er zückt sein Sperma-Scheckbuch, hebt ein paar Ampullen von seinem Konto ab und läßt seine Frau damit befruchten. Selbst nach seinem Tode kann sie noch Kinder von ihm bekommen, Kontovollmacht vorausgesetzt.

Zur künstlichen Befruchtung legt sich die Frau auf einen gynäkologischen Untersuchungsstuhl. Dann beginnt eine ernüchternde Prozedur. Prof. Guttmacher, langjähriger Präsident der Weltorganisation der Familienplaner, beschreibt sie so: »Ich benutze eine Spritze mit abgerundetem Ende. Die Patientin wird auf dem Rücken gelagert. Ein steriles, nicht gleitendes Entenschnabel-Spekulum (röhrenförmiges Gerät zum Auseinanderdehnen der Scheide) wird in die Vagina eingeführt und der Muttermund freigelegt. Dann wird durch wechselnden Druck auf den Kolben das Sperma in drei

In welchem Leib ein Embryo heranwächst, spielt keine Rolle. Wem Schwangerschaft zu beschwerlich ist, nimmt sich eine Mietmutter, der das eigene, ehelich befruchtete Ei eingesetzt wird. Im Tierversuch sind solche Eiverpflanzungen schon heute kein Problem mehr.

Wer es einfacher haben will, kann das eigene Kind im Leib einer fremden Mietmutter heranwachsen lassen

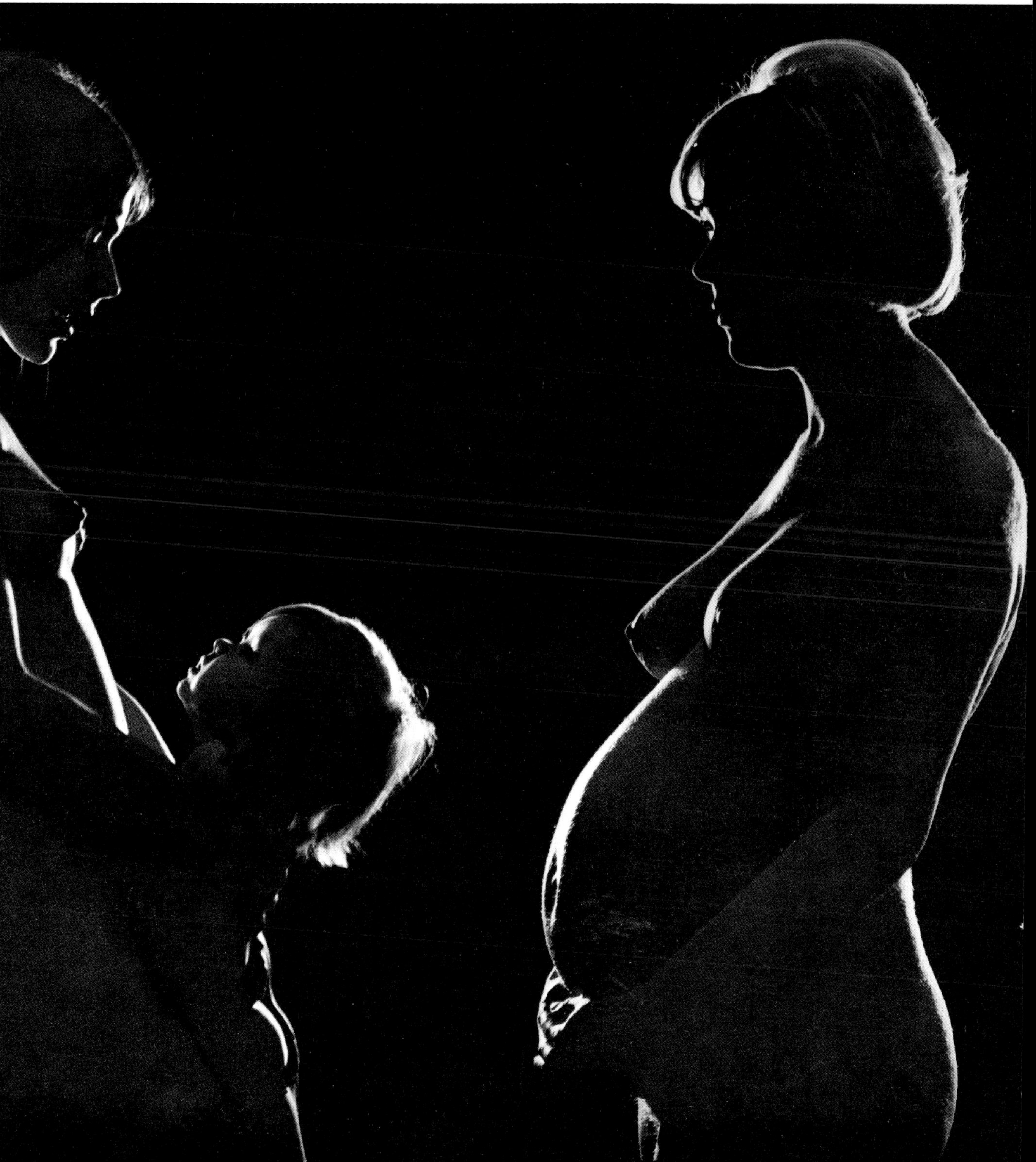

Wenn die Ärzte an die reifen Eizellen einer Frau heranwollen, geht es nicht ohne einen kleinen Bauchschnitt ab. Ein »Sehrohr« wird zu den Eierstöcken vorgeschoben. Dr. Steptoe koppelte dieses Laparoskop mit einer Hohlnadel, durch die er die Eizellen absaugt. Sie werden dann außerhalb des Mutterleibes befruchtet.

oder vier Stößen hineingespritzt. Die Patientin liegt danach für ungefähr zwanzig Minuten auf dem Rücken.«

Schon heute leben auf der Welt mindestens eine Viertelmillion Menschen, die so gezeugt wurden. Bislang indessen war es meist der letzte Ausweg für eine Frau, deren Mann unfruchtbar war und die deshalb auf ehefremde Samen zurückgreifen mußte. Nun soll es die ganz normale Zeugungstechnik auch unter Eheleuten werden.

Spermientrennung, Lagerung von jugendlichem Samen und künstliche Besamung – schon aus diesen ersten drei Fortpflanzungsneuerungen ergibt sich ein beachtlicher Befruchtungsbetrieb. Jedes Jahr werden in der Bundesrepublik rund eine Million Kinder geboren. Angenommen, nur die Hälfte der Eltern würde die Zeugung im Labor wählen und es stünden dafür zehn große Befruchtungskliniken zur Verfügung, dann hätte jede von ihnen jährlich fünfzigtausend Kinder zu zeugen.

Gerade weil es sich um derartige Großunternehmen – wahrscheinlich auf privater Basis – handelt, werden sich die Leistungen der Befruchtungskliniken sehr bald noch mehr erweitern. Die Umfrage des Marplan-Institutes unter den deutschen Frauen und Männern zeigt, wo es Wünsche zu erfüllen gibt.

Im Tierexperiment ist es heute nichts Besonders mehr, ein befruchtetes Ei von einem Muttertier auf ein anderes zu übertragen. Die Forscher gehen mit den winzigen Eizellen, meist kleiner als die Spitze einer Stecknadel, so um, als wären es Hühnereier im Nest, die man herausnehmen und wieder hineintun kann. In Göttingen verpflanzte Prof. Dietrich Smidt solche Eizellen von einem Schwein in ein anderes. In Washington produzierte der Amerikaner Hafez von einer einzigen Kuh gleich mehr als ein Dutzend Kälber, indem er ihr fünfzehn Eizellen auf einmal entnahm und auf fünfzehn verschiedene Austragtiere verteilte. Und in Cambridge dachten sich britische Wissenschaftler ein noch ungewöhnlicheres Experiment aus: Sie entnahmen einem Schaf zwei frisch befruchtete Eizellen und setzten sie einem Kaninchen ein. Das mit Schaflämmern schwangere Kaninchen schickten sie per Flugzeug um die halbe Welt bis nach Pietermaritzburg in Südafrika. Dort holten andere Wissenschaftler die Schafembryos wieder aus dem Kaninchen heraus und übertrugen sie auf ein Mutterschaf einer ganz anderen Schafrasse. Und das

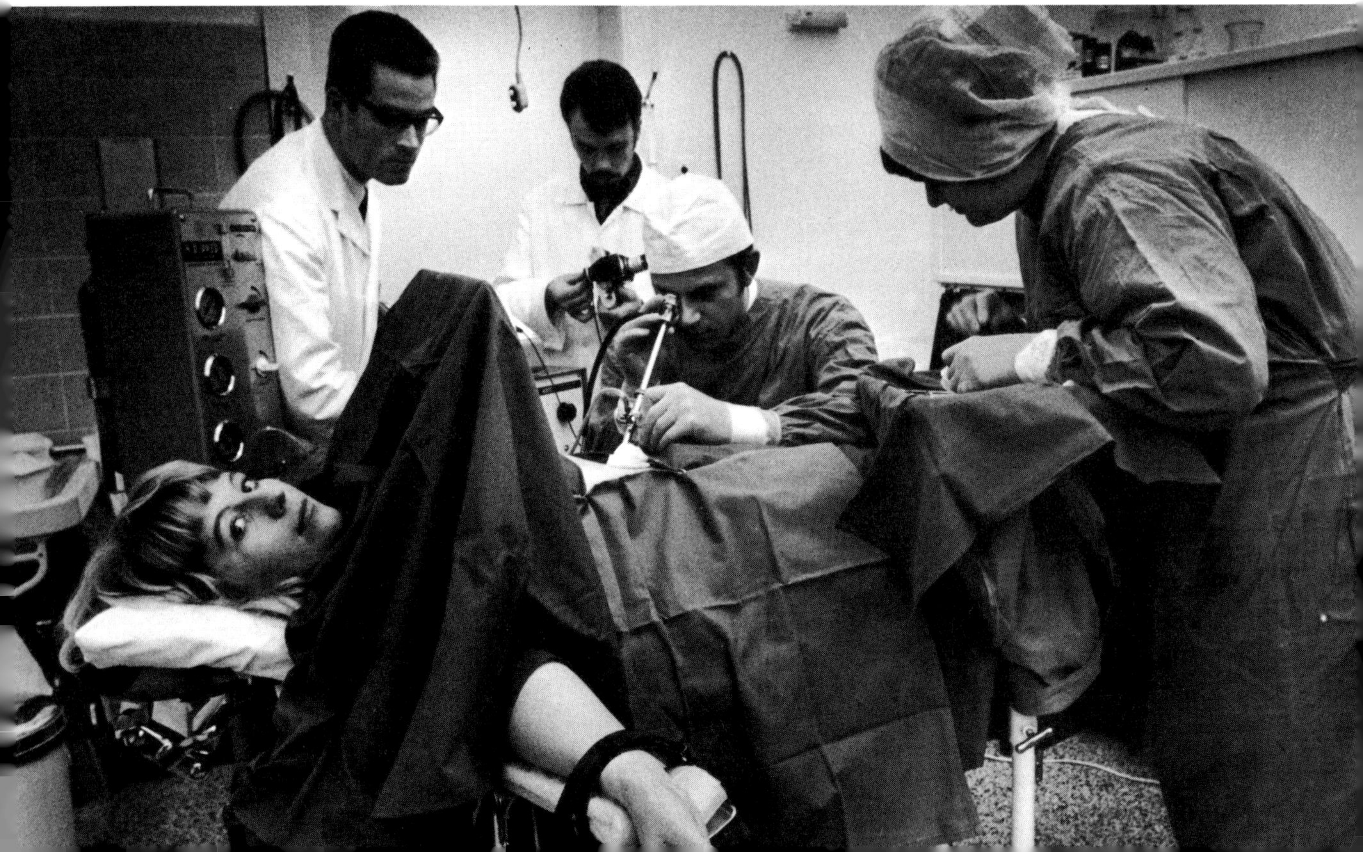

Die beiden Männer, denen auf dem Weg zur Zeugung in der Retorte der große Durchbruch gelang, sind die Engländer Dr. Patrick Steptoe (mit Brille) und Dr. Robert Edwards von der Universität Cambridge.

Unglaubliche geschah: Das australische Schaf brachte normale »englische« Lämmer zur Welt. Obwohl es mit den werdenden Wesen in seinem Leib in keiner Weise verwandt war, trug es den Nachwuchs aus, als ob es eigener gewesen wäre.

Das Marplan-Institut fragte nun die Frauen in Deutschland: Würden Sie sich in der gleichen Weise wie bei diesen Experimenten die Schwangerschaft von einer anderen Frau abnehmen lassen?

Die Antwort: Jede fünfte Frau würde sich eine Austrägerin für ihr Kind mieten, wenn sie selber zur Schwangerschaft nicht in der Lage wäre, etwa weil ihre Gebärmutter herausoperiert wurde. Weitere sechs Prozent – das sind fast eine Million Frauen – würden sich allein deswegen eine Stellvertreterin nehmen, weil ihnen die neun Monate mit prallem Bauch zu beschwerlich sind. Die Neigung, sich die Schwangerschaft abnehmen zu lassen, wird um so größer, je jünger die Frauen sind. Bei den 15- bis 20jährigen erreicht sie den Rekord: Jeder achte Teenager möchte sich beim Kinderkriegen vertreten lassen.

Tatsächlich finden sich auch Frauen, die gegen entsprechende Bezahlung Mietmutter zu werden bereit wären. Es sind genau 5,1 Prozent (jede zwanzigste), wobei wiederum die jüngeren Jahrgänge vorherrschen (um die 20 herum jede zehnte!).

Die Vorbereitungen für die erste Eiübertragung auch beim Menschen waren zu Beginn der 70er Jahre schon so weit gediehen, daß jeden Tag mit einer Erfolgsmeldung gerechnet werden konnte. Frauen mit beschädigtem Fruchtbarkeitstrakt waren die Wegbereiter.

Normalerweise reift in den Eierstöcken einer Frau jeden Monat ein Ei heran. Es wird vom Eileiter aufgefangen, einer röhrenförmigen Rutschbahn, die zur Gebärmutter führt und in der ein entscheidendes Ereignis erfolgt – die Befruchtung.

Nun gibt es eine große Anzahl von Frauen, bei denen die Rutschbahn entweder durch eine Entzündung verklebt oder durch operativen Eingriff entfernt worden ist. Sie können dann nicht mehr schwanger werden. Um ihnen dennoch zum Kind zu verhelfen, wäre nur ein Weg denkbar: Man müßte das Ei im Eierstock abfangen, in der Retorte befruchten und dann in die Gebärmutter einsetzen.

Genau das versuchten nun die beiden britischen Forscher Dr. Robert Edwards und Dr. Patrick Steptoe. In diffizilen Experimenten loteten sie aus, wie man ein Wunder aus dem weiblichen Körper ins Reagenzglas verlegen konnte. Sie fanden den Weg. Dies sind seine Etappen:

Einige Tage nach dem Ende der Regel erhält die Frau eine Hormonspritze. Sie bewirkt eine sogenannte Superovulation. Statt eines Eies, wie üblich, beginnen im Eierstock zwanzig oder mehr Eizellen heranzureifen.

Zwei Tage vor der normalen Eiausstoßung folgt eine zweite Hormon-Injektion. Durch sie ist die Frau programmiert. Der Arzt weiß nun fast auf die Stunde genau, wann die zwanzig Eier ihre Reife erreicht haben. Mit einem winzigen Einschnitt öffnet er die Bauchdecke der Frau (ein so harmloser Eingriff, daß sie schon kurz danach wieder aufstehen kann), schiebt ein dünnes Röhrchen mit einer Hohlnadel an der Spitze bis zu den Eierstöcken vor und saugt die Eizellen ab.

Die Eier werden gereinigt und notfalls künstlich nachgereift. Genau das gleiche geschieht mit dem männlichen Sperma. Schließlich mischen die britischen Forscher Eizellen und Samen in der Retorte zusammen, fügen etwas Follikel-Flüssigkeit aus dem Eierstock sowie eine Speziallösung hinzu – und können dann unter dem Mikroskop verfolgen, wie das befruchtende Spermium in ein Ei eindringt.

Wie Dr. Edwards berichtet, sind etwa 38 Stunden nach der Befruchtung zwei Zellen des neuen Menschenwesens da. Die zweite Zellteilung (die vier Zellen formt) geschieht im »Alter« von 46,5 Stunden, die dritte (acht Zellen) mit 62 Stunden, die vierte (16 Zellen) mit 85 Stunden.

Die winzigen Menschen-Keimlinge werden so lange in dem Brutgerät weitergezüchtet, bis ein Keimbläschen daraus geworden ist. Dieses Pünktchen Leben ist nun schon zur ersten sinnvollen Handlung fähig. In die Gebärmutter eingepflanzt, dreht es sich mit einer ganz bestimmten Seite der Gebärmutter zu und nistet sich dort ein: Die eigentliche Schwangerschaft beginnt.

Daß der Embryo sein Leben in einer Plastikschale begann, spielt keine Rolle, soweit man aus Tierversuchen schließen kann. Am Schluß wird doch ein ganz normales Wesen daraus. Im Gegenteil, jene Eltern, die auf diese Weise ein Baby produzieren lassen, haben sogar eine zusätzliche Qualitätsgewähr. Schon zu einem Zeitpunkt, da der neue Mensch noch die Größe einer Stecknadelspitze hat, vermögen die Wissenschaftler konkrete Aussagen über ihn zu machen.

Dr. Steptoe: »Wir erlauben dem Ei, sich so weit zu entwickeln, daß ein paar hundert Zellen daraus geworden sind. Dann können wir Chromosomentests anstellen und sichergehen, daß wir keine abnormen Babys produzieren. Erbschäden lassen sich so von vornherein ausschalten.«

In Experimenten mit Kaninchen zeigte Dr. Edwards, wie das geschieht. Er stach unter dem Mikroskop die in der Retorte hergestellten, kaum zweieinhalb Millimeter großen Keimbläschen der Tiere mit einer haarfeinen Nadel an und holte ein paar Zellen heraus. Die »Verletzung« schadete dem Keimbläschen nicht. Sie verheilte sofort wieder. Aber der Forscher konnte an den entnommenen Zellen bereits feststellen, ob der Guß gelungen war, ob Erbschäden oder Erbkrankheiten vorlagen. Und er konnte sogar schon voraussagen, welches Geschlecht der Nachwuchs haben würde.

Da die Forscher von einer Frau gleich viele Eier auf einmal entnehmen und befruchten, aber schließlich nur eines gebrauchen, können sie nach der Gütekontrolle auswählen: Der beste Keimling wird der Frau eingesetzt; alle anderen werden vernichtet.

Bei den ersten Frauen, die so ein Kind empfangen, handelt es sich noch um reine Zeugungshilfe. Sie verwenden ihr eigenes Ei, nehmen ehelichen Samen und tragen den ehelichen Keimling schließlich selber aus. Doch bei den nächsten Interessentengruppen sieht die Sache schon anders aus.

Da gibt es mindestens ebenso viele unglückliche Frauen, die zwar noch ihre Eileiter haben, aber keine Eierstöcke. Wollen sie dennoch das Erlebnis eigener Mutterschaft nicht missen, müssen sie versuchen, sich von anderen Frauen Eizellen zu beschaffen. Die gekauften Eizellen können sie in der Retorte mit dem Samen ihres Ehemannes befruchten lassen und selber austragen. Das Kind wäre dann zwar erblich nicht das eigene. Aber da die »Mutter« es zur Welt bringen darf, wird das Band, das sie mit ihm verbindet, ungleich stärker sein als etwa bei einer Adoption.

Wieder andere Frauen besitzen keine Gebärmutter. Auch sie müssen nicht mehr kinderlos bleiben. Sie mieten sich eine »Austrägerin«, die ihnen das eigene Ei, mit ehelichem Samen befruchtet, abnimmt.

Schritt für Schritt wird so zur ganz normalen ärztlichen Leistung, was heute noch wie eine abwegige Vision in Richtung auf Aldous Huxleys »Schöne neue Welt« aussehen mag. In den großen Befruchtungskliniken, die

Zwei Kügelchen am Rande zeigen an: Dieses menschliche Ei wurde soeben befruchtet.

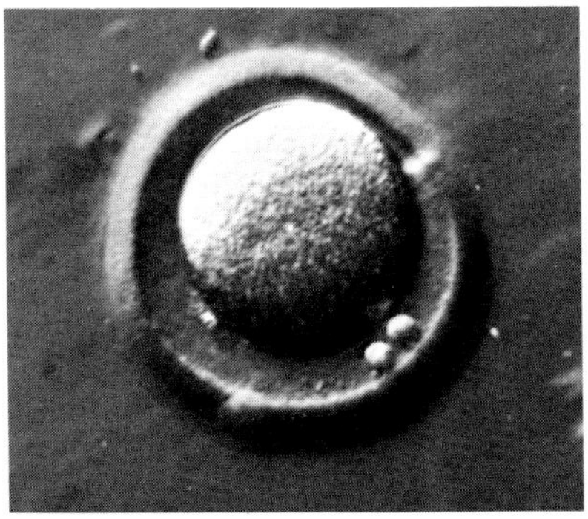

Etwa 45 Stunden nach der Befruchtung. Die ersten vier Zellen sind da. So hat jeder Mensch einmal angefangen, der heute auf der Welt lebt.

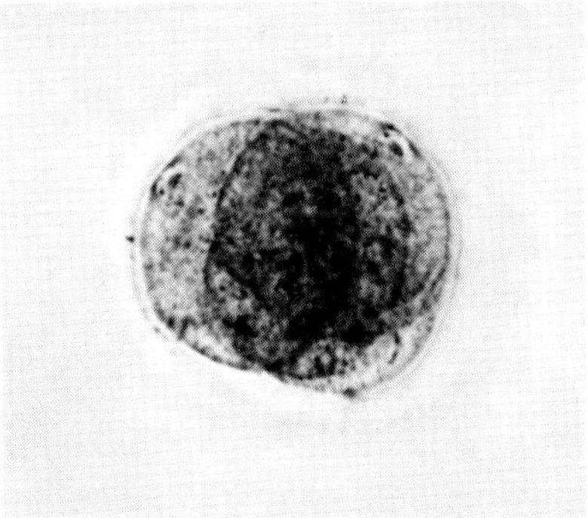

Rund 60 Stunden nach der Befruchtung: Aus dem Ei ist ein ganzer Zellhaufen geworden.

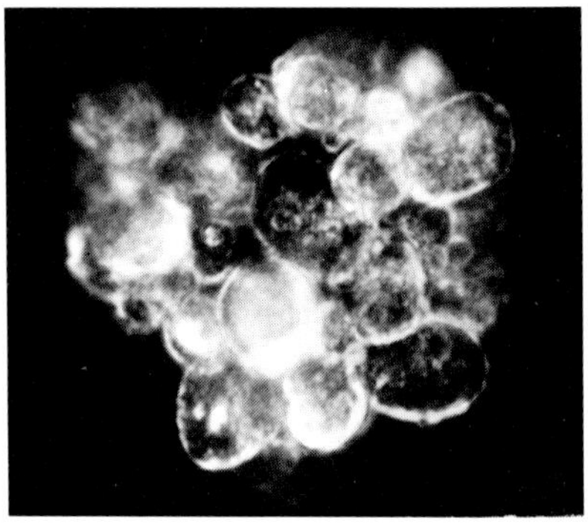

Wird das menschliche Zellbällchen aus der Retorte in den Leib einer Frau verpflanzt, entwickelt es sich dort ganz normal weiter.

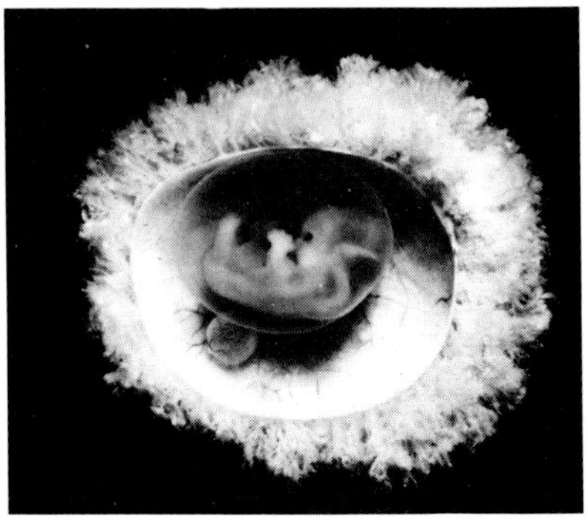

Der Mann, der im Reagenzglas neues Leben zeugt, hat keine Gewissensbisse: „Was sollte daran Sünde sein?"

Wer bislang eine werdende Mutter sah, konnte sicher sein: Es war ihr eigenes Baby, das sie trug. Die Regel gilt nicht mehr, seit es dem britischen Forscher Dr. Robert Edwards gelungen ist, menschliche Eizellen im Reagenzglas zu befruchten. Die Eizellen, die er züchtet, können jeder Frau eingesetzt werden, ganz gleich, ob es die echte Mutter ist oder nicht. Die Eier aus der Retorte werden unser Leben völlig verändern.

sich gegen Ende der siebziger Jahre bilden werden, dürften Retortenbefruchtungen und Eitransplantationen jedenfalls bereits eine Routinesache sein. In ihren Forschungsabteilungen bereiten sie dann wahrscheinlich schon das nächste Wunder vor: die komplette Aufzucht eines Menschen außerhalb des Mutterleibes, das Baby aus dem Gebär-Roboter.

Rund ein Viertel aller Erwachsenen in der Bundesrepublik – 27,1 Prozent der Männer und 21,6 Prozent der Frauen – geben an, sie würden ihr Kind in einer künstlichen Gebärmutter züchten lassen, wenn das möglich wäre. Die Gründe der Frauen, die sich für die Brutmaschine entscheiden: Das sei gefahrloser für die Mutter (33,8 Prozent), und es sei viel bequemer (20,7 Prozent), sein Baby im Plastikbehälter heranwachsen zu sehen, als sich neun Monate damit abzuschleppen.

An der künstlichen Gebärmutter wird heute an vielen Stellen der Welt gearbeitet. Die frappierendsten Erfolge schrieb sich der italienische Arzt Dr. Daniele Petrucci aus Bologna zu. Er behauptete, einen menschlichen Embryo bis zum dritten Monat im Brutapparat gezüchtet zu haben. Die Wissenschaft glaubt ihm diesen Rekord nicht; seine Beweise sind zu dürftig.

Immerhin, auch die seriöse Forschung meldet in zunehmend kürzeren Abständen Fortschritte. Sie arbeitet sich sozusagen von zwei Seiten an das Ziel heran:

Die eine Gruppe versucht die Anfangsphase einer Schwangerschaft so lange wie möglich in die Retorte zu verlagern. Zu diesen Forschern gehört vor allem der Engländer Prof. Denis New (Cambridge). Er züchtete Mäuseembryos bis zu einem Stadium, da bereits das Herz zu schlagen begann.

Die andere Gruppe setzt am Ende der Schwangerschaft an. Die Forscher versuchen, einen künstlichen Mutterkuchen zu schaffen, der die Versorgungsbasis des Kindes in ähnlicher Form darstellen kann wie im Mutterleib. In Kansas City (USA) experimentiert Prof. Kermit Krantz mit frischen Nachgeburten, die er durch künstliche Blutzufuhr am Leben hält. In Edmonton (Kanada) konstruierte Prof. John Callaghan eine Plexiglas-Gebärmutter, in deren künstlichem Fruchtwasser er Schaf-Föten bis zu 19 Stunden am Leben hielt.

Auch mit menschlichen Embryos werden schon ähnliche Experimente angestellt, vor allem in England. Dort ist es nicht schwer, an ungeborene Babys jeden Alters heranzukommen. Aus ganz Europa reisen Frauen

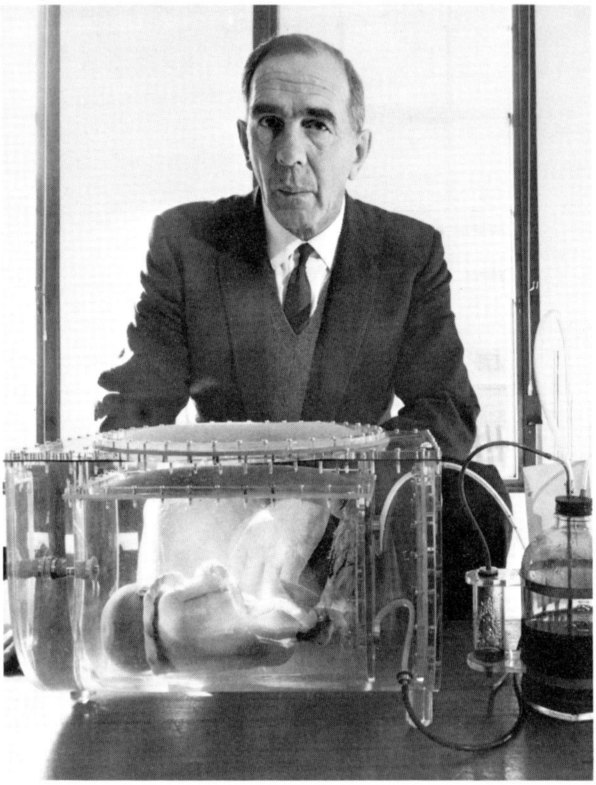

Aufgrund von Studien an einer Plastik-Gebärmutter ist Professor Heyns von der Universität Johannesburg (Südafrika) überzeugt, daß der Mutterleib keinesfalls der ideale Ort für Babys ist. Die meisten, so meint er, werden darin zu sehr beengt. Er erfand daher eine Vakuum-Glocke. Sie wird der Schwangeren über den Leib gestülpt. Dann pumpt man die Luft aus der Glocke heraus, so daß sich der Bauch vom Druck befreit ausdehnen kann. Erfolg: Die Babys werden größer und vor allem intelligenter als normalerweise.

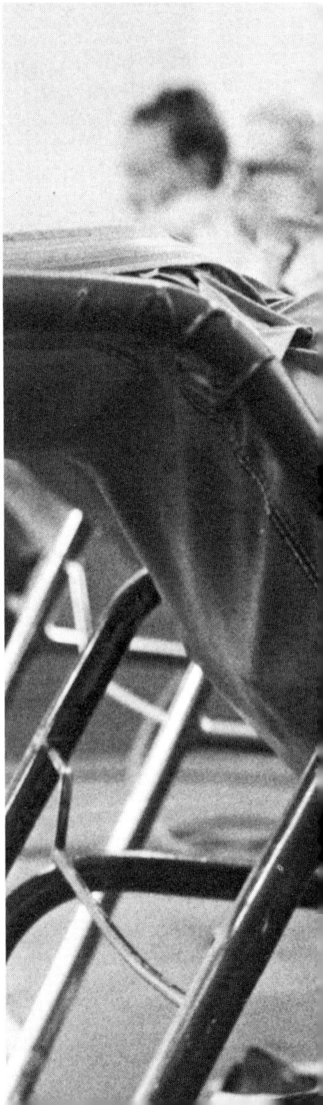

in London an, um sich durch Schwangerschaftsunterbrechung das Baby wegnehmen zu lassen. Diese ohnehin dem Tode überantworteten hilflosen Menschenwesen werden nun verwendet, um die Probleme der künstlichen Gebärmutter zu erforschen.

Besonders erfolgreich ist dabei der Engländer Dr. Chamberlin. Vorsichtig holt er die zarten, unfertigen Menschlein aus dem Leib der Mütter heraus und bringt sie in einen Plastik-Tank, der mit künstlichem Fruchtwasser gefüllt ist. Dann muß alles sehr schnell gehen. Innerhalb von knapp zwölf Minuten verbindet der Forscher die Blutgefäße der Nabelschnur mit einer Blutzufuhr, mit einer Art Herz-Lungen-Nieren-Maschine.

Die Überlebensspanne der kleinen Menschen-Föten in einer solchen Brutanlage werden zur Zeit noch nach Stunden gemessen. Wie ein wächsernes Puppengebilde schwimmt das Baby in dem durchsichtigen Plastiktank, beweglich und zappelnd zunächst, aber dann immer schlaffer werdend, dem unausweichlichen Tod entgegendämmernd.

Ein männliches Baby, so berichtet Dr. Chamberlin, halte gegenwärtig den Rekord. Es stammte aus der Schwangerschaftsunterbrechung an einem 14jährigen Schulmädchen. In dem Bericht darüber heißt es: »Der Fötus war für fünf Stunden und acht Minuten an den künstlichen Blutkreislauf angeschlossen . . . Nur weil unglücklicherweise eine Kanüle abrutschte und nicht schnell genug wieder angeschlossen werden konnte, endete das Experiment.« – Das Baby in der Plastikschale erstickte.

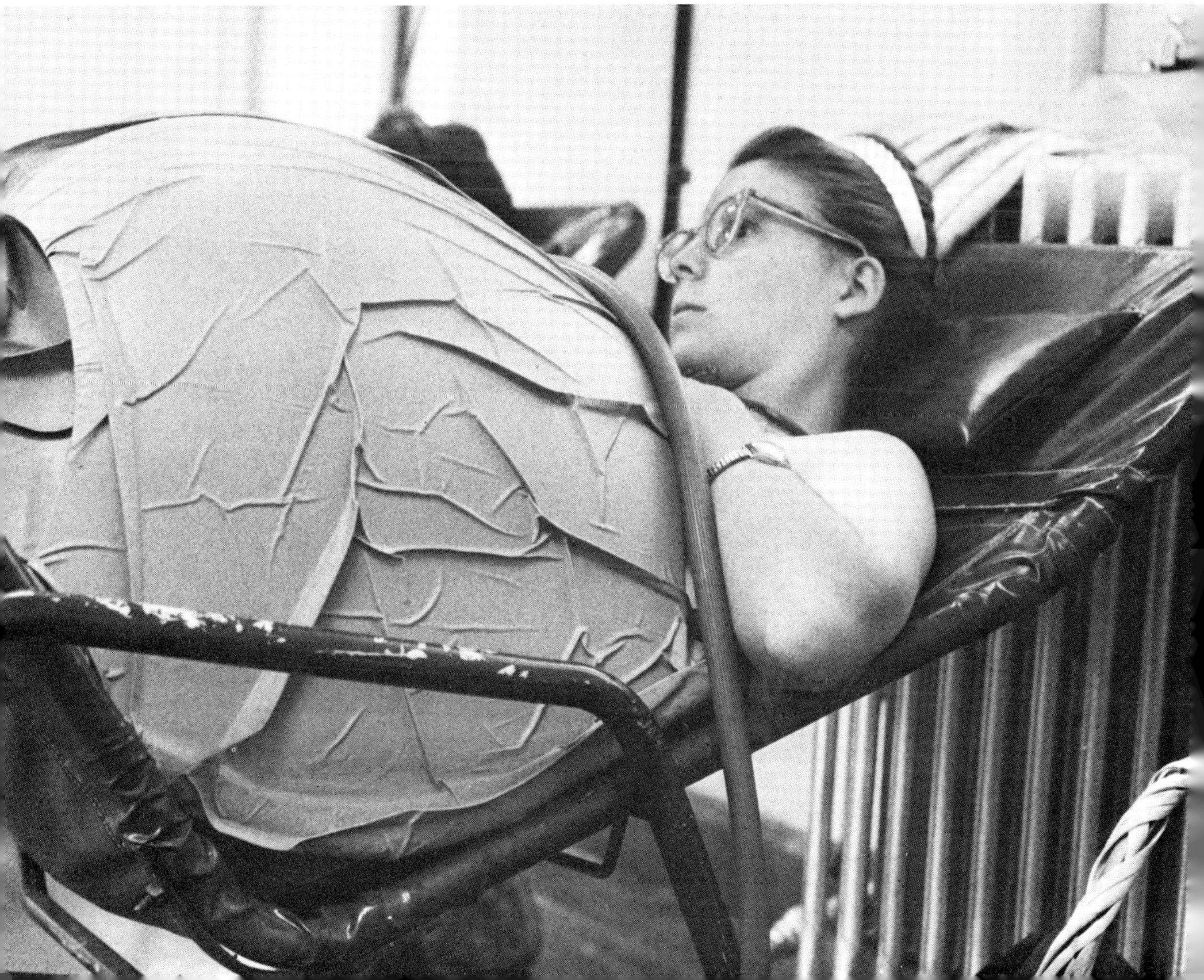

Gezielte Eingriffe in das Erbmaterial · wird am Ende wirklich der Supermensch stehen?

Dennoch, der Weg bis hin zur vollen Aufzucht eines Menschen im gläsernen Brutkasten scheint noch recht weit zu sein. Es müssen die richtigen Nährmedien gefunden werden, die Sauerstoffzufuhr muß klappen, die Ausscheidungen des Babys müssen abgeführt werden. Es benötigt Hormone, Vitamine und tausend andere Stoffe in genau jenen Dosierungen, die im Mutterleib gelten.

Völlig unbeantwortet ist noch ein anderes Problem dieser maschinellen Menschenaufzucht. Schon im Mutterleib werden die Sinne des Kindes einem ständigen Training ausgesetzt. In seinem dunklen Behältnis nimmt es am Leben der Mutter teil. Es hört, wenn ein Auto vorbeifährt oder der Teekessel zu Boden fällt. Es spürt, wenn die Mutter erschrickt, wenn sie sich freut, wenn sie weint. Es ist ununterbrochen einer Vielzahl von Umweltreizen ausgesetzt.

Die künstliche Gebärmutter muß diese Reize nachahmen, will man nicht Gefahr laufen, ein vom Stumpfsinn gezeichnetes Monstrum in die Welt zu setzen. Ein Computer muß so programmiert werden, daß er neun Monate lang den Lebensrhythmus einer Normalfrau vor dem wachsenden Baby abspielt; daß er es schüttelt, so als ginge die Mutter gerade zum Einkaufen, oder daß er es ruhig lagert, so als hielte sie gerade den Mittagsschlaf.

So groß die Schwierigkeiten aber auch sind, das erste vollautomatisch gefertigte Baby wird wahrscheinlich dennoch aus der gläsernen Gebärmutter gehoben werden, noch ehe dieses Jahrhundert zu Ende gegangen ist. Es dürfte sich zum wichtigsten Ziel der künftigen Befruchtungskliniken entwickeln, die in ihm wahrscheinlich den letzten Beweis ihrer neuen Schöpfungswunder sehen werden.

Auch sonst wird die Befruchtungsklinik zu diesem Zeitpunkt den verwöhnten Kundinnen und Kunden Spektakuläres zu bieten haben.

Wer möchte, kann zum Beispiel eine genaue Kopie von sich herstellen lassen. Die Befruchtungsklinik wird sich erbieten, ein Kind zu produzieren, das bis hin zur letzten Haarwurzel das Abbild der eigenen Person ist.

Angenommen, ein Mann möchte ein Kind, das genau wie er selbst aussieht. Er geht also in die Befruchtungsklinik. Dort entnimmt man ihm ein paar beliebige Körperzellen, vielleicht ein winziges Stück Haut, vielleicht ein paar Tropfen Blut.

Aus einer derartigen Körperzelle holen die Fortpflanzungstechniker vorsichtig den Kern mit dem Erbmaterial heraus. Sie übertragen ihn in ein weibliches Ei, dem der eigene Kern vorher entfernt wurde. Das Ei beginnt daraufhin so zu wachsen, als ob es befruchtet wäre. Da sich aber in seinem Innern genau das gleiche Erbmaterial befindet wie in dem Mann, aus dem der Zellkern stammt, entwickelt sich daraus ein komplettes Zweitwesen, das in allem dem »Vater« gleicht.

Der britische Zoologe Dr. John Gurdon (Oxford) hat genau dieses Experiment mit Fröschen angestellt. Er übertrug den Kern der Darmzelle eines ausgewachsenen Frosches in eine Frosch-Eizelle. Erfolg: Es wuchs ein »Zwillingsfrosch« heran. Der Forscher bemüht sich nun, das gleiche auch bei höheren Lebewesen – und schließlich beim Menschen – möglich zu machen.

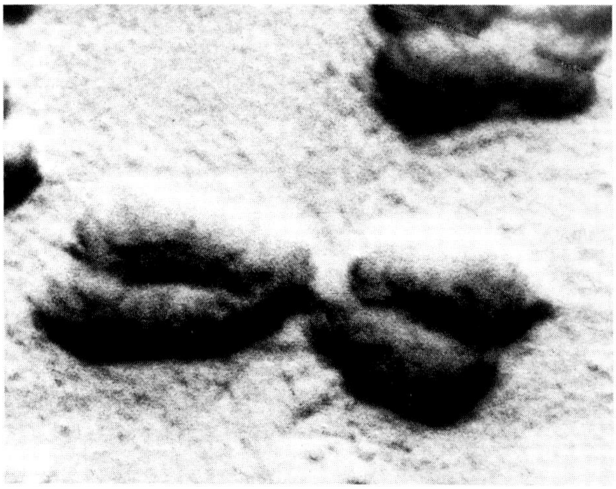

Die Hügellandschaft menschlichen Erbmaterials: Diese seltsamen Gebilde – mit einem Spezialmikroskop plastisch fotografiert – bestimmen, wie ein Mensch auszusehen hat. In diesen Erbträgern, den Chromosomen, ist aufgezeichnet, wie lang die Nase werden darf, welche Haarfarbe gewünscht ist und wie klug ein Mensch sein kann.

Was die kleinen Häufchen Erbmaterial aus dem Menschen machen: Pygmäe und europäisches Mädchen. Die Gegenüberstellung läßt deutlich werden, warum kommende Eingriffe ins Erbmaterial geeignet sind, dem Menschen ein völlig neues Aussehen zu geben. Wird es der Supermensch werden?

Die Methode eröffnet erregende Ausblicke. Ein Einstein oder auch nur eine Sophia Loren wären durch derartige Kerntransplantationen in 50000facher Ausfertigung lieferbar, wie der Oxford-Professor David Daube errechnete. Allerdings, so meinte er, ergebe sich die Frage, ob Einstein auch nur doppelt ratsam wäre: »Hitler, der sicher ein Genie war, hätte als Zweitausfertigung in einem anderen Milieu vielleicht eine hervorragende Persönlichkeit werden können. Umgekehrt hätte sich ein zweiter Einstein vielleicht zu einem Dämon entwickelt . . .«

Wer sich selber nicht für wertvoll genug hält, noch einmal als Zweitausfertigung nachgebildet zu werden, findet in der Befruchtungsklinik Keimmaterial von anderen in jeder Qualität und Preislage.

Ganz billig kommt davon, wer mit Fließbandproduktion zufrieden ist: Im Keimdepot wird es sehr bald massenweise Sperma und Eizellen geben. Weder die Männer noch die Frauen sind damit besonders kleinlich. Ein Viertel aller Männer in der Bundesrepublik würden Sperma verkaufen, ein Fünftel aller Frauen ihre Eizellen. Durch Hormonspritzen läßt sich erreichen, daß in einer Frau auf einmal bis zu hundert Eiern heranreifen (Superovulation), die dann in der Befruchtungsklinik konserviert werden können. Prof. Bentley Glass hält außerdem auch die fabrikmäßige Keimzellen-Produktion für wahrscheinlich: Hoden und Eierstöcke von Toten, beispielsweise von Unfallopfern, werden künstlich weiter am Leben erhalten und liefern wie am Fließband Sperma und Eizellen.

Wer etwas tiefer in die Tasche greift, kann auch exklusiveres Keimmaterial erwerben. Ganz gewiß werden die Fruchtbarkeitskliniken dafür Zeitidole unter Vertrag nehmen, etwa berühmte Musiker, Schauspielerinnen, Dichter oder Sportler.

Und wer etwas ganz Besonderes tun will, der kann an einem regelrechten Menschenzucht-Programm teilnehmen. Die Pläne für eine solche gezielte Menschenzüchtung sind bereits fertig. Ihr wichtigster Promoter war der 1967 verstorbene amerikanische Nobelpreisträger Prof. Herman Muller. Am Beispiel einer Spermabank entwickelte er, wie sich eine Generation von Superbabys züchten lasse. Er schlug vor: Amerika bildet einen nationalen Sperma-Rat, der überragende Spenderpersönlichkeiten auswählt. Wichtigste Voraussetzung dafür, in diesen Zeugungsklan aufgenommen zu werden, ist überdurchschnittliche Intelligenz.

Eine solche Sperma-Auslese, so meinte Muller, für die eine Regierung die Garantie übernehme, werde sehr schnell Interessenten finden: »Welche Mutter würde nicht stolz darauf sein, in ihrem Leib ein Kind von Darwin oder Lenin zu tragen . . .« Und: »Sie werden darauf brennen, Kinder zu bekommen, deren männliches Erbteil von einer Persönlichkeit abstammt, die wegen ihrer moralischen und geistigen Vorzüge bei beiden Ehepartnern in höchster Achtung steht.«

Wie Muller, so sind auch andere prominente Biologen sicher, daß schon allein mit einer solchen Sperma-Auslese der Güteklasse 1 eine beachtliche Serie von superintelligenten Kindern in die Welt gesetzt werden können. Auf einem Nobelpreisträgertreffer in London meditierte Prof. Francis Crick: »Wenn ein Land diese

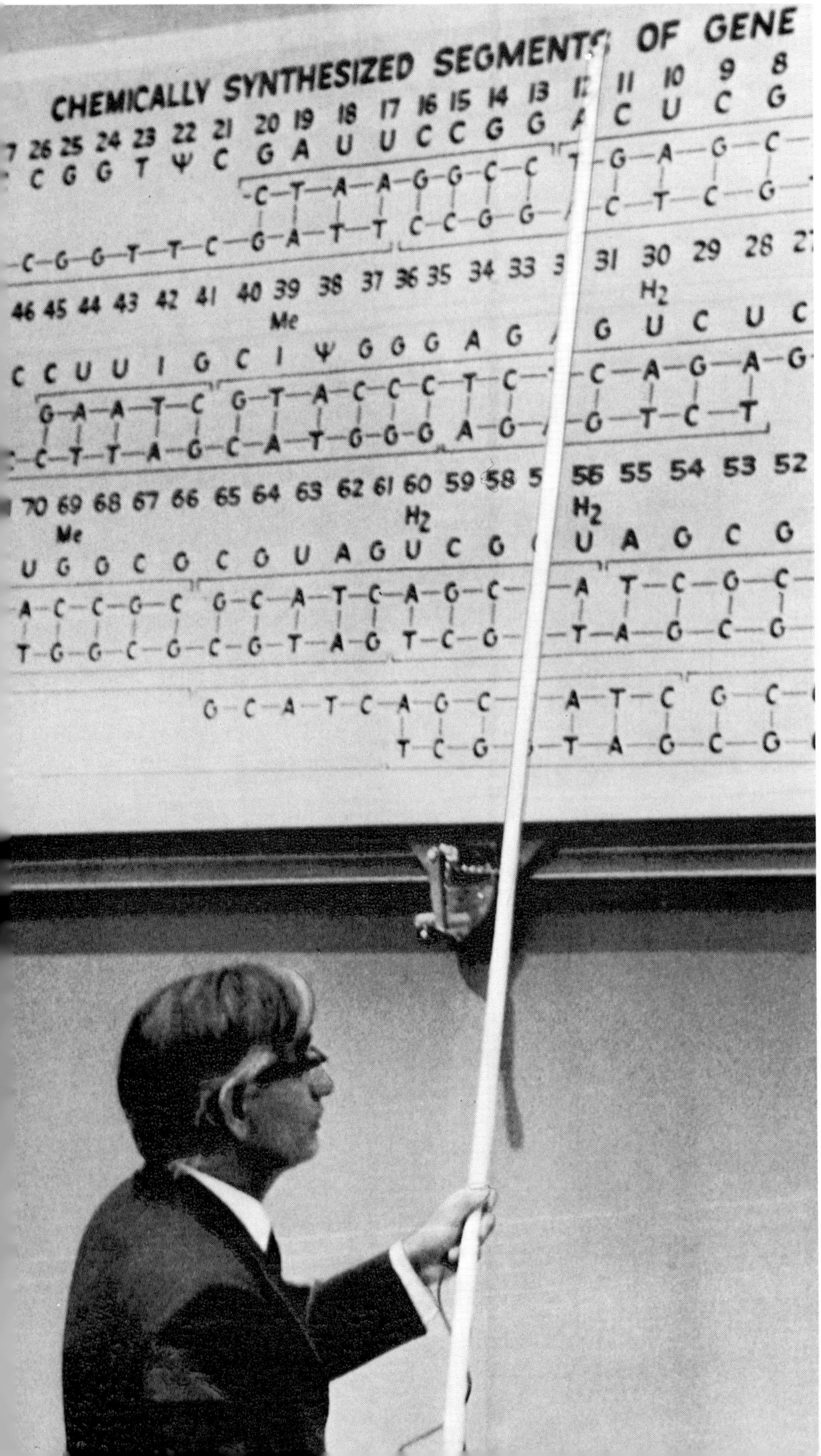

Im Sommer 1970 gelang es dem in Amerika arbeitenden Nobelpreisträger Dr. Gobind Khorona als erstem, einen einzelnen Erbträger – ein Gen – künstlich herzustellen. Er mußte dazu vier Chemikalien (sogenannte Nukleotide) in genau vorgeschriebener Reihenfolge zu einer Kette von 77 Gliedern zusammensetzen. Die künstliche Erbeigenschaft, deren Struktur Prof. Khorona hier erläutert, war dem Original aus einer Hefezelle nachgebaut. Doch das ist nur der Anfang.

Der Nobelpreisträger Prof. Haldane prophezeite, daß es dem Menschen mit Hilfe einer hochentwickelten Genchirurgie gelingen werde, »sich viele wertvolle Fähigkeiten anderer Tierarten einzuverleiben«. In der italienischen Zeitschrift *Epoca* erschienen daraufhin diese skurrilen Vorschläge für neue Menschenformen.

Methoden in größerem Umfang anwendet als ein anderes, könnten nach 20, 25 oder 30 Jahren die Ergebnisse sehr aufregend sein. Wenn etwa, sagen wir einmal, alle Nobelpreise plötzlich nach Finnland gehen, weil es die Verbesserung seiner Bevölkerung in größerem Umfang betreibt . . .«

Der Senior der britischen Biologen Sir Julian Huxley pflichtete ihm bei: »Ein Ansteigen des mittleren Intelligenzquotienten um nur 1,5 – also von 100 auf 101,5 – würde schon bedeuten, daß 50 Prozent mehr Menschen mit einem Intelligenzquotienten von 160 und darüber zur Welt kämen.«

»160 und darüber« – das ist der Intelligenzquotient, der dem eines Nobelpreisträgers entspricht. Wer vom biologischen Erbteil her jene Geisteskapazität besitzt, gehört zu der heute noch exklusiven Gruppe der »Superintelligenzen«. Eine künstlich gezüchtete Massierung solcher Paradehirne würde jenes von Crick zitierte Finnland zum technischen und geistigen Zentrum der Welt machen.

Die Biologen hegen indessen die Befürchtung, daß es nicht Finnland sein wird, wo die Möglichkeiten einer gezielten Erbverbesserung zuerst genutzt werden. Sie halten es für wahrscheinlicher, daß ein Diktator irgendeiner Großmacht darin eine neue Chance im Kampf um die Weltherrschaft entdeckt.

Nicht zuletzt aus diesem Grunde plädierte Nobelpreisträger Muller für das schnelle Anlaufen eines amerikanischen Zucht-Programms: »Ich bin sicher, daß ähnliche Projekte sehr bald in einigen anderen Ländern gestartet werden, und nicht alle werden damit wünschenswerte Ziele verfolgen. Es wird mit Sicherheit ein Keimstoff-Wettrüsten geben, vergleichbar dem Wettrüsten mit Waffen. Und zumindest in diesem Wettrüsten können wir die bestmöglichen Normen setzen. Hierbei haben wir nichts zu verlieren, sondern wir und die Welt hätten alles zu gewinnen, wenn der Sieg unser ist.«

Menschenzucht mit ausgewähltem Keimmaterial wird nur die erste Stufe der bewußten Weiterentwicklung des Erdenbewohners Mensch sein. Am ferneren Zukunftshorizont zeichnet sich eine noch tiefergreifende Entwicklung ab: das gezielte Umkonstruieren der menschlichen Erbmasse.

Wenn sich Sperma und Ei zusammentun, dann tragen sie in ihrem Innern etwa drei billionstel Gramm eines weißlichen Pulvers – der Desoxyribonukleinsäure (DNS). Dieses Pulver besteht aus mindestens 40000 völlig unterschiedlichen Krümelchen, den Genen. Sie sind die Erbträger. Sie bestimmen, wie die Nase beschaffen sein soll, ob jemand musikalisch ist und wie groß sein geistiges Fassungsvermögen einmal sein wird.

In den Labors sind die Biochemiker nun dabei, einen Weg zu suchen, wie sie diese Säurepartikel auswechselbar machen können. Sie möchten bestimmte Gene durch andere ersetzen. Bei der Verschmelzung der Keimzellen im Reagenzglas wollen sie dem natürlichen Erbpulver künstliches beigeben. Zum Beispiel ein künstliches Gen »Superintelligenz«. Oder blonde Haare. Oder einen hübschen Busen. Oder ein starkes Herz. Eigenschaften nach Maß.

Der Homunkulus, das menschliche Wesen aus der Retorte, faszinierte die Phantasie des Mittelalters. Heute rückt er in denkbare Nähe.

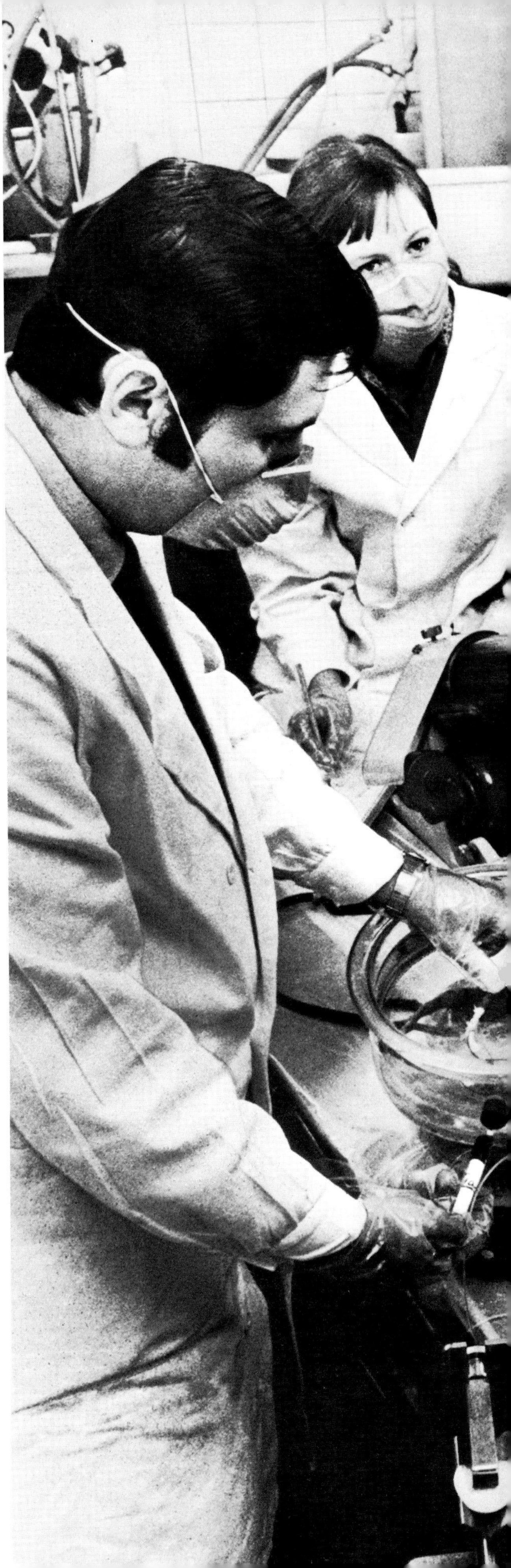

Noch bis vor kurzem galt eine solche »Genchirurgie« als wissenschaftliche Zukunftsspinnerei. In der Theorie mochte sich das alles sehr schön anhören. Da konnte man sich die 40000 Gene wie Perlen an einer riesigen Kette vorstellen. Da konnte man sich daranmachen, schadhafte Perlen auszusortieren und neue hinzuzufügen. In der Praxis aber sehe das schon allein deswegen anders aus, weil die Gene unvorstellbar klein seien: Die Erbinformationen aller Menschen der Erde zusammengenommen vermöchten noch nicht einmal einen Fingerhut zu füllen. Hinzu komme, daß die 40000 Gene eines einzelnen Menschen unterscheidungslos vermischt seien. Wie solle man wissen, wo eines aufhöre und das andere beginne?

Doch so unwahrscheinlich das Unternehmen auch schien, zwei Entdeckungen brachten den Durchbruch.

■ An der Harvard-Universität konnten drei junge amerikanische Biochemiker 1969 das unmöglich erscheinende Kunststück vollbringen und ein einzelnes Gen (des Kolibakteriums) herausfiltern. Seine Länge: 0,0011397 Millimeter.

■ An der Universität Wisconsin schaffte es 1970 ein Wissenschaftlerteam, ein Gen von ähnlicher Winzigkeit

Erste Schritte zur künstlichen Gebärmutter sind bereits gemacht. Die Wissenschaftler bauten Plexiglas-Anlagen, die sie mit synthetischem Fruchtwasser füllten. Zu früh geborene Babys aus Schwangerschaftsunterbrechungen sind das »Testmaterial«. Sie überleben mehrere Stunden in der gläsernen Gebärmutter. Hier eine Versuchsanlage des Karolinska-Instituts in Stockholm.

nachzukonstruieren. Aus zweimal siebenundsiebzig Einzelbausteinen – sogenannten Nukleotiden – setzten die Forscher zum ersten Male eine Erbeigenschaft künstlich zusammen.

Was eben noch undenkbar schien, wurde damit zur Gewißheit: Genauso wie bei diesen Experimenten wird man auch die 40000 Gen-Krümelchen isolieren, die sich als Erbträger im befruchteten menschlichen Ei befinden. Genauso wird man die Zusammensetzung jedes einzelnen dieser Gen-Krümelchen ermitteln. Und genauso wird man diese Gen-Krümelchen nachbauen.

Phantastische Spekulationen bekommen plötzlich festen Grund.

Etwa der Weg, wie man einen Supermenschen schaffen könnte: Heute hat der eine schöne Augen, der andere einen hübschen Mund, der dritte eine formvollendete Nase. Nur selten treffen viele Schönheitsmerkmale in einem Menschen zusammen. Nun ist aber folgendes denkbar: Wissenschaftler holen sich die Leute mit solchen idealen Einzel-Merkmalen, stellen die dazugehörigen Gene fest und bauen sie nach. Sie erhalten so einen Extrakt der besten Erbeigenschaften, die überhaupt in den Milliarden Menschen der Welt vorhanden sind. Dann entfernen sie aus einem weiblichen Ei das normale Erbmaterial, schütten die 40000 künstlich hergestellten Ideal-Gene hinein und – der Supermensch ist da.

Oder der Weg, wie man Menschen für ganz bestimmte Aufgaben konstruieren könnte: In Zukunft werden immer mehr Raumfahrer und Raumfahrttechniker gebraucht. Für sie wäre es vielleicht von Vorteil, zur besseren Beherrschung der Schwerelosigkeit eine zusätzliche Körpervorrichtung zu haben, mit der sie sich festklammern könnten. Dies läßt sich durch Gen-Chirurgie leicht schaffen, wie der unlängst verstorbene Nobelpreisträger Haldane wußte. Affen aus der Familie der Breitnasen besitzen einen hervorragenden Greifschwanz. Man brauche doch nur dem menschlichen Erbmaterial das Greifschwanz-Gen jener Affen beizufügen, um ein Baby mit ebendiesem Greifschwanz zu erschaffen.

So skurril solche Gedankenspiele auch erscheinen, sie sind ernster gedacht, als sie klingen. Natürlich wird alle Gen-Chirurgie zunächst mit dem Versuch beginnen, defekte Gene zu beseitigen, das heißt Erbschäden zu vermeiden. Aber schließlich und endlich wird die Perfektionierung solcher Reparatur-Arbeit an einen

Ein einzelnes Gen, eine einzelne Erbeigenschaft, mehrere hunderttausendmal vergrößert. Wie winzig diese Schrift des Lebens in Wahrheit ist, macht ein Beispiel deutlich: Die Baupläne aller dreieinhalb Milliarden Menschen der Erde hätten in einem einzigen Fingerhut Platz. – Modelle helfen den Forschern, die Erbanweisungen der Gene zu entziffern (Foto unten).

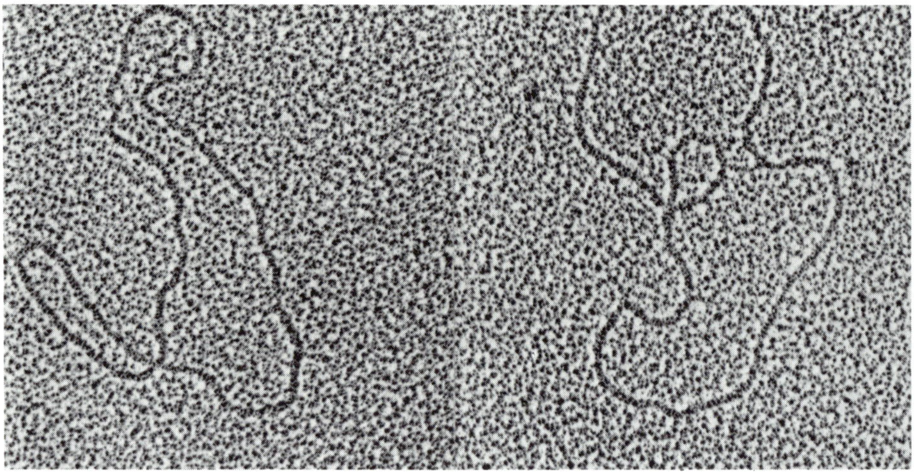

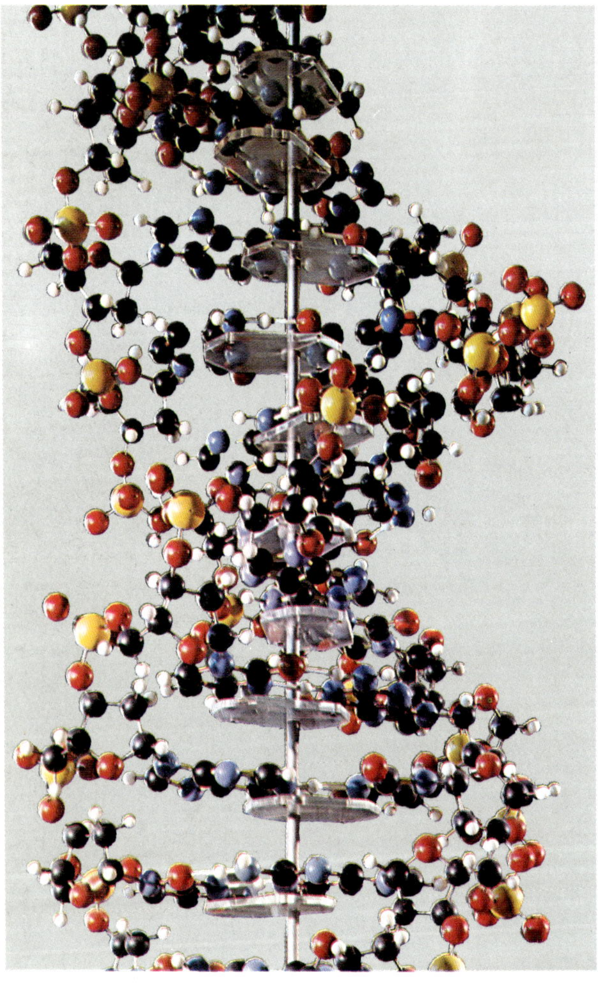

Punkt führen, wo man sich damit nicht mehr zufriedengibt. Eines Tages wird dann der Mensch beginnen, sich neues Erbmaterial maßzuschneidern und neue Menschen am Reißbrett zu planen wie heute Autos.

Der Nobelpreisträger Haldane war sicher, daß es dem Menschen mit Hilfe einer hochentwickelten Gen-Chirurgie gelingen werde, »sich viele wertvolle Fähigkeiten anderer Tierarten einzuverleiben, ohne dabei die spezifisch menschlichen zu verlieren«. Der französische Professor Jean Rostand sieht eine Zeit voraus, in der »jedes Kind Standard-Gene erhalten könnte, welche die am meisten erwünschten körperlichen und geistigen Eigenschaften verleihen würden«. Solche Kinder, so meint er, wären dann »nicht die Nachkommen bestimmter Eltern, sondern der ganzen Spezies Mensch«. Und sein amerikanischer Kollege Prof. R. L. Sinsheimer schwelgt: »Ich kann mir kein Ereignis von größerer Tragweite für die Zukunft unserer Art vorstellen als diese Gen-Chirurgie. Zum ersten Male, solange die Welt besteht, gibt es ein Lebewesen, das seinen eigenen Ursprung begreift und darangehen kann, sein künftiges Aussehen zu planen.«

So sicher sehen die Wissenschaftler diese Zukunft auf uns zurollen, daß sie schon diskutieren, was eigentlich erst der zweite Schritt ist: wie denn nun der neue Mensch aussehen sollte, den man erschaffen könnte.
Ein wenig ratlos fragt der Amerikaner Bentley Glass: »Sollten wir auf eine allgemeine Verbesserung des menschlichen Körpers, seiner Gesundheit, seines Geistes zusteuern? Oder sollten wir es bei der heutigen menschlichen Verschiedenartigkeit belassen? Oder soll-

Noch ist dieser farbenfrohe Kopfputz nicht echt. Eines Tages aber, so prophezeien die Wissenschaftler, wird sich der Mensch durch Genchirurgie jedes gewünschte Aussehen geben können.

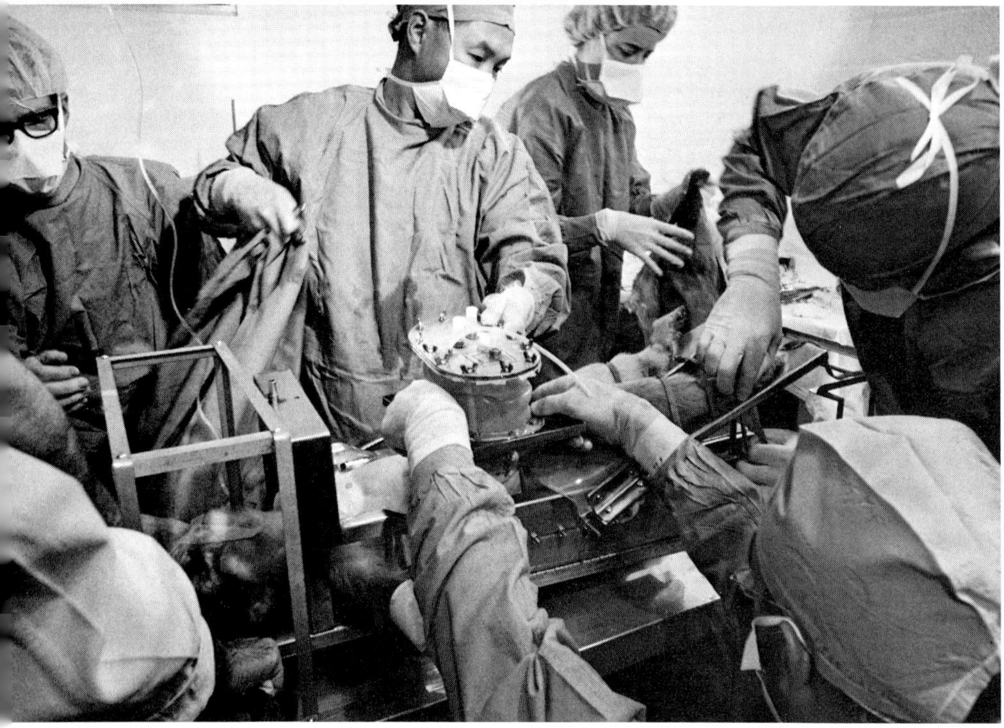

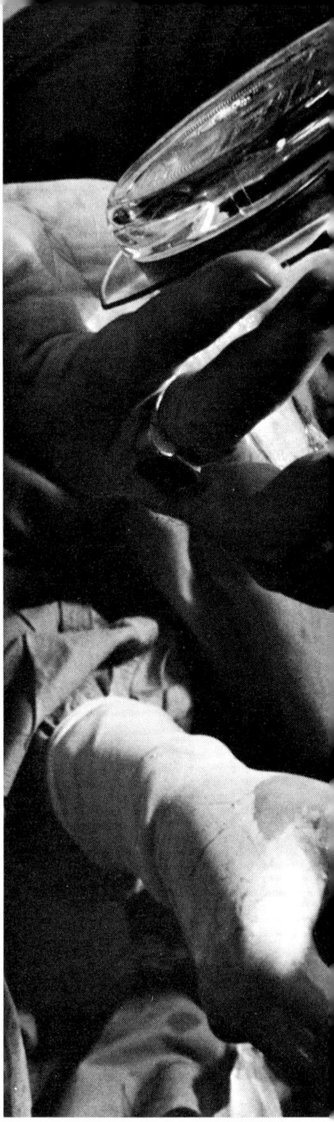

ten wir gar eine Art Kastenwesen konzipieren, Menschen, gezüchtet für bestimmte Aufgaben?«

Auf jeden Fall dürfte die Verbesserung menschlicher Geisteskraft zu den Zielen der Gen-Chirurgen zählen. Nobelpreisträger Muller bekannte einst: »Wenn ich persönlich die Chance sehen würde, größere Intelligenz oder Gedankenfülle zu erwerben, würde ich alle Mittel aufbieten, um sie zu bekommen – ausgenommen ich müßte wie Faust dafür meine Seele verkaufen.« Genau das ist die Einstellung vieler Menschen, auch wenn sie das nicht immer deutlich aussprechen.

Südafrikanische Ärzte fanden heraus, daß es für die Gehirnentwicklung eines Kindes im Mutterleib förderlich sein könnte, die Gebärmutter künstlich zu weiten. Sie konstruierten einen ballonartigen Behälter, der einer Schwangeren über den Bauch gestülpt werden konnte. Aus dem Behälter wurde dann ein Teil der Luft abgesaugt, so daß sich ein Unterdruck ergab und das Baby im Bauch weniger beengt wurde. Trotz der umständlichen Prozedur hatten die Ärzte keine Schwierigkeit, Frauen für ihre Versuche zu bekommen. Die Hoffnung auf ein Superkind ließ die Frauen alles auf sich nehmen.

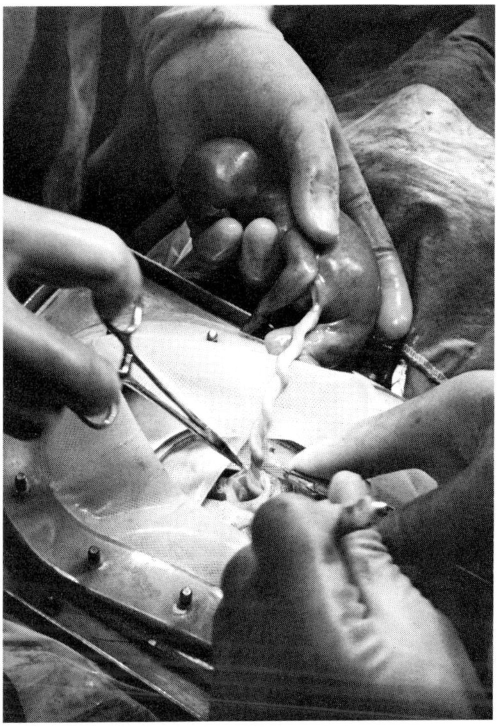

Schockierender Versuch auf dem Weg zur künstlichen Gebärmutter in der Universität Nevada. Die Forscher fesselten ein schwangeres Äffchen an ein Eisengestänge. Dann füllten sie einen durchsichtigen Behälter mit synthetischem Fruchtwasser. Vorsichtig holten sie das Affenbaby aus dem Mutterleib und stopften es in die gläserne Gebärmutter, ohne die Nabelschnur zu trennen. 36 Stunden hingen Äffin und Fötus so in der Apparatur, ehe das Affenbaby starb.

Die gleiche Haltung, so meinen die Genetiker, ist durchaus wahrscheinlich, wenn eines Tages die ersten Befruchtungskliniken ein Kunst-Gen »Geisteskraft« auf den Markt bringen. Es zu konstruieren, ist möglicherweise gar nicht einmal so schwer. Der Franzose Prof. Jean Rostand rechnet vor: »Ein junger Embryo besitzt in der Großhirnrinde bereits die 9000000000 Pyramidenzellen, die den Grad seiner geistigen Aktivität während seines ganzen Lebens bestimmen. Diese Zahl, die in geometrischer Folge oder, einfacher gesagt, durch Verdoppelung nach 33 Teilungen jeder Zelle (2, 4, 8, 16, 32, usw.) erreicht wird, könnte ihrerseits verdoppelt werden, wenn es uns gelänge, nur noch eine weitere Zellteilung – die vierunddreißigste – zu bewirken.«

Die so erreichte Verdoppelung der Hirnmasse würde natürlich einen größeren Kopf voraussetzen. Aber das hält Prof. Rostand nicht für problematisch. Ein derartiges Kind müsse sich ja nicht mehr durch den dafür natürlich zu eng bemessenen Geburtskanal einer Frau hindurchzwängen. Es werde selbstverständlich in einer künstlichen Gebärmutter gezüchtet. Das wird dann ganz »natürlich« sein.

Auch unter den Forschern gibt es nicht wenige, die bei solchen Spekulationen von Angst gepackt werden. Sie sehen uns »senkrecht in die Hölle fahren«, wie der britische Wissenschaftsautor Gordon Rattray Taylor es formuliert. Die Menschheit, so sagen sie, sei noch nicht reif für einen menschengemachten Übermenschen. »Angesichts des heutigen Zustandes der Welt«, meint der amerikanische Forscher George Beadle, »könnte es schon einen Krieg in Gang setzen, wenn wir auch bloß die Hautfarbe der Menschen festlegen würden.«

Doch ob solche Hemmungen ausreichen können, die genetische Neukonstruktion des Menschen aufzuhalten, erscheint höchst fraglich. Der kanadische Biologe Dr. N. J. Berril sieht das so: »Früher oder später wird die eine oder andere menschliche Gesellschaft sich an dieses Abenteuer wagen, gleichgültig, ob der Rest der Menschheit zustimmt oder nicht. Wenn dies geschieht und dabei eine neue überlegene Rasse mit höherer Intelligenz und größerer Lebenserwartung entsteht, werden dann diese Menschen auf uns andere, die wir zurückgeblieben sind, nicht herabsehen? Eines ist sicher: Sie – nicht wir – werden die Menschen der Zukunft sein, und die Macht wird ihnen zufallen.«

Weltwunder Nr. 4

Die vernünftigste Stadt der Welt: Ewiger Sommer in gläsernen Türmen

Niemand denkt daran, etwa Hamburg oder Paris in den nächsten dreißig Jahren abzureißen. Aber es wäre Wahnsinn, neue Städte so zu bauen wie jene, die heute schon an ihren Autos zu ersticken drohen. Amerikanische Weltraum-Experten haben abseits von allem, was bislang gebaut wurde, die »vernünftigste Stadt der Welt« konzipiert. Ihr System: eine einzige, riesige Wohnmaschine aus hundertstöckigen, gläsernen Türmen, die alles aufnehmen, was heute zu einer Viertel-Millionen-Stadt gehört, Wohnungen, Fabriken, Büros, Geschäfte und Restaurants. In 48 solcher Wohnsysteme würde ganz New York hineinpassen.

Wer in Paris zwischen 18 und 20 Uhr mit dem Auto unterwegs ist, bringt es auf eine Durchschnittsgeschwindigkeit von höchstens 6,5 Kilometern in der Stunde. Eine Pferdedroschke schaffte vor siebzig Jahren in der gleichen Zeit neun Kilometer.

Über New York hängt beständig eine Wolke aus Gift. Jährlich regnen auf die Stadt 3258000 Tonnen Ruß, Abgase und Chemikalien herab. Die Luft ist so verpestet, daß die Sonne oft nur noch mit einem Viertel ihrer normalen Kraft hindurchdringt.

Im Ruhrgebiet, dem zwölftgrößten Ballungszentrum der Welt, werden im Jahr 1300 Menschen von Fahrzeugen niedergewalzt, zerfleischt, getötet. Weitere 12000 bleiben als Krüppel auf der Strecke.

Die Stadt ist giftig, die Stadt mordet, die Stadt wird von Autos bewohnt: Zwei Drittel des Stadtgebietes von Los Angeles gehören mit Straßen und Parkplätzen bereits ihnen; der Mensch muß sich mit dem restlichen Drittel begnügen. Aber genau diese »unmenschliche Stadt«, wie sie der internationale Stadtplaner Prof. Constantinos Doxiadis (Athen) nennt, wächst und wächst und wächst – eine Wucherung aus Gestein und Gestank, aus Asphalt und Abfall, aus Chrom und Krach, an der die Wohnlichkeit des Planeten Erde für immer zu sterben droht.

Um die Stadt – fragwürdig gewordenes Glitzergebilde von einst – zu retten, haben amerikanische Wissenschaftler einen revolutionären Plan gefaßt: Sie wollen eine menschliche Ansiedlung errichten, wie es sie noch nie gegeben hat. Ungeachtet von allem, was je gebaut wurde, soll – möglicherweise am Rande von Boston – die »Stadt der Vernunft« entstehen, ein architektonisches Experimentierfeld, das den wildwuchernden Steinlandschaften in aller Welt zum neuen, formgebenden Modell werden könnte.

Mehr als hundert Meter hoch über der Erde eine gläserne Rohrpost für Menschen

Es wird eine Stadt sein, die heutiges Vorstellungsvermögen sprengt. Sie wird bis hoch hinein ins hundertste Stockwerk ihrer neuartigen Wohntürme angefüllt sein mit den Wundern des Jahres 2000. Und vor allem: Sie wird nicht ein einziges Auto kennen. Aber dafür wird man auf einem fliegenden Teppich der Technik jeden Punkt innerhalb des Stadtgebietes in wenigen Minuten erreichen können.

Schon heute läßt sich mit Sicherheit voraussehen, wann die herkömmliche Stadt endgültig funktionsunfähig sein wird. Drei Entwicklungen geben ihr den Todesstoß:

■ Erstens schwillt der Strom neuer Autos, die sich durch die Städte wälzen, noch immer an. Heute hat in Deutschland jeder siebente ein Auto. In dreißig Jahren soll jeder zweite ein Auto besitzen.

■ Zweitens stehen wir vor einer rasenden Ausbreitung der Stadtlandschaften. Im Jahre 1950 lebten erst 21 Prozent der Erdbevölkerung in Städten. 1967 waren es bereits 50 Prozent. Im Jahre 2000 sollen es 90 Prozent sein. Fast alle Menschen leben dann nur noch in Städten.

■ Drittens wird sich die Erdbevölkerung in den nächsten dreißig Jahren verdoppeln. Mit anderen Worten: In nur drei Jahrzehnten wird gleichsam die ganze Menschheit von heute noch einmal auf dem Planeten Erde abgeladen. Um diese Menschheit Nr. 2 unterzubringen, müßte praktisch alles, was es heute an Bauten auf der Welt gibt, noch einmal errichtet werden.

Die drei Entwicklungen zusammengenommen sind geeignet, den Städte-Planern Gruselschauer über den Rücken zu jagen. Menschen, die millionenfach vom Land in die Stadt strömen; Menschen, die in Milliardenzahl neu auf die Erde kommen; Menschen, die millionenmal mehr Autos fahren als heute – das ergibt auf der Basis heutiger Städtebauweise Monster-Gebilde, die der Engländer Prof. Dennis Gabor nur noch als »kulturwidrigen Irrsinn« bezeichnet.

Der Irrsinn würde zu Städten führen, die sich über mehrere hundert Kilometer ausdehnen, die auf dieser Fläche Millionen Autos beherbergen und die sich mit deren Abgasen schließlich selber vergiften. Die UNO registrierte in einer Untersuchung 26 große Ballungsräume auf der Welt (1960 waren es noch 20): New York, Tokio, London, Shanghai, Paris, Buenos Aires, Los Angeles, Moskau, Chicago, Kalkutta, Osaka, Ruhrge-

In der neuen Stadt wird es kein Auto mehr geben. Die zwölf Doppeltürme – in einem Kreis von anderthalb Kilometern Durchmesser angeordnet – haben zwei neuartige Verkehrssysteme: Unter der Erde kreisen in einer stählernen Rohrleitung schnelle U-Bahn-Züge; über der Erde schwingen sich in luftiger Höhe plexigläserne »Rohrpostleitungen« (1) mit Personen-Förderbändern von Turm zu Turm. Um das Besteigen des schnellen Förderbandes zu erleichtern, gibt es an den Seiten je zwei rollende Bürgersteige (2). Der Fußgänger betritt zunächst die langsame Außenbahn, wechselt dann auf die nächstschnellere Bahn über und besteigt schließlich das eigentliche Förderband. Dort gibt es Sitzplätze (3) und freie Räume (4) als Gepäckablage oder für Stehplätze in Hauptverkehrszeiten. Unterhalb der Förderbänder befinden sich Maschinen und Versorgungsleitungen (5). Die Beförderungsrohre, die in drei Etagen an den gewaltigen Türmen kleben, werden von stabilen Brückenkonstruktionen (6) getragen.

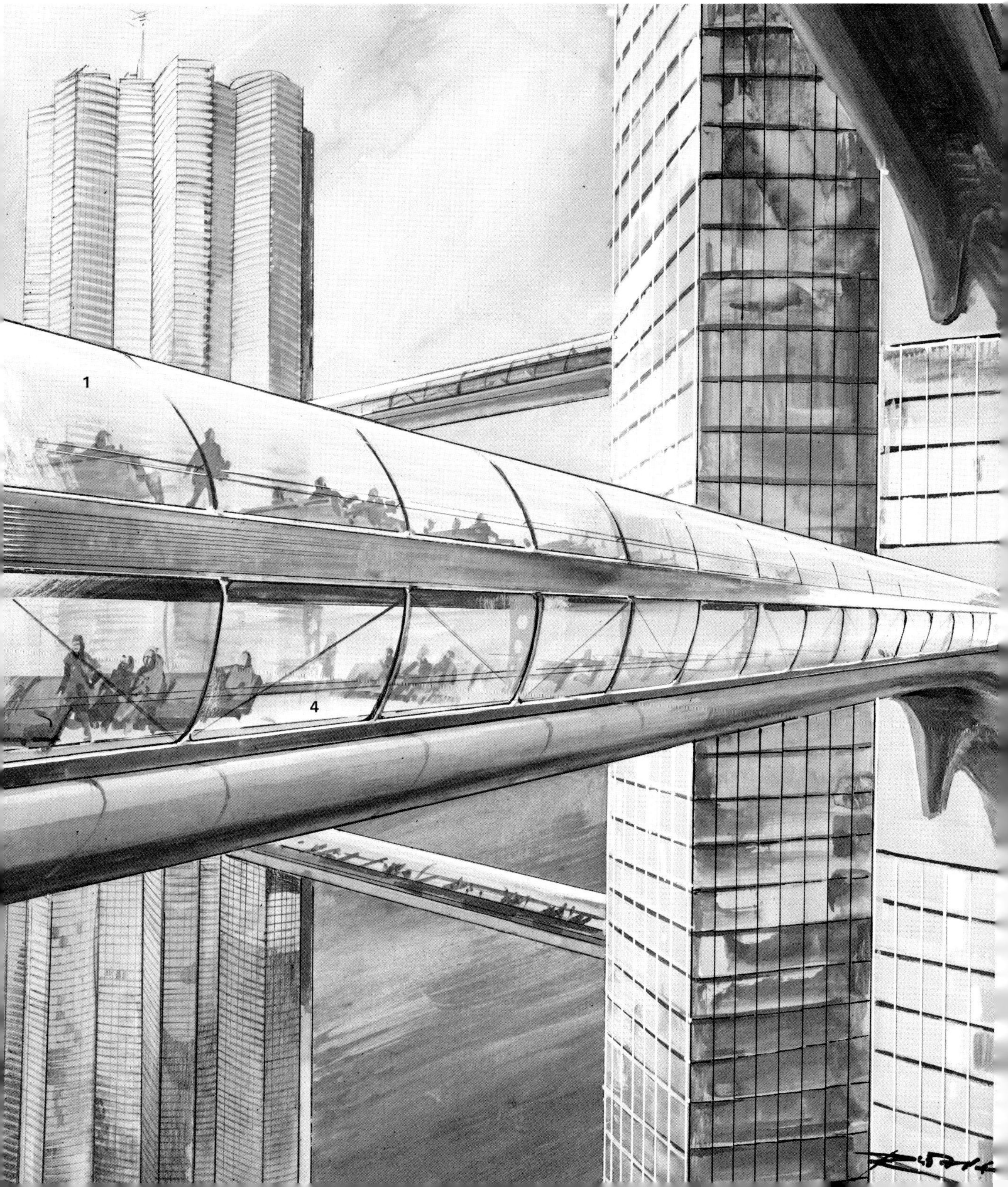

Platzangst? – Wie in Mt. St. Michel an der französischen Kanalküste noch heute, so lebten früher die Städter in engsten Mauern. Sie fühlten sich wohl.

biet, Mexico City, Rio de Janeiro, São Paulo, Bombay, Philadelphia, Detroit, Peking, Leningrad, Kairo, Berlin, Djakarta, Tientsin, Boston und Hongkong.

Manche dieser Ballungszentren wachsen mit anderen zu noch groteskeren Gebilden zusammen. So soll innerhalb der nächsten dreißig Jahre in Amerika die Riesenstadt »Boswash« entstehen, ein einziges städtisches Ballungszentrum von Boston bis Washington. Europa wird von ähnlicher Vision geängstigt. Die »Union der europäischen Hauptstadtregionen (URCCE)« sieht eine europäische »Megapolis« voraus, die von Liverpool bis Genf reicht und 200 Millionen in einer absolut verstädterten Landschaft zusammenfaßt.

So kann, so darf es nicht weitergehen. Darüber sind sich die Städteplaner einig. Jetzt und hier müsse die Menschheit darangehen, diese verhängnisvolle Entwicklung zu stoppen. Der amerikanische Vizepräsident Spiro Agnew: »Ohne neuartige Städte, ohne Städte, die der Lebensweise der Menschen dienen, statt sie zu behindern, kann unsere komplizierte Gesellschaft nicht mehr überleben.«

Es waren zwei völlig branchenfremde Männer, die den entscheidenden gedanklichen Anstoß dafür gaben, wie diese neuartigen Städte am sinnvollsten aussehen könnten. Sie heißen Vernal Tyler und Carl Asiala, und sie sitzen nicht in einem Architekturbüro, sondern in der Forschungsabteilung eines Raumfahrt-Konzerns, der McDonnell Company in St. Louis.

An großzügiges Denken gewohnt, gingen die beiden Wissenschaftler das Problem in völlig neuen Dimensionen an. Sie sagten sich: Angenommen, die Erdkugel wäre unbewohnt wie der Mond und wir hätten den Auftrag, ihre Besiedlung vorzubereiten – wie müßte dann eine vernünftige Wohnanlage aussehen? Nun, ein derartiges Wohnsystem, so überlegten sie, war in gewisser Weise ein großer Organismus, vergleichbar dem menschlichen Körper.

Da gab es ein Verdauungssystem: Der Wohnanlage mußten täglich gewaltige Mengen Wasser zugeführt werden, Lebensmittel und Brennstoff. Und sie hatten Ausscheidungen vom Abfall bis zum Abgas.

Da gab es das Ader-System: Waagerechte und senkrechte Bahnen für bewegliche Dinge, Schienen für Züge, Straßen für Autos, Bürgersteige für Menschen.

Da gab es das Nerven-System: Telefonnetz, Elektrizitätsleitungen, Verkehrssignale.

Acht schnelle Fahrstühle (1) im Innenschacht eines jeden Turmbaus bringen die Bewohner bis in den 100. Stock. Die Etagen erhalten nicht nur Wohnungen, sondern auch Spielplätze (2), Schwimmbecken (3), Restaurants (4) und ganz oben eine windgeschützte Sonnenterrasse (5). Im Innern liegen die Maschinenräume (6). Die Wohnungen (7) werden ganz nach Wunsch gebaut. Rings um die Appartements führen verglaste Balkons (8), gleichsam die Bürgersteige. Sie münden auf größere Plätze (9) mit Grünanlagen.

Und da gab es das Körpergewebe: Die Mauern und Strukturteile, innerhalb derer sich das Leben einer Wohnanlage abspielt.

Bei allen bisherigen Stadtsystemen bestand nun das »Körpergewebe« meist aus weitgehend isolierten Einzelstücken – Einfamilienhäuser, Wohnblocks, Schulen, Kirchen, Bahnstationen, Sportstadien und Fabrikhallen. Raumfahrtwissenschaftler Tyler: »Jedes Haus ein fragwürdiges Kunstwerk für sich.«

Das aber erschien dem Planer höchst widersinnig: »Alle diese Häuser gehören zu einem einzigen großen System. Also sollten sie auch als ein einziges organisches Ganzes gebaut werden.«

Mit kühner Handbewegung fegten die Weltraumforscher beiseite, was bislang in der Stadt an Gebäuden steht. Statt dessen gingen sie daran, die Stadt aus einem Guß zu projizieren: »Ein Wohnsystem, das nicht mehr ein Sammelsurium von Häusern darstellt, sondern das alle Systeme des großen Organismus Stadt sinnvoll in sich vereinigt« (Tyler).

Was bei diesem Planspiel der tausend Möglichkeiten schließlich mit Computerhilfe herauskam, war beein-

Das Auto wird abgelöst durch einen fliegenden Teppich der Technik

druckend: Die Wissenschaftler steckten das Häusergewirr von heute einfach in gigantische gläserne Türme, jeder bis zu hundert Stockwerke hoch. Immer zwölf Turmpaare bilden einen geschlossenen Wohnkomplex. Sie sind in einem weiten Kreis angeordnet, mit verkehrstechnischen »Rohrpost«-Systemen untereinander verbunden, und nehmen eine Viertelmillion Menschen auf, einen ganzen Stadtteil mit allem, was dazu gehört, vom Apartment bis zur Fabrik. In acht solcher Wohnkomplexe ließe sich ganz Hamburg unterbringen, in 48 ganz New York.

Jeder einzelne Turm übertrifft in seinen Abmessungen alles, was je auf der Erde an Wohnbauten errichtet wurde. Seine Spitze liegt über den Wolken. Er hat einen Durchmesser von 160 Metern. Von oben gesehen erinnert seine Form an ein Zahnrad. Allein die hohle Innenröhre dieses Zahnrads hat eine Weite von 60 Metern.

Die Superwolkenkratzer bilden die äußere Hülle der Stadt. Nach außen hin völlig verglast, sind sie so etwas wie überdimensionale Käseglocken, in die hinein die Gebäude und Anlagen montiert werden, die zu einer Stadt von 250000 Einwohnern gehören.

Die Schnellverkehrssysteme der Stadt 2000, sowohl der alten als auch der neuen, werden wahrscheinlich radikal anders aussehen. So arbeiten amerikanische Eisenbahnfirmen an einer neuartigen »Röhrenbahn«. Die darin verkehrenden Züge haben Düsen- oder Raketenantrieb. Sie stoßen mit solchen Geschwindigkeiten in die Röhren hinein – bis zu 650 Stundenkilometern –, daß sich ein Luftpolster um die Gleitkufen legt und Reibung verhindert.

Eine Version dieser Röhren-Züge ist auch für die kreisförmige U-Bahn der Turmstadt vorgesehen (2 und 3). Innerhalb des neuen Stadtsystems fährt kein Auto. Die Wagen, im Fuße des Turms (4) untergebracht, verlassen die Stadt durch einen Tunnel.

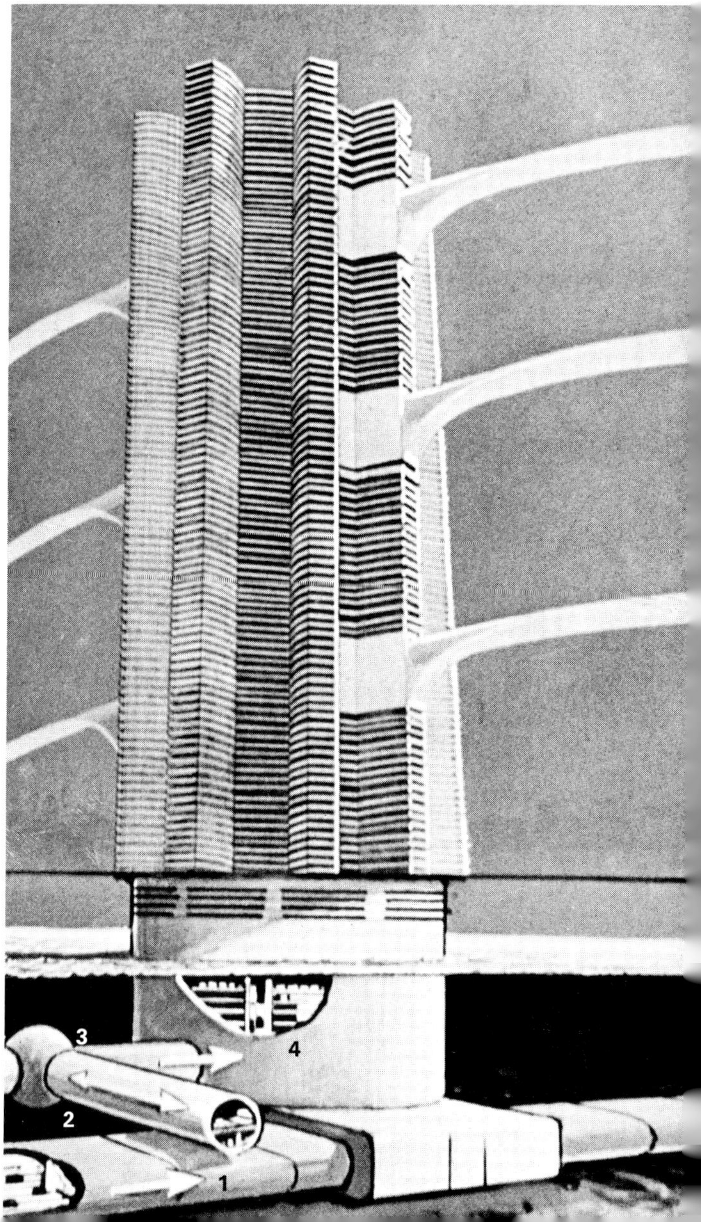

Schlafzimmer 2000: Der Italiener Cesare Colombo schlägt vor, Wände innerhalb der Wohnung wegfallen zu lassen. Er stellt statt dessen lediglich gewisse Funktionszellen wie überdimensionale Schränke in den Raum. Hier die Schlafkabine.

Die Schlafkabine läßt sich verschließen. Per Knopfdruck wird dann ein künstliches Schlafklima darin hergestellt. Die wissenschaftlichen Vorarbeiten dafür sind bereits geleistet.

In jedem Turm befindet sich ein technisches Grundsystem, ein Knochengerüst sozusagen. Doch es ist sehr variabel. Man kann Wohnungen der verschiedensten Größen hineinpassen, »Häuser« anlegen, die über mehrere Stockwerke gehen, Säle konzipieren, Restaurants, Schwimmhallen – alle Anlagen, die es auch heute gibt. Der einzige Unterschied: Alles in dieser Stadt liegt unter der schützenden Hülle des Wohnturms. Jeder Punkt dieser Stadt ist erreichbar, ohne daß man deswegen ins Freie müßte. Das ganze städtische Leben spielt sich unter Glas ab.

Das hat zunächst einmal den Vorteil, daß die Stadt vollklimatisiert sein kann. Alle Wege und Wandelgänge innerhalb der Türme haben ein künstliches Frühlingsklima. Es gibt darin weder Wind noch Wetter. Die Jahreszeiten finden erst statt, wenn man sich nach draußen begibt.

Das mag manchen erschrecken. In Wahrheit aber ist das Leben in Kunstklima schon heute für viele Menschen eine alltägliche Sache, ohne daß sie sich dessen so recht bewußt werden. Der Durchschnitts-Städter steht morgens in einer vollklimatisierten Wohnung auf, geht eine Treppe tiefer in die geheizte Garage, steigt in einen heizbaren Wagen, fährt damit in seine Werksgarage, nimmt einen Fahrstuhl, arbeitet in einem klimaregulierten Büro, und wenn es Abend wird, eilt er in gleicher Weise wieder zurück in sein sommerlich temperiertes Heim – er ist den ganzen Tag innerhalb von umbautem Raum, innerhalb von Kunstklima. Warum also nicht gleich innerhalb einer vollklimatisierten Stadt leben?

Straßen im herkömmlichen Sinne sind in den Türmen nicht nötig. Es gibt nur Fußgängerwege und Fahrstühle. Wer seine Wohnung, vielleicht im 80. Stockwerk gelegen, durch die »Haustür« verläßt, betritt eine Art verglasten Balkon, der rings um das Gebäude herumführt. Er ist vergleichbar mit dem Bürgersteig von heute. In den Wohnetagen ist er relativ schmal gehalten, in den Geschäftsstockwerken ist er breiter, damit man ohne Drängeln seinen Schaufensterbummel machen kann.

Der rundherum führende Bürgersteig hat strahlenförmig Anschlußwege zum Lichtschacht im Kern des gläsernen Turmes. Dort befinden sich die Fahrstühle. In Sekunden saust man vom 80. Stockwerk ins 20. Stockwerk, wo man vielleicht ein besonders nettes Restaurant weiß.

Auch alle anderen Punkte der Wohnanlage können die Bewohner im Handumdrehen erreichen. Völlig neue Verkehrssysteme verschaffen den Menschen eine Beweglichkeit, die in herkömmlichen Städten undenkbar wäre.

Wer etwa bei Bekannten im Wohnturm gleich nebenan vorbeischauen möchte, benutzt eines der drei Personen-Förderbänder. Sie schwingen sich wie gläserne Rohrpostleitungen in verschiedenen Höhen elegant von Turm zu Turm, die oberste vielleicht zweihundert Meter über dem Erdboden. Planer Tyler schwärmt: »Der Blick selbst aus dem niedrigsten Verbindungsrohr wird erhebend sein. Leicht und sicher gleitet man seinem Ziel entgegen.«

Wer es eiliger hat und zu einem entfernteren Wohnturm möchte, läßt sich mit dem Fahrstuhl durchfallen bis zur U-Bahn-Station am Fuße der Wohntürme.

Auch diese U-Bahn ist eine Art Rohrpost. Sie verbindet die zwölf Turmpaare in einem geschlossenen Kreise. Wie Geschosse rasen die Züge darin immer in die Runde. Neue Luftkissen-Antriebssysteme sollen ihnen nicht nur ungeahnte Schnelligkeit, sondern auch höchsten Fahrkomfort verschaffen.

Die Planer haben errechnet, daß in einem solchen Viertel-Millionen-Stadt-System jeder Punkt innerhalb von viereinhalb Minuten erreichbar wäre. Innerhalb von nicht einmal fünf Minuten bewältigt man in der Turmstadt, wozu man im Verkehrschaos von heute oft Stunden benötigt. Allein dieser Zeitgewinn, so meinen die Planer, sei schon Grund genug, die Stadt aus solchen Turmsystemen mit je 250000 Menschen zu bauen (wobei mehrere Systeme dann wiederum mit schnellen Verkehrsröhren verknüpft werden könnten).

Eines wird es in der neuen Stadt auf keinen Fall geben – das Auto. Das einzige erlaubte Privatfahrzeug soll das Fahrrad sein. Die Autos stehen in Depots am Fuße der Wohntürme. Man braucht sie nur für einen Ausflug nach außerhalb. Im Fahrstuhl saust man hinunter in die Garagen, läßt sich auf einem rollenden Bürgersteig zu seinem Wagen tragen und ist im Grünen, kaum daß man das Auto bestiegen hat.

Die Planer haben keine Sorge, daß die Bewohner der Turmbauten Platzangst befallen könnte. Denn erstens werden die Wohnsilos so angelegt sein, daß man sich darin ergehen kann wie in einer normalen Stadt auch: Man kann promenieren oder in »Straßen-Cafés« sitzen; ganze Stockwerke werden für Erholung, Gesundheit und Freizeiteinrichtungen bereitgehalten werden; selbst an Schwimmhallen ist gedacht. Zweitens wird die Landschaft zwischen den Türmen zum schnell erreichbaren Naturparadies: Dort befinden sich Parks, Kinderspielplätze, Golfanlagen, Seen und Flüsse; dort hat man Natur vor sich, sobald man den Fahrstuhl des Wohnturmes verläßt. Und drittens ist es nicht – wie meist vermutet wird – das enge Beieinanderwohnen, das den Stadtmenschen von heute nervös und krank macht; es sind vielmehr die Lebensbedingungen der heutigen Städte, die seine Nerven überfordern.

In den Mauern einer mittelalterlichen Stadt lebte man einst enger zusammen als in einer Großstadt von heute. Dennoch fühlten sich die Menschen dort wohl. Schließlich konnten sie innerhalb von fünf oder zehn Minuten in der weiten, freien Landschaft draußen vor den Toren der Stadt sein.

Polster, Textilien, Deckenstrukturen und Leuchten – in der Wohnung 2000 kommt alles aus den Mixmaschinen der Kunststoffindustrie. Der Rohstoff Holz wird weitgehend aus der Behausung verdrängt; sogar Metall und Glas, viel jünger im Wohnbereich, verlieren an Bedeutung. Denn aus Kunststoff läßt sich viel mehr machen. Jedenfalls ist das die Auffassung des avantgardistischen Innenarchitekten Verner Panton aus Dänemark, der diese beiden Visionen der Zukunftswohnung schuf.

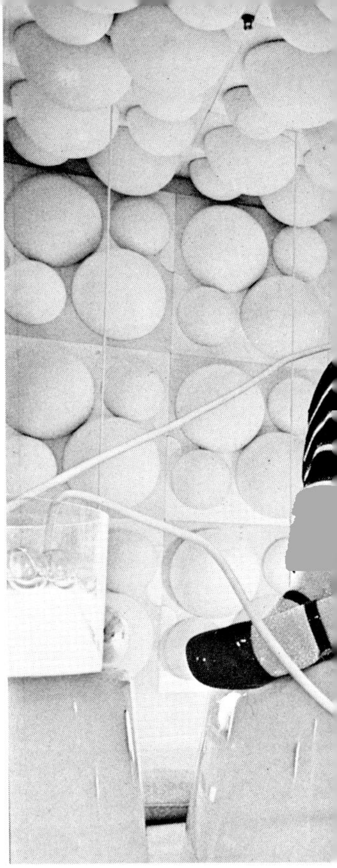

Wer heute im Zentrum einer jener unüberschaubaren Stadtlandschaften lebt, die sich von Horizont zu Horizont erstrecken, für den bedeutet es eine Tagesreise, will er dem Häusermeer entfliehen und wieder einmal Wald sehen. Um die unerreichbar gewordene Natur dennoch näher bei der Hand zu haben, entwickelte sich der Drang zum Einzelhaus mit Garten drumherum.

Die meisten würden auf dieses Stückchen Privat-Grün verzichten, wäre das öffentliche Grün erreichbar wie im Mittelalter. Das enge Beieinanderleben jedenfalls stört nicht; ganz im Gegenteil, es wird als Vorteil empfunden. Das Göttinger Soziologen-Ehepaar Ulfert und Ingrid Herlyn untersuchte das Wohngefühl von 1000 Familien, die in München, Stuttgart, Hamburg und Wolfsburg in »Wohnsilos« leben. Das erstaunliche Ergebnis: Hochhaus-Familien sind glücklicher dran, denn sie haben viele nachbarschaftliche Kontakte mit Menschen, die sie sich aussuchen können (statt sie hinnehmen zu müssen, nur weil man eben Garten an Garten wohnt). Das gilt vor allem auch für die Kinder. Sie haben genügend Spielkameraden im selben Haus; sie spielen länger und intensiver (dreieinhalb Stunden statt zweieinhalb Stunden pro Tag bei Kindern in Reiheneigenheimen und kleinen Häusern). Für alle ist das Leben im Hochhaus mit weniger Arbeit verbunden. Man hat mehr Zeit für das, was man wirklich gern tut.

Die gläserne Turmstadt würde diese solchermaßen akzeptierte Wohnform noch um die entscheidende Nuance bereichern: Sie würde die Natur wieder vor die Haustür bringen wie einst in der Stadt des Mittelalters. Planer Tyler: »An unseren Zeichnungen und Berechnungen läßt sich ersehen, daß fast alles Land frei und offen bleibt. Das war bei unserem Entwurf von extremer Wichtigkeit. Land sollte künftig sowieso unter die Zuständigkeit des Innenministeriums fallen und ausschließlich für Erholungszwecke oder – im Falle weltweiten Hungers – für die Landwirtschaft genutzt werden dürfen. So würde die Natur in die Stadt gebracht und die Stadt in die Natur. Von jeder Etage dieser Wohnanlage hätte man einen nahezu unverbauten grandiosen Ausblick. Und ich glaube, daß diese Tatsache nicht nur einmalig wäre für einen Stadt-Entwurf, sondern auch von entscheidender Bedeutung für die Zufriedenheit und damit das seelische Wohlbefinden der Bewohner.«

Nicht nur von dieser Seite her verspricht die neue Stadt Zufriedenheit und Wohlbefinden. Auch sonst soll

Selbst an so vergessene Örtchen wie das Badezimmer denken die Zukunftsplaner. Prof. Alexander Kira von der Cornell-Universität (USA) konstruierte es in sechsjähriger Arbeit neu. Die alte Badewanne wurde zur Badekabine mit körpergerechtem, rutschfestem Boden und sinnvollen Haltegriffen.

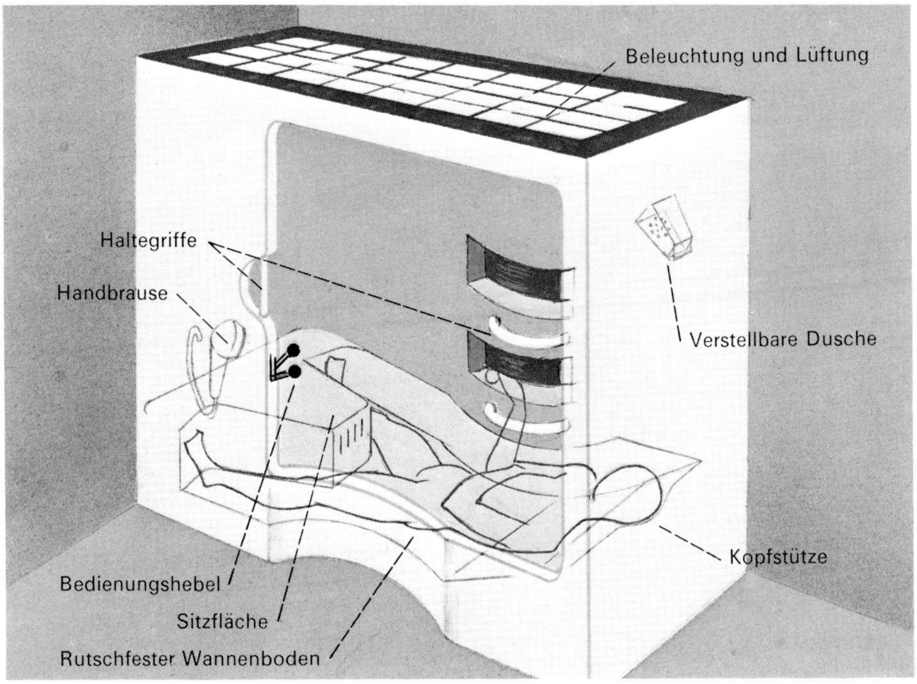

das Leben darin nach den Vorstellungen der Planer leichter und angenehmer werden als je zuvor. So wird zur Grundausrüstung eines jeden Turmes die möglichst weitgehende Installation automatisierter Versorgungssysteme gehören. Beispiel: Es gibt keine Müllabfuhr mehr. Rohrpostleitungen befördern den Abfall direkt aus den Wohnungen in die Müllvernichtungsanlagen (die im Maschinentrakt unter der Erde liegen können). Umgekehrt gibt es Rohrpost-Verbindungen für die Lebensmittelversorgung: Die Hausfrau informiert sich per Fernseh-Telefon – im Jahr 2000 soweit in Gebrauch wie heute das Normaltelefon – über das Warenangebot der städtischen Läden; ihre Bestellung wird über das Rohrsystem blitzschnell in die hypermoderne Wohnung geschossen.

Diese Wohnung 2000 wird sich möglicherweise radikal anders darbieten als die Wohnung heute. Sie wird nach wie vor Wände haben, die sie möglichst schalldicht von anderen Wohnungen abgrenzen. Aber innerhalb der vier Wände könnte sie zum bestaunenswerten Wunderkabinett werden.

Da drückt eine Hausfrau auf einen Knopf und schon reinigt sich die Wohnung von selber: »Staubtücher werden von elektrostatischen Gittern ersetzt, die – versteckt in der Wohnung verteilt – alle Staubpartikel anziehen. Roboterähnliche Geräte werden die ganze Wohnung reinigen, indem sie sich wie Fledermäuse auf von ihnen ausgesandten Wellen entlangtasten, ohne irgendwo anzustoßen.«

Da gibt es kein Tapezieren der Wände mehr: »Wir werden die Farbe der Wände per Knopfdruck beliebig von dunkel bis durchsichtig hin und her schalten können« (so US-Architekt John Schmidt, Forschungsdirektor der Savings and Loan League).

Die Zimmerwände werden beweglich: Man kann sie automatisch ausfahren oder verschwinden lassen (eine Möglichkeit, die von der englischen »Archigram«-Architektengruppe forciert wird). Es wird Wände aus Licht und Luft geben (in New York bereits auf einer Ausstellung gezeigt): glitzernde Folien aus Mylar auf Leisten gespannt, von Luft gebauscht, mit Licht beliebig verwandelt. Und wer will, kann auch ganz ohne Zimmerbegrenzung auskommen: Aus der Wohnung wird ein einziger großer Raum, in den der Mailänder Innenarchitekt Cesare Colombo lediglich gewisse Funktionszellen wie überdimensionale Schränke hineinstellt, etwa eine runde, verschließbare Schlafkabine, eine Badekabine oder eine Kochkabine.

Prof. Kira: „Wir mögen das für anstrengend halten, aber die halbe Welt hockt!"

Beim WC-Modell von Prof. Kira sitzt man nicht mehr, sondern man hockt. Das soll für solche Gelegenheiten angebrachter sein. Neben der Papierrolle gibt es vorn und hinten im Becken eingebaute Wasserdüsen, die sich mit Kontrollschaltern steuern lassen.

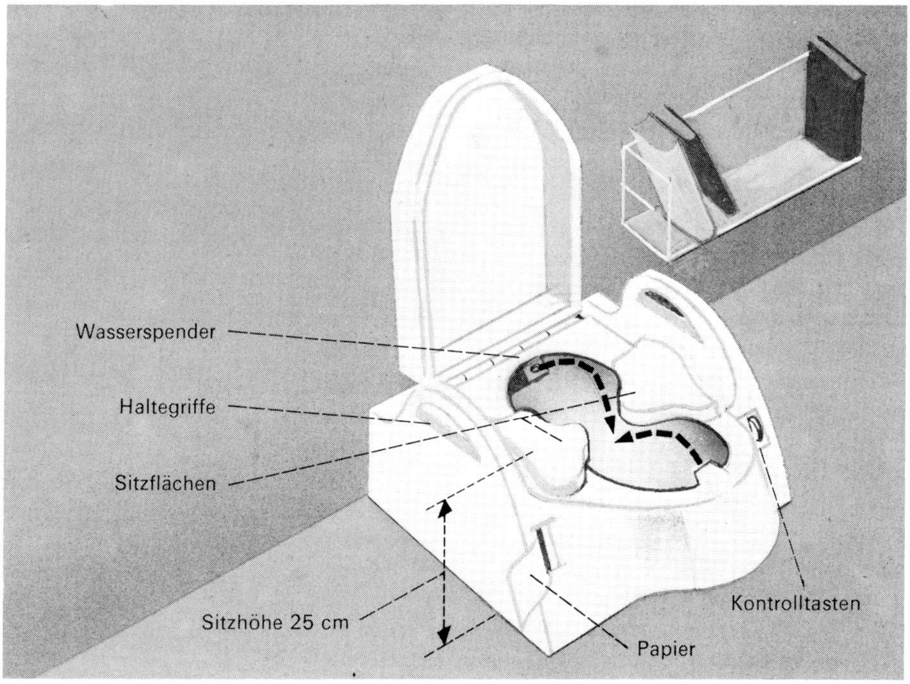

Einst war die Wohnung nur umbauter Raum. Dann wurde der Kamin erfunden, der Ofen, die Zentralheizung. In dreißig Jahren wird ein weiterer Schritt getan sein: das Kunstklima per Knopfdruck. Wer im Wohnzimmer in anregender Unterhaltung sein will, stellt sich prickelnde Luft ein, etwa so, wie sie nach einem Gewitter herrscht. Legt er sich in der Schlafkabine zur Ruhe, so dreht er die Klima-Wählerscheibe auf »müde Witterung«. Die zentrale Kunstklima-Anlage hat für jede Stimmung das richtige Wetter parat.

Ansätze in dieser Richtung erleben wir schon heute. Zahlreiche der großen Büropaläste experimentieren damit. Sie sind von der natürlichen Atmosphäre praktisch völlig isoliert; kein Fenster läßt sich öffnen. Der nötige Sauerstoff, die Luftfeuchtigkeit, die Temperatur, alles wird durch Klima-Anlagen in ein solches Haus hineingepumpt. Dabei wird versucht, die angenehmste, anregendste Mischung zu finden. Dr. Otto Jungnickel, Chefarchitekt des Unilever-Hochhauses in Hamburg, schwärmt: »Bei uns herrscht immer Gebirgsklima.«

Im Freiburger Institut für Klimaphysiologie baute Prof. Werner Ranscht-Froemsdorff eine Stahlkammer mit drei Millimeter starken Wänden. Sie war so konstruiert, daß sie gewisse Langwellenstrahlen (»atmosphärische Impulsstrahlung«) nicht hindurchließ. Setzte der Forscher Hamster als Versuchstiere in jene Kammer hinein, so wurden sie schon nach kurzer Zeit müde und schliefen ein. Umgekehrt konnte er die Tiere mit künstlich erzeugter Impulsstrahlung beliebig wieder aktivieren.

In Rußland wurden die Experimente inzwischen auf Menschen ausgedehnt. Im Krankenhaus Kiew errichteten die Sowjets neuartige Abschirmkammern, in denen sie nicht nur den Freiburger Versuch nachvollziehen, sondern überhaupt jede gewünschte Wetterlage herstellen können, bis hin zum künstlichen Föhn. Fachleute sagen voraus, daß sich aus diesen Anfängen in dreißig Jahren die perfekte Klima-Steuerung auch für den Hausgebrauch entwickelt haben wird. Statt nach Westerland fahren zu müssen, werde man sich dann die Luft der Kurpromenade ins Wohnzimmer holen können wie heute die Sommerwärme (per Zentralheizung).

Eine andere revolutionierende Neuerung in der Wohnung 2000 ist der Heim-Computer. Prof. Richard Fogué von der Universität Manchester sagt voraus, daß er in dreißig Jahren »zum gleichen Preis wie eine Waschmaschine« zu haben sein wird. Er schreibt: »Die-

Die Zwillings-Wohntürme von Chicago sind die größten Wohnbauten der Welt. Höhe: 170 Meter.

In New York sind die Doppel-Türme des neuen Welt-Handels-Centers mit 110 Stockwerken am höchsten.

In Pittsburgh wird dieser dreieckig geformte Wolkenkratzer mit 64 Stockwerken gebaut.

ser Heimcomputer wird direkten Zugang zu einer zentralen Datenbank haben, die alle Angaben speichert, die für jemanden wichtig sind: Rechnungen, Konten, Versicherungen, Steuern, Renten, Mitgliedschaften, Briefe, Anschriften, Fernseh-Telefonnummern.« Und: »Der Heimcomputer wird alle diese Angaben immer auf dem neuesten Stand parat haben und zu jeder gewünschten Zeit auf einem Bildschirm sichtbar machen, oder er wird einem telefonisch Auskunft geben in menschlicher Sprache. Es wird für die Hausfrau keine Routine-Dinge mehr geben: Mister Heimcomputer präsentiert ihr eine Auswahl von möglichen Menüs, wobei er selbstverständlich individuellen Geschmack, Haushaltsgeld, Lebensmittelvorrat und Wetter bedenkt.«

Elektronische Zauberkunst wird den Menschen im Jahr 2000 von seiner Wohnung aus an den Ereignissen der Welt teilnehmen lassen, so als sei er selber am Schauplatz des Geschehens. Der Fernsehapparat wird abgelöst durch »eine ganze phosphoreszierende Wand, die drahtlos übertragene Bilder wiedergeben wird« (Hans Budde). Denkbar ist sogar ein Zimmer, dessen vier Wände solche bewegten Fernseh-Bilder ausstrahlen. Der Betrachter würde dann mitten im Ereignis stehen. IBM-Forschungsdirektor Charles R. DeCarlo zitierte zu diesem Punkt eine durchaus ernstgemeinte Vision:

»Wir wollen einmal einen ganz bestimmten Platz und eine konkrete Zeit nehmen: etwa 1986 in einem Heim in der Vorstadt von Phoenix. Da sitzt ein Mann in der Mitte eines runden Raumes, und an den gekrümmten Wänden um ihn herum kann er das Meer sehen – die Brandung, wie sie sich an den Steinen bricht und an den Strand schäumt, einen Fischadler am Himmel schwebend. Ihm gegenüber sitzt ein anderer Mann, und die beiden unterhalten sich miteinander. Manchmal übertönt das Rauschen der Brandung und der Schrei des Fischadlers das Gespräch. – Tatsache aber ist nun: Der Raum liegt unter der Erde; er hat in Wirklichkeit überhaupt keinen Ausblick. Was wie eine runde Wand wahrgenommen wird, ist das Bild der vier TV-Wände, in Hawaii aufgenommen und nun elektronisch abgespielt. Und außerdem: Der erste Mann ist wirklich da, aber der zweite nicht. Sein Bild ist der Laser-Strahl, von einem Satelliten in die Wohnung gesendet und dort durch Holographie in den Sessel gesetzt worden, in Farbe und voller Größe (man könnte um ihn herumgehen und sich seinen Hinterkopf ansehen), genauso, als säße jener Mann hier in Phoenix, obwohl er in Wirklichkeit im gleichen Moment in seinem Studierzimmer der Universität Edinburgh sitzt.«

Das Beispiel gipfelt mit der Frage: »Wo beginnt und wo endet in dieser Situation die Wirklichkeit? Es gibt dabei nichts, was nicht schon in den nächsten zehn Jahren absolut denkbar wäre, ganz gewiß aber in den nächsten zwanzig Jahren.«

In Houston ist dieser über 200 Meter hohe Wohn- und Geschäfts-Gigant im Bau

In Dallas beschied man sich zunächst mit diesen 34 Stockwerken. Zwei größere Gebäude (45 Stockwerke) sollen folgen.

In New Orleans ragt das Internationale Handels-Center 33 Stockwerke über den Mississippi.

In Los Angeles steht dieser Bau mit 42 Stockwerken. Aber Wolkenkratzer mit doppelter Höhe sind geplant.

Selbst für so vernachlässigte Tabu-Bezirke der Wohnung wie das Badezimmer liegen bei den Wissenschaftlern bereits neue Konzeptionen vor, die in der »Stadt der Vernunft« des Jahres 2000 verwirklicht werden könnten. Gerade jener Raum, so stellte US-Forscher Prof. Alexander Kira (Cornell University) fest, hinkt mindestens vierzig Jahre hinter dem wissenschaftlich-technischen Stand des Raketenzeitalters her.

Im Dienste der Wissenschaft ließ Prof. Kira Hunderte in die Wanne steigen; er ging dem Waschbecken auf den Grund und probierte, ob die Brille paßt. Ergebnis: Sie paßt ganz und gar nicht. Der zivilisierte Mensch sitzt falsch, spritzt unhygienisch, wäscht sich unbequem und badet gefährlich.

Gestützt auf Laborversuche, Modell- und Bewegungsstudien entwarf der Forscher zum ersten Male ein wissenschaftsgerechtes Traum-WC: Die Brille verschwindet; statt dessen gibt es zwei Stützflügel, die ein Minimum an Berührung, aber ein Maximum an Bequemlichkeit gewährleisten sollen. Die Stützflügel sind nur noch knapp 25 Zentimeter hoch (statt der heutigen Sitzhöhe von etwa 40 Zentimetern), denn eine solche Hockstellung sei für solche Gelegenheiten angebrachter. Kira: »Wir mögen das zwar für anstrengend halten, aber tatsächlich hockt die halbe Welt. Das ist viel leichter für den Körper.«

Zur besseren Hygiene kann sich der hockende Besucher der vorn und hinten im Becken angebauten Wasserdüsen bedienen, die sich mit Kontrollknöpfen steuern lassen. Für konservative Benutzer gibt es zusätzlich die Papierrolle; für weniger gelenkige links und rechts Griffe zum Stützen beim Aufstehen (siehe Zeichnung).

Ähnlich radikal baute Prof. Kira auch sonst das Badezimmer um. Der Mann erhielt ein zusätzliches Bekken: eine Urinier-Einrichtung, die aus der Wand herausklappbar und so geformt ist, daß Spritzer und Zielverfehlungen praktisch unmöglich werden. Am Waschbecken wurde der Wassereinlauf verändert: Er plätschert nicht mehr von oben herab aus einem Hahn, sondern sprudelt von unten her aus einem schrägen Springbrunnen hoch. Warm- und Kaltwasserzufuhr werden mit Knüppelschaltung gesteuert. Die Badewanne ist überhaupt nicht mehr wiederzuerkennen: Sie wurde zu einer ringsherum gekachelten Kabine mit eigener Ventilation, indirekten Lichtquellen und sinnvoll angebrachten Haltegriffen. Der Wannenboden ist rutschfest. Er steigt vom Gesäß-Tiefpunkt bis zur Nakkenstütze körpergerecht an. Es gibt in dem Reform-Bad für den Badenden soviel Bequemlichkeit, daß ihm der Forscher schon jetzt abseits der »totalen Körperreinigung« zweckfreien Genuß voraussagt – die »totale Entspannung«.

Immerhin, verglichen mit dem eigentlichen Projekt der »Wohnanlage Turmstadt«, sind derartige Verbesserungen am menschlichen Wohnraum fast schon so etwas wie technische Spielereien. Denn entscheidend ist zunächst einmal, daß es überhaupt gelingt, das gewaltige System aus Glas und Stahl so in die Landschaft zu stellen, daß es alle jene Wunder aufnehmen kann.

Gewiß sind viele der technischen Voraussetzungen schon heute vorhanden. Aber mehr noch müßte erst neu entwickelt werden. Tausende von Erfindungen sind nötig, wenn die gläserne Turmstadt verwirklicht werden soll. So irritiert allein schon der Gedanke, daß ein einziger Turm vielleicht 10000 Menschen beherbergen wird. Wie muß eine Turmkonstruktion aussehen, die ihr Gewicht und das Gewicht der Einrichtungen, die sie benötigt, überhaupt zu tragen vermag?

Es gibt einen ersten Vorläufer, die Zwillings-Wohntürme von Chicago, Marina City genannt. Sie sind die größten Wohnbauten der Welt. Ausmaße: Jeder Turm ist 170 Meter hoch; sein Sockel ragt 55 Meter tief in die Erde hinein. Die ersten 18 Stockwerke beherbergen 900 Autos. Darüber liegen insgesamt 896 Wohnungen, ganze Geschäfts- und Büroetagen, eine Badeanstalt, eine Eisbahn, 38 Bowling-Bahnen, Restaurants, ein Theater mit 1500 Plätzen und »viele andere Einrichtungen, die alle zusammen den Ausdruck ›Stadt in der Stadt‹ rechtfertigen« (Tyler).

Dennoch, die Entwerfer der Zukunftsstadt wissen selbst, daß ihr noch gigantischer dimensioniertes Projekt Wissenschaft und Technik vor schwierigste Aufgaben stellt. Doch sie sind optimistisch. Weltraum-Experte Vernal Tyler: »Die Weltraumindustrie verfügt über das größte Reservoir wissenschaftlicher Talente auf der Welt. Ihre Ingenieure haben Lösungen für fast jedes Problem gefunden – gleichgültig, wie schwierig es auch gewesen sein mag.«

Und wie es aussieht, wird sich Amerika tatsächlich schon innerhalb der nächsten Jahre an den Bau der Turmstadt heranmachen. Die Situation der großen US-Städte wird immer bedrohlicher. Die Stadtgebiete ex-

Das Modell der »Heliocode-Türme« entwarfen japanische Architekten. Die Wohneinheiten werden an einen Zentralsockel angehängt.

Zu den Ideen der Londoner Architektengruppe »Archigram« gehört diese Konstruktion: ein Wohnturm für Tausende, formschön und mit einem Plastiküberzug gegen Wind und Wetter.

Der Schweizer Architekt Walter Jonas möchte die Stadt von morgen in riesige Wohntrichter stecken, in denen es Schräglifte und Ringstraßen gibt.

Die »Ozean-Stadt« des Japaners Kiyonori Kikutake. Diese schwimmenden Wohninseln werden von Auftriebskörpern und bewohnten Betonzylindern getragen, die am Meeresboden verankert sind. Die Wohnungen unter Wasser – mit Blick auf die Tiefseelandschaft – sind nach Meinung der Planer besonders reizvoll.

plodieren. Die Bevölkerung der USA wird innerhalb von dreißig Jahren um 100 Millionen anwachsen. Für diese Menschenmassen werden 110 komplett neue Städte gebraucht – Städte genau von jenem Zuschnitt, wie sie die Weltraumforscher entworfen haben.

Immer stärker wird daher in Amerika der Ruf nach einer Modellstadt. Unter der Präsidentschaft des Städtebauers Prof. Athelstan Spilhaus vom Franklin-Institut in Philadelphia hat sich ein Komitee »Experimental-City« gebildet, dem prominenteste Mitglieder angehören. Das Komitee bedrängt die Regierung und lockt die Wirtschaft: Bis zum Jahre 2068 würden rings um den Erdball etwa 60000 solcher und ähnlicher Zukunftsstädte gebraucht. Der Markt, der sich hier auftue, sei »mindestens so bedeutend wie der Markt für Weltraum- oder Waffensysteme.«

Organisierte Vorstöße wie diese lassen den Wissenschaftler Tyler sicher sein: »Daß unsere neue Stadt gebaut wird, ist keine Frage mehr. Die Frage ist nur noch, wo.« Möglicherweise ist sogar dieses »Wo« schon entschieden. Im flachen Küstenbereich vor Boston gibt es eine Reihe von Inseln. Sie sind billiges Land. Deshalb ist beabsichtigt, dort eine Trabantenstadt für das aus den Nähten platzende Boston zu errichten. Die Turmstadt bietet sich als ideale Lösung an.

Es gibt noch andere Konzepte für die Stadt aus einem Guß. In Berlin ließ Prof. Hermkes die interessantesten Zukunfts-Ideen der Städteplaner in einer Diplomarbeit zusammenstellen und untersuchen. Er kam auf mindestens 25 diskutable Wohnsysteme.

Der deutsche Städteplaner Rudolf Doernach spielt mit der Vision einer Stadt auf Stelzen: Er rammt große Stahlpfeiler in die Erde und schiebt dann Kunststoff-Wohneinheiten wie Schubladen hinein. Sein Kollege Joseph P. Weber erfand die »10-Minuten-Stadt«: Hochhäuser gruppieren sich zu »Bändern«, die strahlenförmig von einem gemeinsamen Zentrum ausgehen und deren Länge so bemessen ist, daß man sie mit einem rollenden Bürgersteig in zehn Minuten durcheilen kann. Der Schweizer Planer Walter Jonas will eine Stadt aus riesigen Trichtern bilden: In flachen, stählernen »Sektkelchen« werden terrassenförmig die Wohneinheiten installiert.

Andere Projekte sehen die Stadt von morgen in Wohnanlagen, die wie gewaltige, steingewordene Wellenkämme aus dem Boden aufragen (Kenzo Tange, Tokio). Sie konzipieren sie wie eine Ansammlung aufeinandergesetzter Riesen-Gasometer (Team Ancous, Tokio). Sie machen sie zu mobilen Stahlmonstren: Die »gehende Stadt« der Londoner Architektengruppe Archigram hat acht teleskopartige Beine, auf denen sie umherwandern kann; ganze Stadteinheiten können sich zu »Stadtmeetings« zusammenfinden.

Bombastische Vorstellungen, durchaus ernst gemeint, hat auch der Italo-Amerikaner Paolo Soleri. Er entwickelte Stadtkonstruktionen, die er »Arcologien« nennt, in denen bis zu einer Million Menschen unter einem Dach zusammengefaßt werden können, das in den Wolken liegt (mehr als anderthalb Kilometer hoch). Das Gebäude hat 300 Stockwerke. In ihm befinden sich Industrieanlagen und Parks, Behörden, Hotels, Theater – ein menschengemachter Wohnberg, ein menschenbewohnter Ameisenhaufen.

Den meisten dieser Projekte mangelt es indessen am Bezug zur Wirklichkeit. Die gläserne Turmstadt der Weltraumforscher dagegen setzt ganz bewußt nicht im luftleeren Raum des Denkbaren, sondern im Bereich des Machbaren an. Ihr Hauptproblem ist nicht so sehr die technische Durchführbarkeit, ihr Hauptproblem ist die Finanzierung.

Ganze Modell-Serien umgeben den Pariser Zukunftsplaner Schöffer. Sein glühbirnenförmiges Freizeit-Center fügt sich ein in das große Denkschema von der vollklimatisierten Stadt.

Anders als bisher muß eine solche Stadt in einem Stück bestellt und bezahlt werden. Dazu ist keine einzelne Privatfirma in der Lage. Das amerikanische Komitee »Experimental-City« denkt an die Bildung einer speziellen Finanzierungsgesellschaft, ähnlich wie sie mit der »Comsat« auf internationaler Ebene und unter Beteiligung der amerikanischen Regierung für den Bau von Nachrichten-Satelliten entstand. Geschätzte Entwicklungskosten für eine solche Viertel-Millionen-Stadt: mindestens zehn Milliarden Mark, wenn nicht noch einiges mehr.

Die Modellstadt würde zum architektonischen Mekka der Welt werden. Denn was die Zukunft an Phantastischem zu bieten hat, hier soll es sich zuerst verwirklichen. Bewährt sich die Turmstadt, so soll sie nach und nach die alten Städte verdrängen. Ihre Abmessungen bleiben immer gleich groß. Jedes Turmsystem ist grundsätzlich für 250000 Menschen konzipiert. Das erleichtert die Planungen und verbilligt das Unternehmen. Wächst eine Turmstadt über die Größe hinaus, wird sie nicht künstlich aufgestockt. Vielmehr stellt man in einiger Entfernung einfach das nächste System in die Landschaft.

So phantastisch das alles heute auch klingt, für derartige Radikallösungen spricht, daß der Versuch, die herkömmliche Stadt vielleicht doch noch zu retten, mindestens ebenso teuer und aufwendig ist – wenn er überhaupt gelingen würde.

Im Auftrag des amerikanischen Kongresses mußte die General Research Corporation in Santa Barbara (Kalifornien) die Frage ausloten, was zu geschehen hat, damit die heutigen Riesenstädte trotz der wachsenden Bevölkerungs- und Auto-Zahlen auch im Jahr 2000 noch bewohnbar sind. Die Wissenschaftler verarbeiteten Tausende von Daten; sie fütterten die Bewegungen der Menschen und Fahrzeuge einer ganzen Stadt wie Houston (Texas) in einen Computer hinein. Ergebnis:

Wenn jeder sein eigenes Auto fährt, dann bricht alles zusammen. Dann kommt niemand mehr aus dieser Stadt hinaus und niemand herein. Will die Stadt dennoch in ihrer alten Form überleben, dann muß praktisch für das Auto ein Auto gebaut werden. In der Stadt müßten elektrisch betriebene Wagen eingesetzt werden, die in einem automatischen Netz von Leitwegen laufen. Jeder Wagen nimmt bis zu vier Personen auf – oder im »Huckepack«-Verfahren ein Auto. Mit einem Knopf-

Wie die Todeswolke einer Atombombe türmt sich der Smog über Paris. Der erwärmte Stadtkern reißt Qualm und Abgase hoch, die Smogwolke kühlt ab, fällt an den Seiten zur Erde zurück, wird vom Auftrieb im Stadtkern erneut angesaugt – ein tödlicher Kreislauf für Tausende, die in der Stadt wohnen. Die ungewöhnliche Aufnahme macht deutlich, warum die Städtebauer neue Konzepte entwickeln müssen.

druck gibt der Fahrgast sein Ziel an. Von Elektronenhirnen gesteuert, schießt sein Elektro-Wagen dann mit einer Durchschnittsgeschwindigkeit von hundert Stundenkilometern durch die Straßen der Stadt.

Zweifellos wäre es moderner Computertechnik heute möglich, ein solches vollautomatisches Verkehrssystem zu bauen. Zweifellos auch würde es einem riesigen Elektronengehirn gelingen, die vielen tausend gleichzeitig in einer Stadt hin und her jagenden Fahrzeuge zu steuern und in ihren Geschwindigkeiten aufeinander abzustimmen. Eines aber bliebe: die riesige Flächenausdehnung der Stadt; die Tatsache, daß sie von Tag zu Tag mehr kostbare Natur auffrißt.

In knapp achtzig Jahren, in der zweiten Hälfte des nächsten Jahrhunderts, soll sich die Weltbevölkerung bei etwa 35 Milliarden einpendeln. Das sind zehnmal soviel Menschen, wie heute auf der Erde leben. Der Planet wird damit ausgelastet sein. Mehr Menschen, so zeigen Berechnungen, vermag er vernünftigerweise nicht zu tragen. Die Produktion neuer Menschen wird von diesem Augenblick an noch schärfer kontrolliert werden als heute die Produktion von Diamanten.

Ein Studienteam der Technischen Hochschule Athen versuchte vorauszuberechnen, wie in dieser Endphase der Bevölkerungsexplosion die Besiedlung der Erdoberfläche aussehen wird. Die Forscher befragten dazu Experten aus über hundert Ländern. Sie kamen zu dem Schluß:

Die Hälfte der Erdoberfläche ist zu lebensfeindlich, als daß sie für eine Besiedlung attraktiv wäre. Auf der anderen Hälfte formen die 35 Milliarden Menschen ein Gebilde, daß die Wissenschaftler Ecumenopolis nennen – die Weltstadt.

Soll in dieser, den Erdball umspannenden Weltstadt vor lauter Menschen überhaupt noch etwas Natur übrig bleiben, müssen die Wohnanlagen der 35 Milliarden Erdbewohner auf engstem Raum konzentriert werden. Das Athener Wissenschaftler-Team fordert eine Bevölkerungsdichte von mindestens 100000 Einwohnern auf einem einzigen Quadratkilometer.

Das ist mit herkömmlichen Städten nicht zu schaffen. Die Weltstadt – achtzig bis hundert Jahre von heute entfernt – kann nur in Stadtsystemen existieren, die völlig neue Wege gehen. Wie die Stadt in gläsernen Türmen.

Ist die Stadt von heute nicht beängstigender, als alle weitgesteckten Zukunftsprojekte es sein könnten?

Weltwunder Nr. 5

Die Abschaffung der Landwirtschaft: Wenn Milch und Honig aus der Retorte fließen

Vor zehntausend Jahren wurde die Landwirtschaft erfunden. Sie war die Grundlage für den Aufstieg des Menschen zum Beherrscher der Erde. Doch jetzt ist sie am Ende. Eine völlig neue Form der Nahrungsproduktion zeichnet sich ab: das Zaubern von Speisen in der Retorte. Mehl, Stärke, Zucker – die gleichen Nährstoffe, die heute umständlich auf den Feldern gezüchtet werden, sollen demnächst synthetisch in der Nahrungsfabrik hergestellt werden. Und auch die Viehherden erhalten synthetische Konkurrenz. Neuentdeckte Mikroben der Forscher (oben) ersetzen das Mastschwein von heute.

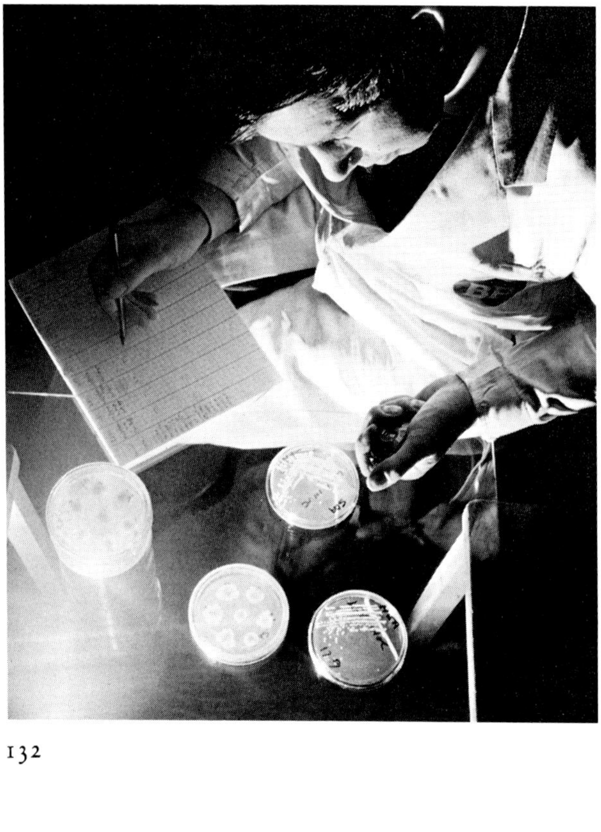

Alle zwei Monate verzehrt der Mensch sein eigenes Gewicht an Nahrung. In siebzig Lebensjahren verbraucht der Wohlstandsbürger 10000 Pfund Fleisch, 14000 Liter Milch, 11700 Eier und 7000 Pfund Kartoffeln – insgesamt über dreißig Tonnen Eßwaren.

Um diese Berge von eßbaren Stoffen herbeizuschaffen, hat der Mensch den Erdball auf grausame Weise verschandelt: Er erfand die Landwirtschaft. Er verwandelte den blühenden Garten von einst in nicht mehr betretbare Planquadrate aus Korn und Kohl. Er machte aus der schönen, vielfältigen Natur eine riesige sonnenbetriebene biochemische Fabrik zur Erzeugung von Nahrungsmitteln für Mensch und Tier.

An der Schwelle zu einem neuen Jahrtausend gibt es Ansätze dafür, daß diese grandiose Verstümmelung der Landschaft nicht immer so weitergehen muß.

In Hunderten von Forschungsstätten werden gegenwärtig die Grundlagen gelegt für eine völlig neue Art der Lebensmittelproduktion. Rund 10000 Jahre ist es her, daß aus dem Jäger der Ackerbauer wurde. Nun bahnt sich eine ähnlich entscheidende Umwälzung an: Aus dem Ackerbauer wird der Nahrungsmittel-Chemiker, der in der Retorte zusammenmischt, was heute noch umständlich auf dem Felde gezüchtet wird.

Der britische Wissenschaftsautor Nigel Calder prophezeit: »Über kurz oder lang wird man Fabriken bauen, in denen alle – oder doch zumindest die meisten – Nahrungsmittel, die wir benötigen, industriell hergestellt werden können.«

Professor C. H. Waddington, Präsident der International Union of Biological Sciences: »Es wäre vorstellbar, daß wir schon im Jahre 1985 unsere Lebensmittel in Fabriken (statt auf dem Bauernhof) herstellen« – vorausgesetzt, »daß in die Entwicklungsarbeiten Mittel

Für die Wissenschaft ist die Kuh ein biologischer Apparat, mit dem man Pflanzen in Milch umwandelt. Um die Umsetzprozesse genau messen zu können, steckten Forscher des Landwirtschaftlichen Forschungsinstituts in Beltsville (USA) diese Kuh in ein Plastikzelt. Fazit solcher Versuche: Es sind Milchroboter mit besserem Wirkungsfaktor denkbar.

von etwa der gleichen Höhe gesteckt werden wie beim Bau der ersten Atombombe.«

Und der Physiker Sir George Thomson sieht bereits voraus, wie schön die Welt ohne Ackerbau sein könnte: »Große Gebiete Englands würden wieder in Waldlandschaften verwandelt, und auf den Hügeln wächst wieder Gras.« Er schwärmt: Die Erde, heute zu einem einzigen landwirtschaftlichen Betrieb entwürdigt, könnte wieder mit Fischen und Jagen, mit wildwuchernder Natur, mit ihrer ganzen farbigen Tierwelt von einst zum großen, wundererfüllten Spielplatz des Menschen werden.

Seltsamerweise ist die Idee der Retortennahrung, an der sich die Wissenschaftler bereits begeistern, dem landwirtschaftlichen Normalverbraucher von heute noch alles andere als verlockend. Jahrtausendealter Erntemythos läßt das Unternehmen fast zur Gotteslästerung werden, nicht einmal legitimiert durch den Hunger der Welt. Witzblätter verfrachten das ganze ins geistige Schubfach des Grotesken: Da steht ein festlich gedeckter Tisch – und auf dem Teller liegt statt des saftigen Steaks eine kleine, kalkige Nahrungspille.

In Wahrheit denkt niemand daran, eine solche Pille zu schaffen. Sie wäre ebenso unsinnig wie unmöglich. Selbst in der komprimiertesten Form ist die Nahrung, die ein Mensch pro Tag zu sich nehmen muß, mindestens ein Pfund schwer – was schon eher einen Ball als eine »Pille« ergeben würde.

Doch nicht ein solches Energie-Konzentrat – ebenso nahrhaft wie eintönig – ist es, was die Forscher anstreben. Ihr Ziel ist weiter gesteckt. Sie wollen Speisen in der Retorte fertigen, die den natürlich gewachsenen gleichen, die genausogut oder vielleicht sogar noch besser schmecken und die sich nur in einem Punkt von herkömmlichen unterscheiden: daß sie in Nahrungsfabriken hergestellt werden, und zwar einfacher, schneller und ohne den landschaftsschändenden Aufwand des bisherigen Ackerbaus.

Um zu leben braucht der Mensch etwa 50 bis 80 Grundsubstanzen. Die meisten davon vereinnahmt er jedoch nur in winzigen Mengen. Sie kommen in seinem Körper lediglich als Spurenelemente vor.

Wirklich entscheidend sind nur zwei Nahrungsbestandteile:

Erstens Stärke, Mehl, Zucker – die Kohlehydrate: Aus ihnen schafft sich der Körper durch Verbrennung die nötige Betriebsenergie (Wärme und Elektrizität). Die gleiche Aufgabe haben auch die Fette.

Zweitens Milch, Eier, Fleisch – die Proteine (Eiweiß): Daraus wird das Körpergewebe aufgebaut und erneuert.

Weder Kohlehydrate noch Proteine kann sich der menschliche Körper aus toten Stoffen selber zusammenbauen. Er braucht dazu die Vorarbeit der Pflanzen und Tiere. Nur die Pflanzen verstehen es, Kohlehydrate anzufertigen; nur die Tiere können uns gewisse lebenswichtige Proteine vorfertigen. Die tausenderlei Delikatessen der Welt, die einfallsreiche Kochkunst auf den Tisch zaubert, sie bestehen letztlich alle aus diesen beiden Grundstoffen.

Möglichst viel von jenen beiden Grundsubstanzen bereitzuhalten, ohne die der Mensch nicht existieren kann, das war bislang die Aufgabe der Landwirtschaft.

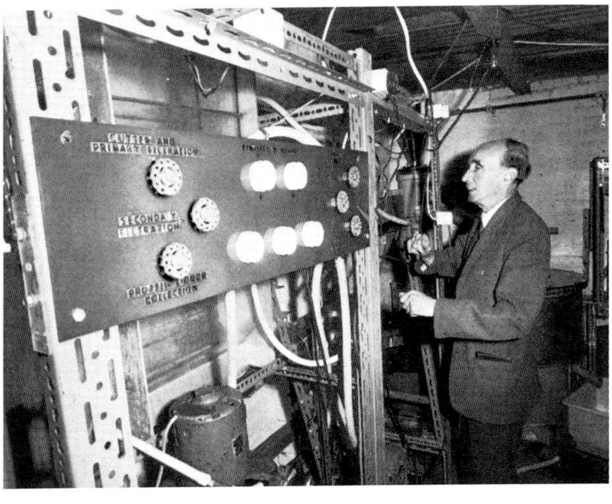

Ein Prototyp der »mechanischen Kuh« ist dieser Milchroboter des britischen Lebensmittelchemikers Dr. Hugh Franklin. Die Maschine verwandelt sogar Unkraut in Milch.

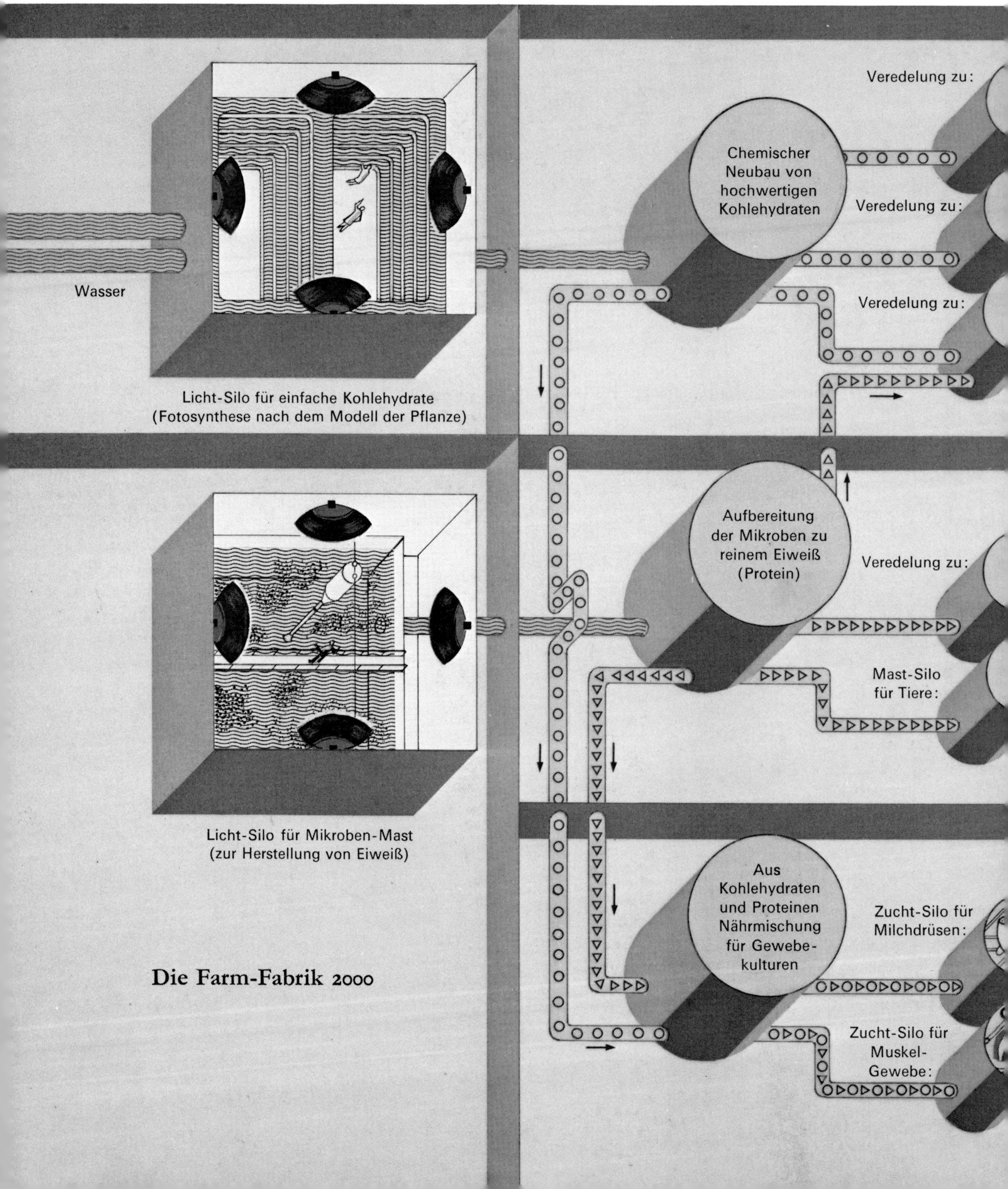

Die Farm-Fabrik 2000

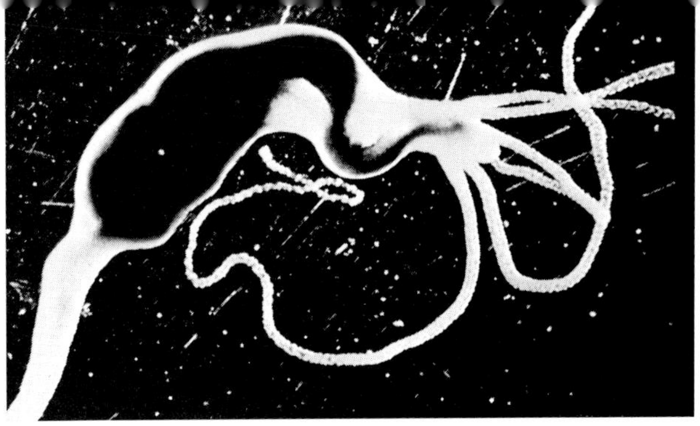

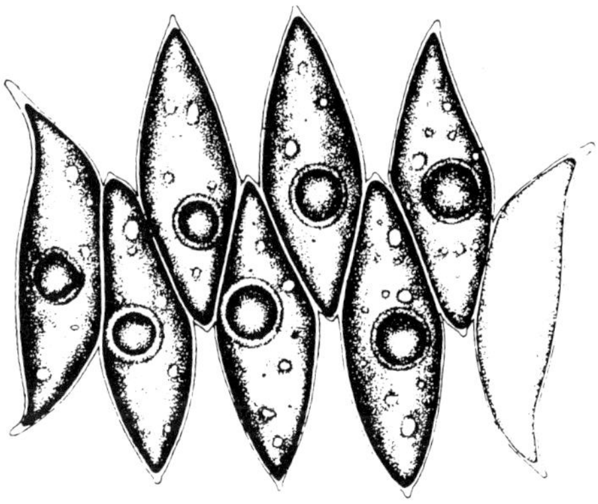

Schnellwachsende Mikroben sollen das Mastvieh der Farm-Fabrik werden. Die schiffchenförmigen Algen sind bereits industriereif gezüchtet. An durchsichtigen Polypen (oben) studieren die Forscher die Eigenschaften der neuen synthetischen Nahrung.

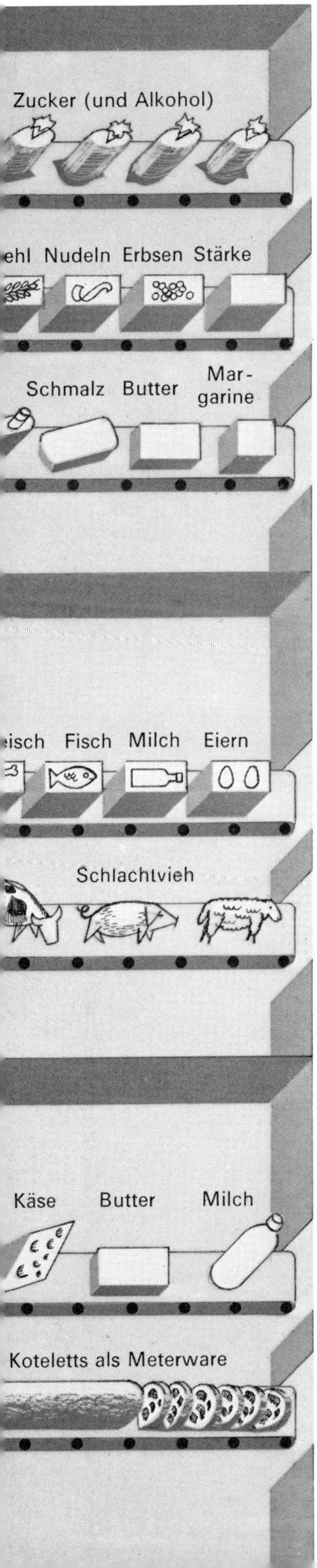

Ackerbau und Viehzucht werden vom Feld in die Nahrungsfabrik verlegt. Sie ähnelt von außen einer Raffinerie. Diese Zeichnung lehnt sich an eine Vision des britischen Wissenschaftsautors Nigel Calder an. Die synthetisch hergestellten Rohstoffe werden in drei Abteilungen verarbeitet. Abteilung I produziert Zucker, Mehl, Stärke – die Kohlehydrate. Abteilung II stellt aus Eiweiß (Protein) künstliches Fleisch her, mästet aber für verwöhnte Zungen auch noch echte Tiere. Abteilung III enthält Gewebekulturen: Statt der ganzen Kuh werden die Milchdrüsen gezüchtet, statt des Schweins nur die Koteletts.

Doch je tiefer die Wissenschaftler in die biochemischen Entstehungsvorgänge dieser Stoffe eindrangen, desto mehr wuchs die Überzeugung: Das können wir in der Retorte genauso.

Was passierte denn da? – Im Grunde taten Pflanzen und Tiere doch nur dies: Sie bauten aus »rein chemischen« Substanzen Schritt für Schritt immer kompliziertere Stoffe auf. Das war genau jene Arbeit, der sich mit synthetischen Farben, synthetischem Gummi oder den Hunderten von Plastikstoffen die chemische Industrie widmete – und dabei die Natur übertrumpfte. Warum also sollte man nicht versuchen, auch Nahrung synthetisch herzustellen?

Die Sache war faszinierend. Welch ein Leben, wenn man Fleisch in jeder beliebigen Menge ganz ohne Schweinegrunzen maschinell produzieren konnte! Welch ein Paradies auf Erden, wenn es gelänge, etwa Mehl in der chemischen Fabrik herzustellen! Wenn kein Hagel und kein Wettersturm mehr die Ernte vernichten konnte. Wenn im Winter wie im Sommer Erntezeit war. Wenn Mehlsäcke tagaus, tagein vom Fließband rollten wie heute Volkswagen.

Zwei große Marschrichtungen der Forschung bildeten sich heraus. Die eine nahm sich die Abschaffung des Nahrungsträgers Pflanze zum Ziel, die andere die Abschaffung des Nahrungsträgers Tier.

Forschungsgruppe Nr. 1, die den Ackerbau in die Retorte verlegen möchte, erhielt ihre wichtigsten Impulse durch die Weltraumforscher. Ihre Raumschiffe sollen künftig immer länger im All bleiben. Sie werden als feste Stationen monatelang um die Erde kreisen. Sie

Glitzernde Röhrensysteme sollen den Schweinestall ersetzen. Von Neonlicht bestrahlt, wird darin ein Mastvieh von mikroskopischer Winzigkeit gezüchtet – Mikroben. In dieser Anlage in Tübingen sind es Algen, die in vierzig Minuten ihr Gewicht verdoppeln. Das ist ein Wachstumstempo, mit dem kein Haustier Schritt halten könnte. Aus dem Eiweiß der Einzeller läßt sich Kunstfleisch jeder Geschmacksrichtung herstellen.

Als dem westdeutschen Ernährungsminister Josef Ertl zwei Tellergerichte mit Kunstfleisch und mit echtem Rindfleisch zum Test vorgesetzt wurden, gab er zu: »Im Geschmack fast gleich...« Übrigens, das Kunstfleisch liegt auf dem linken Teller.

Dem Minister für Landwirtschaft schmeckte, was die Bauern überflüssig machen könnte

sollen sich auf einen Anderthalb-Jahres-Trip zum Mars machen. Wollten sie ausreichend herkömmliche Nahrung für solch lange Expeditionen mitnehmen, müßte ihnen ein Geleitzug von Versorgungsraketen folgen.

Um dieser Kalamität zu entgehen, steuerte Professor Jacob Shapira im NASA-Versuchszentrum Moffett Field (Kalifornien) eine andere Lösung an.

Was ein erwachsener Mensch vor allem braucht, sind die Kohlehydrate aus den Pflanzen. Ob man eine Scheibe Brot kaut, Kartoffelbrei löffelt oder süße Schokolade lutscht, immer geht es dem Körper letztlich um die darin enthaltenen Kohlehydrate. Sie machen 85 Prozent der Nahrung aus.

Nun bleiben die verspeisten Kohlehydrate aber nicht im Körper. Mit ihnen spielt sich ein interessanter Kreislauf ab: Der Mensch ißt die Kohlehydrate, sie verbrennen in den Zellen seines Körpers, und wie Rauch aus einem Schornstein, so kommt mit dem Atem das Verbrennungsgas Kohlendioxyd wieder heraus. Dieses Kohlendioxyd nun wird von der Pflanze aufgefangen, sie macht wieder neue Kohlehydrate daraus, die Kohlehydrate werden wieder vom Menschen gegessen ... das Ganze beginnt wieder von vorn.

Hier setzte nun Professor Shapira an. Der Mensch atmete also den wichtigsten Grundstoff für neue Nahrung selber aus. Nur gab es an Bord eines Raumschiffes keine Pflanzen, die neue Kohlehydrate daraus zu machen vermochten. Aber konnte man diese Pflanzen nicht durch einen technischen Apparat ersetzen? Konnte man nicht eine Art technischen Roggenhalm, eine künstliche Zuckerrübe, eine Anlage schaffen, die genau nach dem Prinzip der Pflanzen aus menschlichen Abfallstoffen wieder neue Nahrung machte?

In seinen Theorien sah der Forscher einen wahren Zauberapparat vor sich, ein Tischlein-deck-dich der Wissenschaft. Das Gerät sollte, mit dem ausgeatmeten Kohlendioxyd und Schwitzwasser des Astronauten beschickt, in pausenlosem Strom neue Kohlehydrate produzieren, Zucker oder Mehl ganz nach Wunsch.

So utopisch sein Vorhaben auch erschien, tatsächlich gibt es den ersten Prototyp dieses Nahrungsautomaten bereits. Er wurde im Auftrage der Weltraumbehörde NASA von der General American Transportation Corporation gebaut und ist nach Angaben von Professor Shapira »so groß wie ein Brotfach«. Die Wissenschaftler leiten die Gase Kohlendioxyd, Wasserstoff und Sauerstoff in den Apparat hinein, und auf der anderen Seite kommt eine Grundsubstanz für den Aufbau von Kohlehydraten heraus, das Formaldehyd. Die Ausbeute ist zwar noch klein – 40 Gramm pro Tag – aber zumindest im Prinzip ist damit bewiesen, daß es geht.

Mit dem Formaldehyd als Ausgangsstoff lassen sich nun schon eine ganze Menge schmackhafter Dinge zaubern. Auf diese chemische Grundsubstanz aufbauend kann man bereits dreierlei synthetisch fertigen:

■ Erstens Alkohol: Chemische Werke stellen schon heute synthetischen Alkohol (mit Formaldehyd aus Öl und Naturgas) in immer größeren Mengen für industrielle Zwecke her. Nur für den menschlichen Genuß wird Alkohol noch aus Pflanzenprodukten erzeugt.

■ Zweitens Fett: Industriereif ist beispielsweise ein Verfahren, das Formaldehyd in Triacetin zu verwan-

Pilze sind hervorragende Eiweiß-Lieferanten. In einer Versuchsstation des Max-Planck-Instituts bei Hamburg wurden Champignons gezüchtet, die so groß wie Kohlköpfe werden.

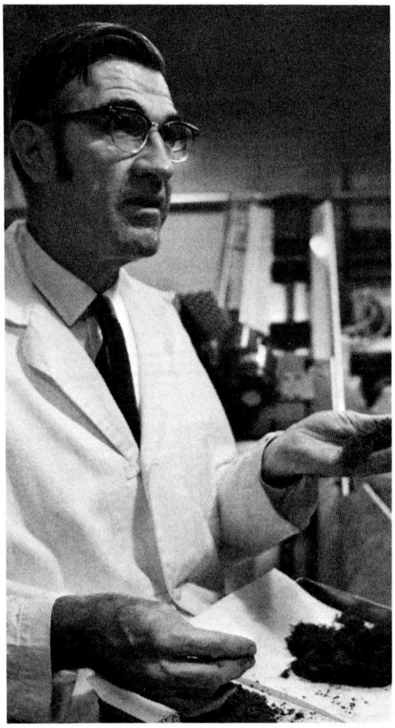

In den Pflanzen ist das Protein (Eiweiß) der Zellen von Zellstoffwänden umgeben. Forscher versuchen daher, die Wände zu zerstören. Die dann immer noch grüne Masse (hier von einem Wissenschaftler der amerikanischen Universität Wisconsin präsentiert) wird gereinigt, bis das weiße Protein übrigbleibt.

deln, in ein einfaches Fett, das jedoch möglicherweise schon zur Tiermast verwendet werden könnte.

■ Drittens Zucker: Die Esso hat eine Methode, wie sie Formaldehyd in Glycerol umwandelt – eine Substanz, süß wie Zucker und ebenso nahrhaft. Ratten und Hunde, die damit gefüttert wurden, gediehen prächtig. Bei ersten Versuchspersonen, die 20 Prozent ihrer Kohlehydrate in Form von Glycerol zu sich nahmen, gab es keine Anzeichen schädlicher Nebenwirkungen.

Aus diesen ersten synthetischen Kohlehydraten, zugegebenermaßen noch recht simpel, werden sich bald immer kompliziertere entwickeln. Tatsächlich glitzerten die ersten rein synthetischen Kristalle ganz normalen Haushalts-Zuckers, bis zur letzten biochemischen Nuance nachgebaut, bereits im Reagenzglas zweier kanadischer Forscher. Es gelang die Vollsynthese von Stärke, nicht unterscheidbar von der eines Roggenkorns. Und auch die unverdauliche Zellulose, die im Gemisch mit Stärke das Mehl ergibt, wurde im Labor künstlich hergestellt. Alles, was jetzt noch zu geschehen hat, ist nur dies: Verfahren zu entwickeln, die technisch so einfach sind, daß sie mit dem Kornfeld konkurrieren können und damit für die Industrie reizvoll werden.

Genau diese Suche nach technisch rentablen Verfahren wird inzwischen mit Hochdruck betrieben, und zwar vor allem in der Sowjetunion, den USA und in der Bundesrepublik. Das herkömmliche Kornfeld kann ungemein preiswert produzieren. Das hat einen Grund. Die Pflanze schafft Zucker, Mehl oder Stärke aus den billigsten Rohstoffen, die es überhaupt auf der Welt gibt, aus Luft und Wasser. Und sie hat sich dazu noch eine kostenlose Betriebsenergie ausgesucht, die Sonnenstrahlen. Mit Hilfe des Sonnenlichts spaltet sie das Wasser in seine Bestandteile auf und baut in komplizierten biochemischen Abläufen aus Wasserstoff und dem Kohlendioxyd der Luft die schönsten Kohlehydrate zusammen.

Ziel muß es nun sein, genau dieses Kunststück auch in der Retorte zu bewerkstelligen. Ein erster entscheidender Schritt in diese Richtung gelang 1969 dem Tübinger Pflanzenphysiologen Professor Helmut Metzner. Er konnte die »Fotolyse« der Pflanze in einem rein chemisch-physikalischen Verfahren nachahmen. In seiner Versuchsanlage beginnt sich Wasser in seine Bestandteile Wasserstoff und Sauerstoff aufzulösen, sobald Licht darauf fällt – genau wie im Blatt der Pflanze.

Die Forschungsgruppe Nr. 1 – Abschaffung des Nahrungsträgers Pflanze – hat sich damit ihrem Traumziel auf Sichtweite genähert. Doch auch Forschungsrichtung Nr. 2 – Abschaffung des Nahrungsträgers Tier – vermag mindestens ebenso dramatische Erfolge zu vermelden.

Was das Tier zu unserer Nahrung beisteuert, ist vor allem das Fleisch. Die zentrale Frage war daher: Kann man Fleisch auch künstlich herstellen, ohne Mastvieh, ohne Ochse und Schwein? Kann man ein Kotelett, so wie es in der Pfanne brutzelt, synthetisch anfertigen? Kann man eine Gänsekeule imitieren, einen Schinken im Reagenzglas nachmachen?

Alles Fleisch ist nur aus einem Grundstoff gemacht, aus Eiweiß (Protein). Von diesem Eiweiß allerdings kann es die verschiedensten Versionen geben. In der Kuh sieht es anders aus als im Huhn, in der Leber anders als in der Lende. Grund: Das Eiweiß besteht aus zwanzig verschiedenen Bausteinen – den Aminosäuren – die bei jeder Fleischsorte anders angeordnet sind.

Wer Steine hat, kann sich eine Hütte bauen oder einen Palast, eine Garage oder einen Dom. Ähnlich ist es auch mit den chemischen Bausteinen der Aminosäuren. Wer die zwanzig Aminosäuren hat, kann sich jedes

gewünschte Eiweiß in der Retorte zusammenmixen. Er muß nur wissen, wie die zwanzig Aminosäuren etwa in einem Schweinekotelett angeordnet sind, er muß sozusagen die Baupläne kennen. Dann kann er das Fleisch dieses Koteletts auch ebenso in der Retorte fertigen.

Die zwanzig Aminosäuren kann man heute in der chemischen Fabrik ladungsweise bestellen. Und wie das technische Verfahren aussehen könnte, mit dem sich daraus beliebiges Eiweiß machen läßt, das demonstriert in Tübingen der Forscher Dr. Ernst Bayer vom Institut für Organische Chemie. In der Praxis ist man jedoch auf einen solchen vollsynthetischen Aufbau von Eiweiß für Nahrungszwecke nicht angewiesen. Es ist billiger, sich dabei wenigstens zunächst noch biologischer Helfer zu bedienen. Zwei Wege bieten sich an.

Weg Nr. 1: Auch das Tier macht sich das Eiweiß, aus dem sein Fleisch besteht, nicht komplett selber. Es holt sich vielmehr das Eiweiß aus der Pflanze und baut es nur um. Beispiel: Das Protein im Weizen hat die gleichen Bausteine, die gleichen Aminosäuren wie das Fleisch eines Schweins – bis auf eine. Ihm fehlt das Lysin. Oder der Mais: Er hat Protein wie etwa das Rindfleisch auch – nur fehlen darin die Aminosäuren Lysin und Tryphtophan. Der Umbau, den das Tier vollziehen muß, besteht also nur darin, dem Pflanzeneiweiß ein oder zwei eigene Bausteine hinzuzufügen, und schon wird nahrhaftes Fleisch daraus. Für eine solch simple Sache aber braucht man eigentlich kein Rindvieh. Könnte man nicht, so fragten sich die Forscher, unter Umgehung des Mastviehs das Protein gleich aus Pflanzen herausziehen, die fehlenden Aminosäuren hinzugeben und so in der Retorte Fleisch daraus machen?

Weg Nr. 2: Unsere bisherigen Haustiere sind entsetzlich langsame Eiweißproduzenten. Sie wachsen zu langsam. Ein zehn Zentner schwerer Ochse braucht Berge von Gras, erzeugt aber an einem Tag nur ein Pfund Fleisch. Es gibt Lebewesen, die schneller wachsen. Sie sind mikroskopisch klein und bestehen nur aus einer einzigen Zelle. Aber zehn Zentner von diesen Mikroorganismen können in derselben Zeit 2500mal mehr Eiweiß erzeugen als der Ochse auf der Weide. Könnte man nicht, so fragten sich die Forscher, statt der herkömmlichen Haustiere diese Mikroben mit den fabelhaften Mastvieheigenschaften züchten und aus ihrem Eiweiß dann durch entsprechende Beigabe die verschiedensten Fleischsorten künstlich herstellen?

Man kann. Sowohl auf dem einen als auch auf dem anderen Weg sind die Entwicklungen inzwischen so gediehen, daß die Fertigung von Kunstfleisch in großem Maßstab beginnen kann.

Bereits in die Phase industrieller Verwertbarkeit eingetreten ist die künstliche Aufbereitung von Pflanzen-Eiweiß mit synthetischen Aminosäuren, so daß Eiweiß entsteht, ebenso nahrhaft wie das vom Tier. Die einfachste Methode wird in Indien angewendet. Dort reichert man Weizenmehl mit der fehlenden Aminosäure Lysin an, gibt ein paar Vitamine und Mineralien dazu und verbäckt das ganze in staatlichen Bäckereien zu dem Handelsprodukt »Modernes Brot«. Ende 1970 wurden bereits 100 Millionen derartige Brote verkauft, die praktisch Tiereiweiß ersetzen, wenn sie auch nicht so schmecken.

Doch auch dieser Mangel läßt sich abstellen. Dazu ist es allerdings nötig, das Pflanzeneiweiß in reiner Form zu gewinnen. Es muß von den Zellulose- und Stärkebestandteilen der Pflanze isoliert werden. Mit dem reinen Proteinpulver läßt sich dann auch geschmacklich ein »echtes Tierprodukt« herstellen. Das bewiesen britische Forscher augenfällig mit einem bestaunenswerten Apparat: der mechanischen Milchkuh.

An der Milchkuh zeigt sich die Umwandlungsfunktion des Tieres besonders deutlich: Man steckt auf der einen Seite Pflanzeneiweiß hinein und melkt auf der anderen Seite hochwertiges Tiereiweiß heraus. Nur ist der »biologische Umwandlungsapparat« Rindvieh nicht sehr effektiv. Er verwendet nur knapp ein Drittel der Eiweißmenge, die in dem Pflanzenfutter tatsächlich enthalten ist.

Das war ein Wirkungsfaktor, der dem britischen Wissenschaftler N. W. Pirie vom Landwirtschaftlichen Forschungszentrum Rothamsted bei London mißfiel. Er fragte sich, ob man nicht die herkömmliche Kuh durch eine »mechanische Kuh« ersetzen könne.

Sein erster Milchroboter war 1965 in Betrieb. Es war ein unförmiges Sammelsurium von Zentrifugen, Preßkammern, Rohrleitungen und Dampfsystemen, das alles fraß, selbst so nutzlose Pflanzen wie Brennesseln oder Kartoffelblätter. Die Pflanzen wurden zu Brei zerrieben und so gründlich zerkleinert, daß die harten Zellulosewände der Blattzellen aufbrachen und den Eiweiß-Inhalt freigaben. Mit komplizierten technischen Tricks wurde dann versucht, dieses Eiweiß von den anderen Blattsubstanzen zu trennen.

Das gelang zunächst nur recht unvollkommen. Die erste »Milch« der Roboter-Kuh sah noch mehr wie Spinat aus und schmeckte auch so. Doch Professor Pirie ließ sich nicht entmutigen. Auch die erste Kunst-Butter – die Margarine – habe einst scheußlich geschmeckt. Heute sei sie von normaler Butter nicht mehr zu unterscheiden.

Der Forscher behielt recht. Inzwischen ist seine mechanische Kuh industriereif. Der britische Lebensmittelchemiker Dr. Hugh Franklin konnte sie so verbessern, daß er sich mit ihrer Milch auf den Markt wagen durfte. Das Gerät, vorerst noch relativ klein, lieferte täglich eine Tonne weißer, schmackhafter Milch. Zutaten laut Dosenaufschrift: Neben dem Pflanzeneiweiß als Hauptbestandteil in genau dosierten Mengen »Fette, brauner Zucker, Meersalz, Soja-Lezithin, Kalziumphosphat und ein Extrakt aus Island-Moos«. Weitere Beigaben: Vitamin B2, Vitamin B12, Vitamin A, Vitamin D und Kalzium. Die Kunstmilch ist so nahr- und schmackhaft, daß die mexikanische Regierung den Aufbau von Fabriken beabsichtigt, in denen die Blätter von Zuckerrohr nach dem Franklin-Prinzip zu Milch verarbeitet werden sollen.

Doch nicht nur in Hungerländern sind die neuen Milch-Roboter attraktiv. Die britische Wissenschaftszeitschrift »New Scientist« mutmaßt, daß auch im satten Europa die »70er Jahre den Trend hin zur synthetischen Milch« bringen werden. Beim Verbraucher dürfte das Kunsterzeugnis kaum auf größeren Widerstand stoßen. Für viele sei schon die sogenannte »homogenisierte« Milch, die überlange haltbar bleibe, eine künstliche Angelegenheit. Und: »Von hier bis hin zu wirklich synthetischer Milch ist nur noch ein kleiner Schritt.«

Den Landwirten wiederum, so kalkuliert das Blatt, käme die neue Milch-Maschine durchaus gelegen: »Milchkühe gehören zu denjenigen Tieren einer Farm, die am meisten Ärger machen, vor allem deswegen, weil sie zweimal am Tag gemolken werden müssen, sieben Tage in der Woche, 365 Tage im Jahr.«

Wieviel besser sei der Bauer da doch mit der mechanischen Kuh dran: »Die milcherzeugende Maschine würde immer dann laufen, wenn es dem Bauern paßt; er könnte sie abstellen und Ferien machen; er könnte alles Grünzeug hineinstopfen, das maximale Ausbeute verspricht; er könnte sogar Unkraut als Rohmaterial verwenden.« Es sei daher kein Zweifel, daß die techni-

Die Nahrungserzeugung hat heute einen hohen Technisierungsgrad erreicht. Die synthetische Wurst, die im Jahr 2000 vom Fließband läuft, wird indessen noch einen zusätzlichen Pfiff haben: Sie schmeckt genau wie Wurst von heute und macht doch nicht dick.

sche Superkuh über kurz oder lang die weidenden Kuhherden von heute verdrängen werde.

Wie bei der Milcherzeugung die Kuh, so läßt sich nun in gleicher Weise bei der Fleischerzeugung das Mastvieh ausschalten. Wer will, kann schon heute die ersten durchaus schmackhaften Kunstfleisch-Sorten im amerikanischen Supermarkt an der Ecke kaufen. Da gibt es »Rindfleisch«, das keinesfalls vom Rind stammt. Da kann man Schinken kaufen, der nie etwas mit einem Schwein zu tun gehabt hat. Da werden die exotischsten Fleischsorten feilgeboten, die alle wie das Original schmecken und doch nicht im bäuerlichen Stall, sondern in der Retorte einer Fabrik gewachsen sind, bei der Archer-Daniels-Midland Company.

Die US-Firma, deren Pionierarbeit inzwischen richtungweisend geworden ist, stellt ihr Kunstfleisch aus Eiweiß her, das sie billigen Sojabohnen entzieht. Das pulverförmige Proteinmaterial wird in komplizierten Verfahren zu Fasern versponnen, damit beim Kauen der Eindruck entsteht, richtiges Fleisch zwischen den Zähnen zu haben. Wie das geschieht, beschreibt Dr. Francis Horan, Forschungsdirektor der Archer-Daniels-Midland Company: »Das isolierte Eiweiß wird in einem alkalischen Medium aufgelöst und durch eine Spinndüse geleitet. So bilden sich Fasern, die in einem Säurebad koagulieren und hierauf mittels einer Reihe von Walzen gestreckt werden, die sich mit zunehmender Geschwindigkeit drehen. Faserbündel werden mit eßbaren Binden zusammengehalten und dann mit anderen Zutaten versehen, wie Farben, Aromas, Würzen und ergänzenden Nährstoffen. Ganz nach Wunsch lassen sich Scheiben, Würfel oder Körnchen herstellen und Strukturen des tierischen Typus nachahmen.«

Immerhin, auch bei diesem Kunst-Fleisch – obwohl ungleich einfacher zu produzieren als über das herkömmliche Mastvieh – ist noch ein landwirtschaftlich hergestelltes Produkt die Ausgangsbasis, eben die Sojabohne. Aller Ackerbau aber ist abhängig von Wind und Wetter. Ihm fehlt ein wichtiges Merkmal moderner Technik: die ununterbrochene Produktion rund um den Kalender, im Winter wie im Sommer. Erst mit einer Rohstoffbasis aber, die nicht mehr durch den nächsten Wettersturm verhageln könnte, würde die Kunstfleisch-Fabrikation wirklich attraktiv.

Es war eine Entdeckung des Zufalls, die den Forschern in den letzten Jahren genau diese erträumte, witterungsunabhängige Rohstoffbasis bescherte, und zwar großartiger, als sie es sich je erhoffen konnten. Auf der Suche nach einem billigen Verfahren, aus Erdöl den Paraffin-Bestandteil herauszufiltern (der beim Dieseltreibstoff stört), kam der französische Wissenschaftler Alfred Champagnat auf die Idee, Bakterien und andere Mikroben diese Arbeit tun zu lassen. Tatsächlich fand er einige Miniwesen, die geradezu versessen waren auf das Paraffin. Sie wuchsen und vermehrten sich enorm. Schon nach wenigen Stunden hatten sie das Paraffin verzehrt und konnten in einer wäßrigen Lösung aus dem Öl herausgewaschen werden.

Beim Anblick der Paraffin fressenden Mikroorganismen, die Prof. Champagnat als weißliches Pulver aus dem Öl herausfilterte, kam ihm jedoch plötzlich eine aufregende Idee:

Meeresfarmen für Blauwale und „Cowboys" in Kleinst-U-Booten

Wenn sein Verfahren angewendet werden würde, dann mußten Millionen Tonnen solchen Pulvers anfallen. In ihm aber steckte die gefragteste Substanz unserer dem großer Hunger entgegentaumelnden, übervölkerten Welt – Eiweiß. Gab es einen Weg, dieses konzentrierte Eiweiß aus dem Rohöl in schmackhafte Nahrung umzuwandeln, dann war der Welt eine geradezu phantastische Lebensmittelquelle erschlossen. Champagnat berechnete: Jedes Jahr sprudeln 1,7 Milliarden Tonnen Rohöl aus der Erde. Mit nur 2,5 Prozent davon ließen sich 22 Millionen Tonnen Eiweiß erzeugen – ein Eiweißberg, so groß wie das ganze Eiweiß aus allen Tieren, die in einem Jahr auf der Erde geschlachtet werden.

Entschlossen ging der Forscher daran, aus dem nahezu geruch- und geschmacklosen Eiweißpulver seiner Mikroben eßbare Delikatessen zu zaubern. Er verfuhr dabei nach dem Prinzip der Archer-Daniels-Midland, er spann sein Eiweiß wie Kunstseide, färbte es, gab Aroma-Stoffe hinzu (ein wenig Glutaminsäure zum Beispiel, und alles schmeckte nach Fleisch). Aus seinen Mikroben entstanden ganze Serien beliebter Gerichte, vom »Hähnchen« bis zum »Steak«.

Mit seinen schmackhaften Kunstmenüs überrollte der Wissenschaftler anfängliche Zweifel der Direktoren des britischen BP-Ölkonzerns. Sie gaben grünes Licht für den Bau der ersten beiden Eiweiß-Raffinerien der Welt, die eine in Schottland, die andere in Südfrankreich. Die Anlagen nahmen Anfang 1971 ihre Produktion auf. Ihr Eiweißpulver wird zunächst noch als Viehfutter verwendet, solange weiterverarbeitende Großfa-

In umzäunten Meeresfarmen werden Blauwale wie Schweine gehalten. Zur Fütterung werden die Tiere ins offene Meer »auf die Weide« getrieben, bewacht von Kleinst-U-Booten.

Mit einem Fütterungstrick päppelte der deutsche Nahrungsforscher Prof. v. Sengbusch Mammut-Karpfen heran. Sie wurden in drei Jahren vierzehn Pfund schwer (normal: drei Pfund). Er gab ihnen Spezialfutter in Futterflaschen mit Baby-Schnullern.

Aus dreckigem Erdöl ganz nach Wunsch künstliche Steaks oder saftiger Schweinebraten

Ein Tropfen Erdöl – heute werden daraus die erstaunlichsten Kunststoffe gezaubert. Demnächst wird eine neue »Kunststoff-Gruppe« dazukommen: das Kunst-Fleisch. In Schottland und in Südfrankreich hat die *BP* die ersten beiden Raffinerien aufgebaut, die aus dreckigem Erdöl hochwertiges Eiweiß herstellen. Allein die Anlage bei Marseille kann jährlich soviel »Fleisch« liefern wie 80 000 Zweizentner-Schweine vom herkömmlichen Bauernhof.

Die »Landwirtschaft in der Retorte« spielt sich wie die Kunststoff-Fabrikation in technischen Anlagen automatisch ab. Hier eine *BP*-Testanlage zur Herstellung von Eiweiß aus Öl.

briken fehlen. Allein die Raffinerie in Laséra nahe der französischen Hafenstadt Marseille produziert jährlich 17000 Tonnen Eiweiß. Das ist soviel, wie 80000 Schweine liefern würden.

Die neue Landwirtschaft im Öltank, unabhängig von Wind und Wetter und fast ganz von Maschinen bewerkstelligt, fasziniert inzwischen auch andere Ölgiganten. Die Esso tat sich mit dem Schweizer Lebensmittelkonzern Nestlé zusammen. Indien betreibt eine Testanlage in Dehra Dun. Und auch in der Sowjetunion sind, wie die Moskauer Mikrobiologin Dr. Nina Gradowa offenbarte, intensive Bemühungen im Gange, ohne Stall und Schweine Fleisch im Öltank zu züchten. Der Göttinger Mikrobiologe Professor Hans Günter Schlegel schätzt: »Ich halte es für wahrscheinlich, daß man in fünfzig Jahren schon mehr Erdöl verfüttern (an Mikroben) als verbrennen wird.«

Nicht nur bei den finanzstarken Ölkonzernen bereitet sich eine neue Kunstfleisch-Industrie vor. Ähnlich mächtig dürfte innerhalb der 70er Jahre ein anderer Industriezweig werden, der ebenfalls herkömmliche Haustiere durch Mikroben ersetzt: die Algen-Mastanlage.

Die treibende Kraft beim Aufbau von Nahrungsfabriken, die Kunst-Menüs herstellen, ist die Bevölkerungsexplosion. Sie droht die Erde zum Planeten des Hungers zu machen. Jeden Tag gibt es 190 000 Menschen mehr auf der Welt.

Ehe durch synthetische Nahrung der Hunger endlich überall besiegt werden kann, werden Millionen elendiglich verhungern. Schon heute sind es jährlich Millionen.

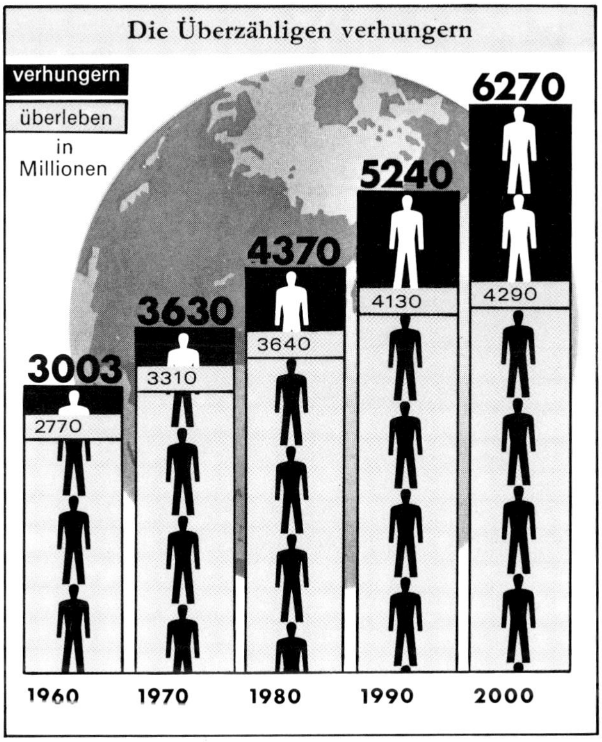

Die mikroskopisch kleinen, im Wasser existierenden Einzeller-Algen gehören zu den am schnellsten wachsenden Lebewesen der Welt. Der Tübinger Forscher Professor Metzner züchtet in beleuchteten Rohrsystemen zum Beispiel eine Algenart, die in knapp vierzig Minuten ihr Gewicht verdoppelt. Kein Haustier dieser Welt vermag mit diesem Tempo Schritt zu halten.

Die erste Fabrik Deutschlands, die solche Algen anstatt Schweine mästen wird, entsteht in Castrop-Rauxel. Ihr neues »Mastvieh« hat den klangvollen Namen Scenedesmus. Die nur ein hundertstel Millimeter großen Zell-»Schiffchen« der Scenedesmus-Alge werden in flache Wasserbecken getan. In das Wasser kommen Dünger und bestimmte Chemikalien hinein – das ist alles. Von der Sonne oder mit künstlichem Licht bestrahlt, beginnen sich die Algen dann mit unwahrscheinlicher Geschwindigkeit zu vermehren.

Einen dritten Weg zum Kunst-Fleisch »so gut wie das Tierprodukt« fand der britische McDougall-Konzern. Seine Forschungsabteilung erreichte durch Spezialfütterung, daß sich eine Pilz-Mikrobe umstellte: Statt des Pflanzen-Proteins produziert sie jetzt Tier-Eiweiß. Das neue Mastvieh – A3/5 getauft – wird in Wasserbassins gezüchtet. Es wächst rapide. Aus einem Zentner werden innerhalb von nur zwei Stunden zwei Zentner. Die erste Versuchs-Fabrik existiert bereits. Etwa um 1975 herum will die McDougall Ltd. auf den Markt gehen, »mit Produkten, die Rindfleisch, Hühnchen und Kalbfleisch gleichen oder gar als völlig neues Lebensmittel verkauft werden können.«

Aus allen diesen Entwicklungen, hinter denen potente Firmen stehen, kann der Leiter der schweizerischen Bundesanstalt für Milchforschung, Direktor B. Blanc, nur den einen Schluß ziehen: »Die Herausforderung der traditionellen Landwirtschaft durch die Einführung von synthetischen Produkten scheint sehr schnell die Form einer Provokation anzunehmen. Die Folge wird eine totale Veränderung der fundamentalen Grundlage heutiger Landwirtschaft sein.«

Das wird sie in der Tat. Beide großen Nahrungsträger sind durch neue, nichtlandwirtschaftliche Methoden ersetzbar geworden:

- Mehl, Zucker und Stärke – die Kohlehydrate der Feldfrüchte – lassen sich genausogut oder besser in den Mix-Behältern einer Fabrik herstellen.
- Schweinskotelett, Hühnerbein und Kalbsbraten – die Proteine der Haustiere – werden aus Mikroben so schnell beschaffbar wie nie zuvor.

Wozu dann aber noch mühselig einen Acker bestellen, den das nächste Unwetter vielleicht doch wieder verwüstet? Wozu dann aber noch umständlich Schweine mästen, von deren Fleisch im übrigen die Verbraucher ohnehin die Hälfte schon überhaupt nicht mehr mögen?

Nicht einmal im Preis kann der Bauernhof mit der Nahrungsfabrik konkurrieren. So ist beispielsweise das Eiweiß auf dem Umweg über das Tier mindestens zwanzigmal teurer als das Eiweiß aus ölfressenden Mikroben. Warum dann also überhaupt noch Landwirt spielen?

Anhand von konkreten Daten spekulierte der britische Wissenschaftsautor Nigel Calder bereits, wie »Landwirtschaft« nach dem Jahr 2000 aussehen könnte. All die vielfältigen, heute fast noch verwirrend erscheinenden ersten Schritte auf dem Weg hin zu synthetischer Nahrung könnten dann, so meint er, vielleicht schon zum Bau von Großanlagen für künstliche Farmerzeugnisse geführt haben, so leistungsstark, daß für die herkömmliche Landwirtschaft das Ende abzusehen sei.

Die Pflanze wird künstlich nachgebaut. Um den Trick zu durchschauen, wie Pflanzen aus Luft und Wasser etwa Zucker oder Mehl zaubern, zerlegten US-Forscher in dieser Versuchsanlage die Farbkomponenten des Blattgrüns.

Eine solche Fabrik würde von außen wahrscheinlich wie eine riesige Ölraffinerie wirken. Denn alles, was hier passiert, spielt sich in großen Tanks, Kesseln, Silos und Rohrsystemen ab, steuerbar von einem computerisierten Kommandostand und weitgehend ohne menschliches Zutun ablaufend. Der eine Teil einer solchen Fabrik wird Kohlehydrate fertigen, ein zweiter das Protein (Eiweiß), ein dritter die Zutaten wie Vitamine, die Farbstoffe und vor allem die Geschmacksstoffe. Dazu der britische Nahrungsmittelforscher Dr. Magnus Pyke: »Es stimmt, daß es heute noch nicht möglich ist, präzise analysierend alle chemischen Komponenten zu benennen, aus denen sich das Aroma etwa frischen Kaffees, soeben gebackenen Brotes oder Camembert-Käses zusammensetzt. Doch wir kennen bereits zahlreiche organische Chemikalien, die zumindest die entscheidenden Merkmale einer ganzen Reihe von verschiedenen Nahrungsmitteln besitzen. Auch sie können synthetisch hergestellt werden.«

Die Erzeugnisse der drei Grund-Abteilungen »Kohlehydrate«, »Proteine« und »Zutaten« werden über Rohrsysteme in die weiterverarbeitenden Fabrikbereiche geleitet. Da gibt es eine Anlage, die durch bestimmte Umwandlungsprozesse, alle automatisiert, die sogenannten Nährmittel herstellt – Brot, Reis, Haferflocken oder Kuchenmehl. Andere Mix-Anlagen fertigen Kunstfleisch aller Geschmacksrichtungen.

Die Fabrik kann auf der Basis ihrer Rohprodukte alles herstellen, Butter ebenso wie Margarine, Schnaps ebenso wie Essig. Sie kann ihre Grundstoffe sogar zu völlig neuartigen, attraktiven Speisen verarbeiten, die kein Bauernhof zu bieten hätte. Beispiel: Seit einigen Jahren erobert sich ein Pudding die Gunst der Frauen, der nicht mehr gekocht zu werden braucht. Kaum jemand ahnt, daß es sich bei dem Wunderpudding um ein Algenprodukt handelt. Die Nahrungsfabrik wird andere Gerichte zusammenmixen können, die ähnliche Zubereitungseigenschaften aufweisen.

Oder: Immer mehr ist Essen in der wohlgenährten Überflußgesellschaft der Industrieländer ein Genuß mit Reue. Auf den Schlemmerabend folgen Hungerkuren.

Die Nahrungsmittelfabrik kann Abhilfe schaffen. Sie maßschneidert Lebensmittel, die genau wie echte schmecken, aber nicht mehr dick machen. Der Heidelberger Systemforscher Dr. Helmut Krauch: »Ein großes Produkt der Zukunft wird die Nahrung ohne Nährwert sein. Ähnlich wie die Anti-Baby-Pille die Fortpflanzungsfunktion vom sexuellen Lustgewinn gelöst hat, wird auch beim Essen mehr und mehr die Nährstoffaufnahme vom Lustgewinn getrennt.«

Für Leute mit ausgefallenem Geschmack hat die Farm-Fabrik natürlich auch noch – teurer, versteht sich – einen Hammelbraten zu bieten, der wirklich vom lebenden Hammel stammt. Doch die Tiermastanlagen sind eine reine Luxus-Einrichtung. Ein Luxus-Artikel wird ebenso ein »echtes« Ei sein oder »echtes« Gemüse. Auf jeden Fall weiß Prof. Herbert Köbel von der Technischen Universität Berlin: »Übereinstimmende Prognosen besagen, daß im Jahre 2040 schon die Hälfte unserer Nahrungsmittel künstlich erzeugt werden.«

Die treibende Kraft wird dabei die Angst vor dem großen Hunger sein. Wie ein riesiges Raumschiff zieht

Erst dieses, mit einem speziellen »Falschfarben-Film« fotografierte Luftbild zeigt mit letzter Deutlichkeit, auf welch grausame Weise wir die schöne Erde mit Planquadraten aus Korn und Kohl verschandelt haben.

Synthetische Nahrung wird den Ackerbau von heute überflüssig machen.

Die Wüste grünt – doch erst das Menü aus der Retorte kann den grossen Hunger bannen

die Erdkugel ihre Bahn durch die Weiten des Weltalls. An Bord lag in der Vergangenheit eine relativ reiche Speisekarte aus. Passagier Mensch brauchte nur zuzugreifen.

Das ist die Situation: Auf der klein gewordenen Erdkugel drängen sich heute dreieinhalb Milliarden Menschen. Ihre Zahl steigt lawinenartig. Jeden Tag gibt es 200000 Menschen mehr auf der Welt; jedes Jahr kommen 70 Millionen neu hinzu – mehr als die Bevölkerung der Bundesrepublik. In dreißig knappen Jahren wird sich die Menschheit verdoppeln. Die Menschen, die dann zusätzlich die Erde bevölkern, könnten einen komplett neuen Planeten füllen.

Den neuen Erdball gibt es nicht. Und die Welternährungsorganisation FAO sieht dann auch schwarz: »Die nächsten dreißig Jahre stellen den kritischen Abschnitt in der Geschichte der Menschheit dar. Entweder wir ergreifen äußerste Maßnahmen, um die Ernährungsproduktion zu steigern und gleichzeitig den Bevölkerungszuwachs zu stabilisieren, oder wir gehen beispiellosen und unbegrenzten Erschütterungen entgegen.« Wichtigste dieser »äußersten Maßnahmen« nach Meinung der Welternährungsorganisation: bis zum Jahre 1985 Aufbau einer völlig »neuen Industrie zur Herstellung unkonventioneller und synthetischer Nahrung«.

Doch was so ins Leben gerufen wird, um die Welt vor der großen Kollision mit dem Hunger zu bewahren, das dürfte letztlich Auswirkungen haben, die weit über das angesteuerte Nahziel hinausreichen. Es könnte schon sehr bald gerade für die Industrienationen einen Nebeneffekt haben: das Schrumpfen des herkömmlichen Ackerbaus, der uns heute die Natur raubt.

Die Entwicklung erscheint geradezu zwangsläufig. So sind drei Viertel aller Felder heute nur deshalb bebaut, weil man Viehfutter braucht. Sie werden als erstes überflüssig. Kein Landwirt wird noch weiter Hafer ansäen, wenn er für sein Vieh zu Spottpreisen Kohlehydrate aus der Fabrik beziehen kann.

Der Wissenschaftler Calder rechnet: »Angenommen, es gäbe dreimal soviel Menschen wie heute. Und angenommen, ein Viertel der Nahrung würde weiter durch Ackerbau produziert – allerdings mit doppelten Erträgen. Dann könnten wir trotzdem noch 60 Prozent unseres gegenwärtigen Ackerlandes wieder zur ursprünglichen, romantischen Natur verwildern lassen.«

Allerdings, das wäre fast zu schön, um schon in dreißig Jahren wahr zu werden.

Diese mit Dattelpalmen bestandene Oase haben algerische Sahara-Bewohner in den heißen Sand gegraben. Die »Kraterränder« aus Strauchwerk verhindern, daß der grüne Fleck vom Sand zugespült wird. Wie hier, so hat der Mensch mit Fleiß und Phantasie der Erde überall neue Nahrung abzugewinnen versucht. Aber erst die Menüs aus der Retorte versprechen eine Welt ohne Hunger.

Weltwunder Nr. 6

Die Abschaffung aller Infektionskrankheiten: Nie mehr Schnupfen, nie mehr Grippe, nie mehr Krebs

Wo der Mensch geht und steht, ist er umlagert von den unsichtbaren Milliardenheeren der Viren, Bakterien und Protozoen. Sie verfolgen die Menschheit mit millionenfachem Leiden, mit millionenfachem Tod. Die nächsten dreißig Jahre sollen ihnen das Handwerk legen. Die Forscher sagen die Abschaffung aller Infektionskrankheiten voraus. Eine kleine Kapsel, im Arm oder im Oberschenkel unter die Haut gepflanzt, soll den Anfang bilden. Sie wird mit einem geheimnisvollen Pulver gefüllt sein. Der Name: Interferon. Entdecker: der Schweizer Mikrobiologe Jean Lindenmann (Foto). Mit Interferon im Arm werden alle Viruskrankheiten der Welt vergessen sein, werden wir nie mehr Schnupfen bekommen, nie mehr Grippe – nie mehr Krebs?

Im November 1970 wurde in den USA ein Entwicklungsauftrag an zwanzig Industriefirmen und Staatslabors vergeben, der den Bau einer Bombe besonderer Art zum Ziele hat: einer kleinen Plastik-Kapsel, die – am Arm oder am Bein unter die Haut geschoben – den Menschen mit einem Schlag von allen Virus-Krankheiten der Welt befreien soll.

Die kleine Kapsel wird mit einem weißlichen Pulver gefüllt sein. Sein Name: Interferon. Niemand hat von dem seltsamen Stoff bislang auch nur ein tausendstel Gramm in reiner Form auf einem Haufen gesehen. Aber man weiß, daß es ihn gibt. Und man weiß: Wenn es gelingt, sich dieses Stoffes zu bemächtigen und ihn in genügender Menge künstlich herzustellen, dann wird er dem Menschen eine phantastische neue Eigenschaft verleihen können. Wer dieses Interferon in einer Plastik-Kapsel im Körper trägt, dem können plötzlich die Krankheitskeime der Viren nichts mehr anhaben. Er wird für sie unangreifbar. Wie von Zauberhand werden die Erreger durch dieses Interferon abgefangen, zerstört, aufgelöst, noch ehe sie im Körper Unheil anrichten können. Man bekommt nie mehr Schnupfen, nie mehr Grippe – ein ganzes Bündel von Krankheiten, ausgelöst durch mehr als 400 verschiedene Virusarten, wird durch die eine kleine Kapsel plötzlich für immer aus der Welt geschafft.

So unglaublich es auch auf den ersten Blick erscheint, das Unternehmen »Wunderkapsel« ist keine wissenschaftliche Traumtänzerei. Nicht nur in Amerika wird es als medizinisches Vorrangprojekt betrieben. Auch in Frankreich, England und vor allem in der Sowjetunion sind Wissenschaftler damit beschäftigt, genau jene Schutzkapsel zu erfinden. Sie soll die erste aus der Reihe neuer Drogen werden, mit denen die Medizin bis zum Jahr 2000 ein Ziel erreichen will, fast zu schön, um je

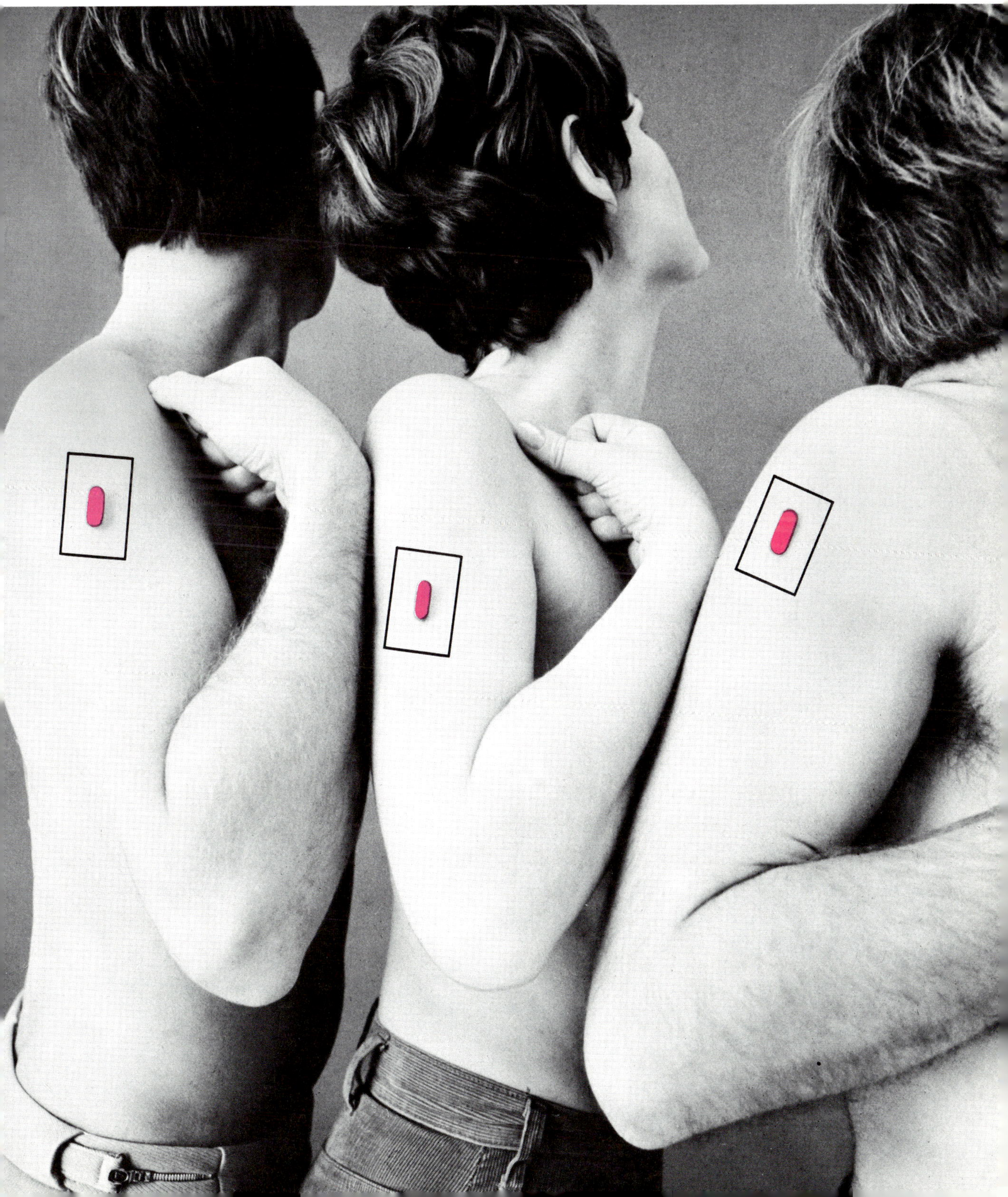

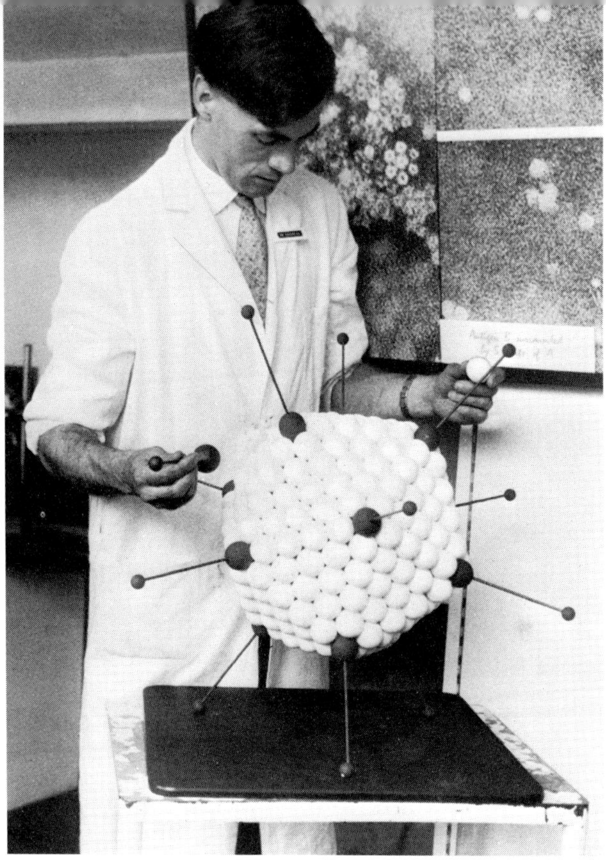

Viren sind so klein, daß sie erst durch die Elektronenmikroskope sichtbar wurden. Um sie zu studieren, bauten die Forscher sie als Modelle nach. Hier die Konstruktion eines Adeno-Virus (nach dem Mikro-Foto unten Mitte).

wahr werden zu können: die Abschaffung aller Seuchen und Infektionskrankheiten der Welt.

Ständig ist der Mensch umlagert von unheimlichen Mini-Wesen, von den unsichtbaren Milliardenheeren der Viren, Bakterien und Protozoen. Geisterhaft begleiten sie unser Leben, verschonen uns, peinigen uns, töten uns – ganz wie es ihnen beliebt. Kostbare Lebensjahre werden durch sie zur Qual. Fast ein Drittel aller Menschen in Europa, sonst gesund, müssen vorzeitig sterben, nur weil sich Mikroben in ihnen einnisten und den Körpermechanismus ruinieren. Millionenfaches Leid wäre aus der Welt geschafft, könnte der Mensch sich diese Mikrofeinde vom Leib halten.

Von Anfang an war daher der Sieg über die Mikroben eines der wichtigsten Ziele moderner Medikamenten-Chemie. Schon ihr Begründer Paul Ehrlich, der 1910 mit seinem Salvarsan die Syphilis-Angst von den Liebesnächten der Welt nahm, träumte von einer »Zauberkugel« gegen alle Infektionskrankheiten. Seine Nachfolger ließen das Traumziel nicht aus den Augen. So viele Heil-Mittel und -Mittelchen sie auch fanden, immer schwebte ihnen als Krönung ihrer Bemühungen die »Zauberkugel« vor: ein Mittel, das die feindlichen Geisterarmeen erst gar nicht in den Körper eindringen läßt; eine Substanz, die den Menschen mit einer Art unsichtbarer Plastikhülle überzieht, durch die kein Krankheitserreger mehr zu ihm vordringen kann; eine Droge, die zur schützenden Pelerine wird, zur undurchdringlichen Wand, an der die Viren, Bakterien und Bazillen abprallen wie gierige Haie an einem gläsernen U-Boot. Mit einem Wort: ein Wundermittel.

Niemand hätte erwartet, daß es ausgerechnet bei den Viren als erstes gelingen würde, die Spur eines Schutzpulvers mit genau jenen Traum-Eigenschaften zu finden. Bei keinem Krankheitserreger steht die Medizin bislang noch so hilflos da wie bei den Viren. Nur gegen einige wenige kann man vorbeugend impfen. Ein Heilmittel gibt es nicht. Wen die unsichtbaren Mikrofeinde überfallen, der ist ihnen praktisch schutzlos ausgeliefert.

Insgesamt mindestens vierhundert Viren-Arten verfolgen den Menschen mit Leid und Tod. Es gibt niemanden auf der Welt, der nicht mindestens einmal im Jahr von den Viren überfallen würde. Sie peinigen die Erdbewohner mit Schnupfen, Husten oder Bronchitis; sie werfen in einem einzigen gewaltigen Feldzug bisweilen Millionen Menschen aufs Krankenbett. Die größte Grippewelle dieses Jahrhunderts, die in den Jahren 1918/19 um die Welt ging, erfaßte 700 Millionen Menschen und brachte rund 20 Millionen um – doppelt soviel, wie im Ersten Weltkrieg fielen.

Viren zerstören die Fruchtbarkeit: Ein harmloser Mumps kann einen Mann für immer zeugungsunfähig machen. Durch Viren kommen jährlich Hunderttausende von Kindern tot oder mißgestaltet zur Welt: Eine Rötelinfektion der Mutter ist der Grund. Viren kriechen ins Zentralnervensystem und verursachen die Kinderlähmung. Viren zerstören die Leber (infektiöse Hepatitis). Viren greifen das Gehirn an (Encephalitis). Viren verbreiten das gefürchtete Gelbfieber. Viren sind nach neuesten Entdeckungen eine Ursache für die grausamste Weltseuche überhaupt – den Krebs.

Modelle und Mikro-Fotos standen am Anfang der grossen Schlacht gegen die Milliardenheere der Viren

Bei dem Versuch nun, der bizarren Vielfalt der Viren mit Giften und Drogen zu begegnen, sahen sich die Wissenschaftler von vornherein einer Schwierigkeit gegenüber. Die meisten sonstigen Mikroben sind relativ große, recht komplexe Organismen, die sich in der Regel im Körper einnisten, ohne in die Zellen einzudringen. So sind beispielsweise die Protozoen der Amöbenruhr regelrechte Einzellerwesen, die sich völlig selbständig ernähren. Außerhalb der Zellen existieren auch die nächstkleineren Gebilde, die Bakterien, etwa der Lungenentzündung. Und das macht sie verwundbar. Mit den Sulfonamiden und dem Penicillin gelang es, diese Fremdgebilde zu töten, ohne die Körperzellen dabei zu beschädigen.

Die Viren nun aber, die kleinsten der Erreger, siedeln nicht außerhalb, sondern innerhalb der Körperzellen. Sie bestehen meist nur aus einem kleinen Fädchen Erdmaterial und einem dünnen Eiweißmantel drumherum. Für sich allein können sie nicht leben. Solange sie sich außerhalb eines Organismus befinden, sind sie wie tote Materie. Erst in einer lebenden Zelle erwachen auch sie zum Leben: Sie übernehmen die Kommandogewalt und lassen die Zelle neue Viren anfertigen.

Jeder Versuch, die Viren mit Chemikalien im Körper zu vernichten, scheitert an dieser Verquickung von Zelle und Virus. Eher wurden die Körperzellen zerstört, als daß die Eindringlinge per Pille erreicht werden konnten. Wohl oder übel mußten die Wissenschaftler mit breiter Grundlagenforschung beginnen, in der Hoffnung, irgendwo vielleicht doch eine verwundbare Stelle zu finden.

An dieser Auslotung der Grundlagen beteiligte sich auch der Züricher Mikrobiologe Jean Lindenmann. Sein experimenteller Ansatz sah auf den ersten Blick recht abwegig aus.

Bisweilen kommt es vor, daß ein Kind gleichzeitig an Windpocken und Masern erkrankt. Dabei zeigt sich etwas Seltsames. Die Masern röten nicht die ganze Haut. Vielmehr lassen sie um jede Windpockenpustel einen hellen Hof.

Den meisten Forschern erschien das recht logisch. Wo ein Virus siedelte, da konnte sich eben kein zweites mehr niederlassen. Auf einer dichtbestandenen Wiese wächst schließlich auch kein Korn mehr.

Der junge Wissenschaftler Lindenmann wollte sich jedoch mit dieser Feld-und-Wiesen-Theorie nicht un-

Grippe wird durch Viren erzeugt, die unter dem Spezial-Elektronenmikroskop wie Tennisbälle aussehen.

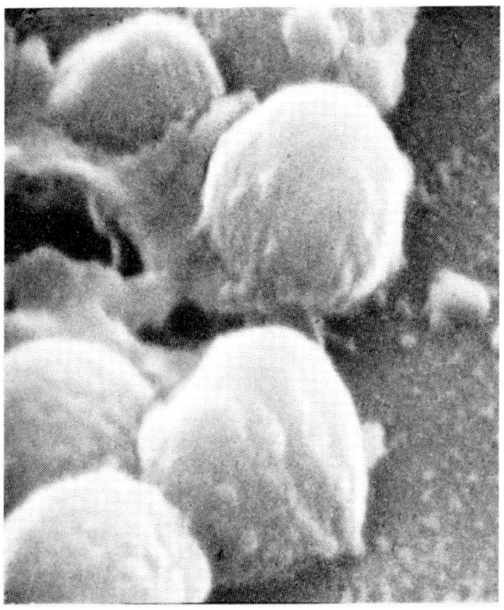

Krebs kann – zumindest bei Tieren – durch Viren dieses Typs hervorgerufen werden, durch die Adeno-Viren.

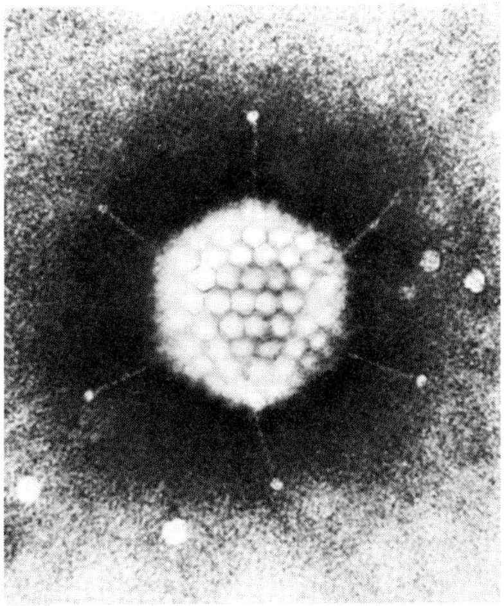

Die Kinderlähmung entsteht durch diese harmlos aussehenden Murmeln, durch die Polio-Viren.

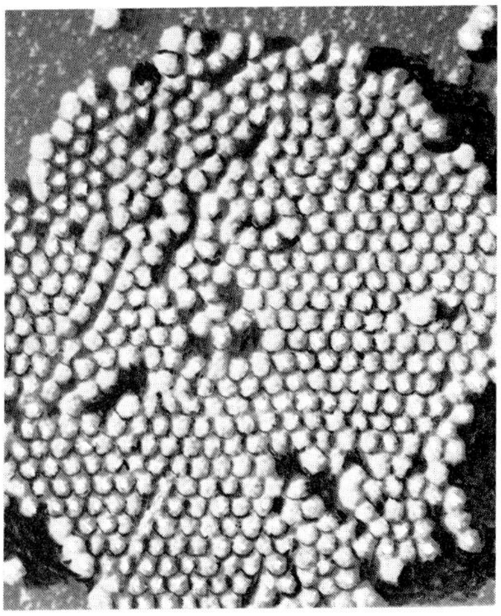

geprüft zufriedengeben. Er beschloß, einmal zu ergründen, ob es wirklich nur an den Platzverhältnissen lag, daß nie zwei verschiedene Virus-Typen in einer Zelle siedelten. Er konnte damals, 1956, nicht ahnen, daß ihn diese Neugierde auf die Spur einer Erkenntnis führen würde, die heute zu einer der wichtigsten Entdeckungen der neueren Medizingeschichte zu werden verspricht.

Was Professor Lindenmann unternahm, war dies: Er ließ ein Hühnerei zehn Tage lang anbrüten und spritzte dann dem darin befindlichen Küken-Embryo nacheinander zwei verschiedene Viren-Arten ein. Dabei stellte er jedoch in einem raffinierten Verfahren sicher, daß jede Virus-Sorte immer nur eine Hälfte einer Embryo-Zelle als Lebensraum erhielt. Beide hatten also gleich viel Platz. Beide mußten sich, so kalkulierte der Forscher, also auch gleich gut entwickeln, wenn die Theorie stimmte.

Doch Professor Lindenmann erlebte eine Enttäuschung. Als er nach einigen Tagen den Embryo aus dem Hühnerei herauspolkt und nach seinen Viren sucht, sind sie einfach nicht wiederzufinden.

Zunächst argwöhnt Lindenmann, daß er irgendwo einen Fehler begangen habe. Er wiederholt das Experiment mehrere Male. Ergebnislos. Schließlich gibt er auf. Ein Mann steht vor einer Erkenntnis, die vielleicht einmal zu den segensreichsten Entdeckungen der Menschheitsgeschichte überhaupt zählen wird. Aber er sieht sie nicht. Entmutigt durch seinen Fehlschlag wendet er sich anderen Forschungen zu. Das erregende Experiment scheint beendet.

Etwa ein Jahr später erhält der junge Wissenschaftler eine seltene berufliche Chance. Er darf für ein Jahr an dem berühmten National-Institut für Medizinische Forschung in Mill Hill bei London arbeiten. Und hier nun arrangiert der Zufall ein entscheidendes Treffen.

In der Kantine des Forschungs-Hochhauses landet Lindenmann eines Tages am Tisch eines Engländers, der sich als »Isaacs« vorstellte. Der Name wird im Englischen »Eisäcks« ausgesprochen. Der deutschsprachige Jean Lindenmann registrierte daher gar nicht, wen er wirklich vor sich hat: Professor A. Isaacs, einen der wichtigsten Virusforscher der Welt.

Höflich erkundigt sich der Engländer, was denn der Schweizer Kollege bisher alles so gemacht habe. Lindenmann berichtet. Als er von seinem verkorksten Virus-Experiment erzählt, wird sein Tischnachbar plötzlich interessiert. Er will Einzelheiten wissen. Lindenmann gibt sie ihm. Aber, so gesteht er, seine Arbeit sei nur eine Stippvisite auf jenem Forschungsgebiet gewesen. Der wirklich beste Mann für die Virus-Interferenz sei ein gewisser »Isaacs« (deutsch ausgesprochen). Lindenmann heute: »Sie hätten das Schmunzeln des Professors sehen müssen, als er mir klarmachte, wen ich vor mir hatte – eben jenen gewissen Isaacs!«

Professor Isaacs ist so an dem Experiment interessiert, daß er dem Schweizer Kollegen anbietet, es mit den besseren technischen Möglichkeiten des britischen Forschungsinstituts noch einmal zu wiederholen. Hier in Mill Hill gäbe es schließlich ein Elektronen-Mikroskop, mit dem man nachsehen könne, was da wirklich passiert sei.

Gegen die unsichtbaren Mikrofeinde, mit denen die Virusforscher in ihren Labors umgehen müssen, schützen sie sich mit Masken. Allein für Schnupfen und harmlose Erkältungen gibt es mehr als hundert verschiedene Virustypen. Daher ist ihnen mit Impfungen nicht beizukommen. Erst Interferon könnte die Viren besiegen.

Aber auch im Elektronen-Mikroskop zeichnet sich eine Pleite ab: Die Fotos, die man damit macht, werden einfach nichts. Als ob ein geheimnisvolles Sandmännchen durch das Bild gewandert wäre, sind alle Einzelheiten von einem grauen, schmuddeligen Schleier verdeckt. Es ist unmöglich, darauf virale Details zu entdekken. Lindenmann: »Wir waren so enttäuscht, daß wir die Fotos wegwarfen.«

Erst ganz langsam dämmert den beiden Männern, daß es vielleicht gar nicht an ihrer Foto-Technik liegt, wenn sie nur Schmuddel-Bilder bekommen.

Was, wenn dieser graue Schimmer ein Stoff war, der die Viren vernichtete, sie auflöste, so daß man deswegen keine Spur mehr von ihnen finden konnte?

Die Forscher werden von Entdecker-Unruhe gepackt. Nächtelang hocken sie im Labor. Experiment reiht sich an Experiment. Schließlich haben sie die Bestätigung für ihre aufregende Vermutung: Wo der seltsame Schmuddelstoff ist, kann sich kein Virus mehr entwickeln. Ein paar Krümel davon, und die gefürchteten Feinde des Menschen zergehen, sind machtlos, lösen sich auf. Die Forscher geben der Substanz den Namen Interferon.

Innerhalb weniger Wochen können die beiden Wissenschaftler das ganze System enträtseln, das hinter dem seltsamen Virusgift Interferon steht. Sie erkennen, daß sie auf einen körperlichen Abwehrmechanismus gestoßen sind, von dem bisher noch niemand auf der Welt eine Ahnung hatte.

Bisher wußte man nur: Um sich eindringender Viren zu erwehren, erzeugt ein Organismus sogenannte Antikörper. Sie vernichten die Krankheitserreger. Aber ehe es zur Antikörperbildung kommt, vergehen Tage, manchmal sogar Wochen. Und in dieser Zeit toben sich die Viren im Körper aus. Sie werden bisweilen so übermächtig, daß der Körper ihnen nicht mehr gewachsen ist: Der Erkrankte stirbt.

Nun aber zeigt sich: Die Antikörper sind nicht die einzige Abwehrfront gegen Viren. Lange bevor sie überhaupt gebildet sind, entsteht schon eine erste Not-Barriere. Dringt irgendwo ein Virus in den Körper ein, produzieren die attackierten Zellen innerhalb von Stunden eine vernichtende Schutzsubstanz, das Interferon. Erst wenn es den Viren gelingt, diese Mauer niederzuwalzen, wird der Mensch krank.

Als die beiden Forscher ihre Entdeckung zum ersten Male veröffentlichten, brach sofort ein Sturm von Spekulationen los. Die Sache schien ganz einfach: Man brauchte doch nur die Interferon-Mauer des Körpers künstlich zu erhöhen, und kein Virus würde dem menschlichen Körper mehr etwas anhaben können. Jeden Morgen zum Frühstück eine Interferon-Pille, und man würde durch ein Meer von Viren gehen können, ohne je krank zu werden.

Schon bald aber zeigte sich, daß die Hoffnungen verfrüht waren. Der Versuch, eine Interferon-Pille zu schaffen, gestaltete sich schwieriger als gedacht. Wollte man den aus Eiweiß bestehenden Schutzstoff nachbauen, brauchte man eine »Vorlage« von mindestens einem halben Gramm natürlichem Interferon. Die Beschaffung genau dieser ersten Messerspitze voll Virengift wurde zum Problem.

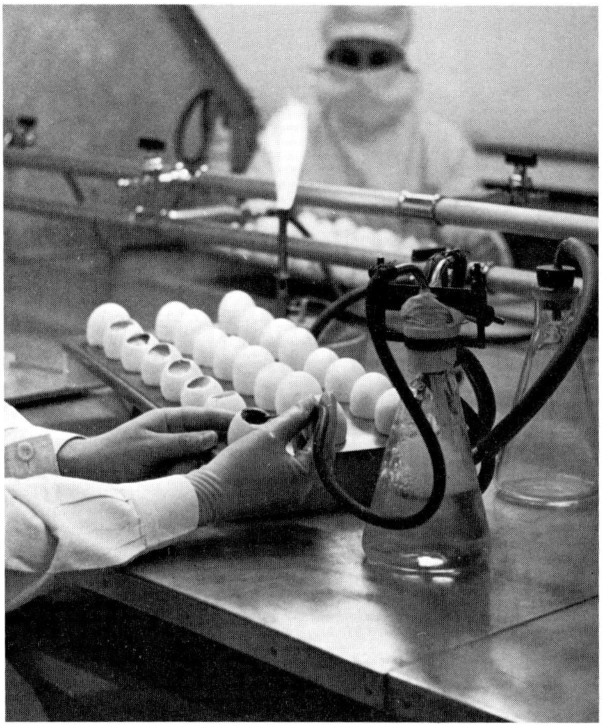

Die Forscher züchten die Viren für ihre Experimente meist in zehn Tage lang angebrüteten Hühnereiern. Der Zufall half Prof. Lindenmann bei der Entdeckung des Interferons als Schutzstoff gegen Viren.

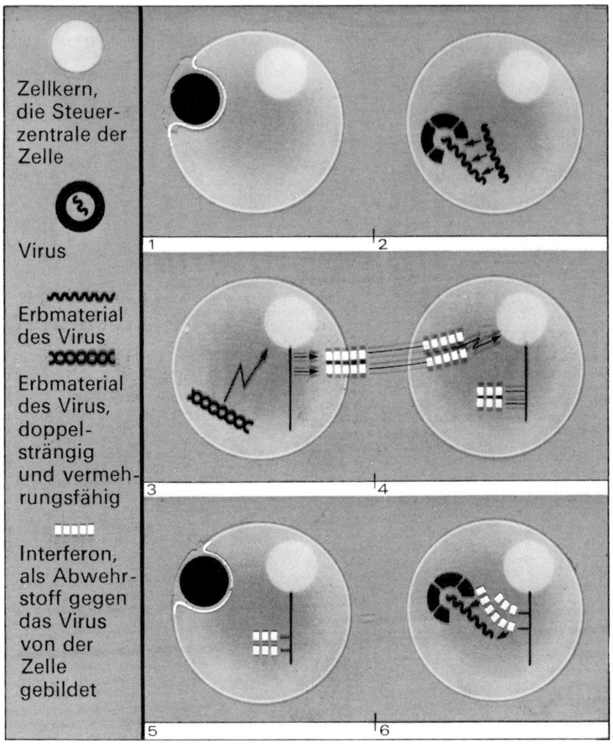

Das Virus ist ein Schmarotzer. Es dringt in die Zelle (1) ein, gibt sein Erbmaterial hinein (2) und formt einen neuen doppelsträngigen Erbfaden (3), der sich vermehren kann. Das alarmiert den Zellkern. Er läßt eilig den Schutzstoff Interferon fertigen. Diese Zelle ist nicht mehr zu retten. Aber sie warnt Nachbarn (4) mit Interferon, die dadurch neue Viren bereits mit Interferon empfangen (5). Es blockt die Viren ab (6), verhindert ihre Vermehrung. Bisweilen jedoch überrollen die Viren die flache Mauer aus Interferon: Man wird krank. Deshalb soll die Schutzmauer nun mit künstlichem Interferon aufgestockt werden.

Natürlich konnte man das Interferon aus Tieren herausfiltern. Aber das führte nicht weiter. Langwierige Versuche zeigten, daß tierisches Eiweiß beim Menschen nicht wirkt. Es schlägt nicht an, selbst wenn es von einem so nahen Verwandten wie dem Affen kommt.

Das Interferon aber aus dem Menschen selbst zu gewinnen, war fast ebenso unmöglich. Es kommt nur in Spuren von ein paar millionstel Gramm vor. Wie sollte man sie herausfiltern? Man konnte schließlich schlecht Berge von Toten chemisch verarbeiten, um an ihren eventuellen Interferon-Gehalt heranzugelangen.

In dieser Situation kam nun jedoch ein Durchbruch aus einer anderen Richtung, aus der niemand ihn erwartet hatte. Auf einer Südamerika-Reise hatte der amerikanische Virologe Nobelpreisträger Richard Shope die ganz private Entdeckung machen müssen, daß in seiner Brieftasche das Bild seiner Frau von einem tropischen Schimmelpilz angeknabbert worden war. Den Wissenschaftler interessierte, wer es wagte, sich seiner Frau gegenüber derart respektlos zu benehmen. Er kratzte den Schimmelpilz ab, züchtete ihn im Reagenzglas weiter und untersuchte seine Eigenschaften. Hervorstechendstes Merkmal: Der Pilz schien den Viren nicht zu behagen. Er hemmte ihr Wachstum. Hoffnungsvoll taufte Professor Shope den Pilz nach seiner Frau Helen auf den Namen Helenin – was an das Penicillin erinnern sollte, die erste wirksame Waffe gegen Bakterien.

Die Hoffnung erfüllte sich nicht. Das Helenin wurde kein Penicillin. Doch es gab Wissenschaftler, die dennoch weiter damit experimentierten. Dabei zeigte sich,

daß nicht der Pilz selber die Viren attackierte. Was er tat, war nur dies: Er regte die Zellen zur Interferon-Bildung an.

Nicht einmal der ganze Pilz war dafür nötig. Noch genauere Analysen zeigten, daß der eigentliche Wirkstoff ein ganz bestimmter Bestandteil der Pilzzellen war, die sogenannte doppelsträngige Ribonukleinsäure (RNS). Immer, wenn eine Zelle mit dieser RNS zusammenkam, sprang prompt der Interferon-Mechanismus an.

Durch die Labors ging ein Aufatmen. Mit RNS kannte man sich aus. Davon hatte man genug. Endlich konnten großangelegte Experimente beginnen. Zwar hatte man nicht das Interferon-Pulver selbst. Aber man hatte den Schalter, mit dem sich die körpereigene Interferon-Produktion nach Belieben anknipsen ließ. Das war ein Grund zum Optimismus.

Hunderte von Versuchsreihen wurden gestartet. Tausende von Tieren wurden durch die Hölle der Virus-Infektionen geschickt. Fast dreizehn Jahre nach der Entdeckung des Interferons begannen schließlich die Ergebnisse dieser Experimente in immer kürzeren Abständen die Wissenschaftsblätter der Welt zu füllen. Es waren Erfolgsmeldungen, die zum aufregendsten gehören, was sich seit langem in der Medizin tat.

Aus dem Merck-Institut for Therapeutic Research in West Point (Pennsylvania) meldet die Forschergruppe um Dr. Maurice Hilleman: Mäusen Schimmelpilz-RNS eingespritzt; die Tiere einige Stunden später mit Viren infiziert, die eine normalerweise tödliche Hirnhautentzündung auslösen. Erfolg: 73 Prozent der Mäuse überlebten. In einem anderen Versuch RNS in die Nase geträufelt; dann die Mäuse mit Viren traktiert, die eine tödliche Lungenentzündung hervorrufen. Erfolg: 90 Prozent am Leben.

Im National Institute of Infectious Diseases in Bethesda (Maryland) finden Dr. Samuel Baron und Dr. John Park heraus, daß es auch mit synthetisch hergestellter Doppelstrang-RNS geht. Sie träufeln Kaninchen Herpes-Viren in die Augen und behandeln sie danach mit Kunst-RNS. Die Tiere sind einige Tage später wieder völlig gesund.

Dann entdecken die Wissenschaftler, daß es nicht einmal RNS sein muß, die in reiner Form schwierig zu beschaffen ist. Ein chemisch hergestellter Stoff – Poly I:C benannt – kurbelt die Interferon-Produktion genauso

Dieses ungewöhnliche Mikrofoto zeigt, wie ein Virus von einer Zelle in die andere überwechselt. Erst einmal eingedrungen, entmachten die Viren den Zellkern, die Steuerzentrale der Zelle. Sie geben von dort Befehl, neue Viren zu produzieren. Die Zeichnung zeigt einen Schnitt durch einen so besetzten Zellkern (das große Gebilde im Kern ist der Nukleolus, wahrscheinlich ein Vorratslager).

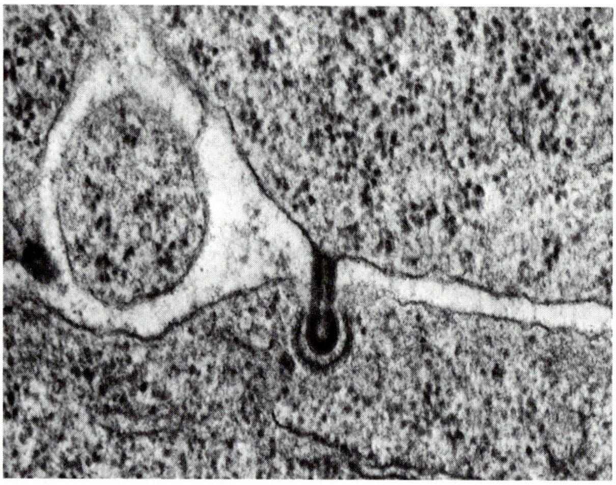

an. Virus-infizierte Versuchstiere werden dadurch oft im Handumdrehen wieder gesund. So impft Professor Paul Fenje von der Universität Toronto einer ganzen Serie von Kaninchen gleich die 25fache Menge einer sonst tödlichen Dosis Tollwut-Viren ein. Dann gibt er den Tieren drei Stunden später Poly I:C. Sie überleben alle.

Insgesamt testen die Wissenschaftler innerhalb weniger Jahre die Wirkung des Poly I:C bei mehreren Dutzend Viren-Arten, manchmal mit mehr, manchmal mit weniger Erfolg. Aber immer können sie beobachten, daß der Interferon-Mechanismus anspringt.

Schließlich wagen erste Forscher vorsichtige Versuche an Menschen. In der Frankfurter Universitäts-Augenklinik träufelt Professor W. Doden einigen Patienten, die an schwerer viraler Augenentzündung (Herpes simplex) leiden, mehrere Tage hintereinander eine schwache Lösung Poly I:C ein. Den gleichen Versuch unternimmt die Universität Siena (Italien). Beide Institute melden: Die Augenentzündung verschwindet.

In menschlichen Zellkulturen zeigt sich, daß sich mit Poly I:C offenbar besonders erfolgreich Interferon gegen Grippe und Erkältungskrankheiten stimulieren läßt. Dr. Hill und Dr. Baron vom US-National-Institut für Infektionskrankheiten gewinnen Freiwillige für erste Tests.

Zunächst werden acht Freiwillige mit dem Rhinovirus 13 infiziert, das bei entsprechend kühler Temperatur eine gewöhnliche »Erkältung« der oberen Atemwege hervorruft. Dann träufeln die Forscher den Versuchspersonen eine Lösung Poly I:C in die Nase.

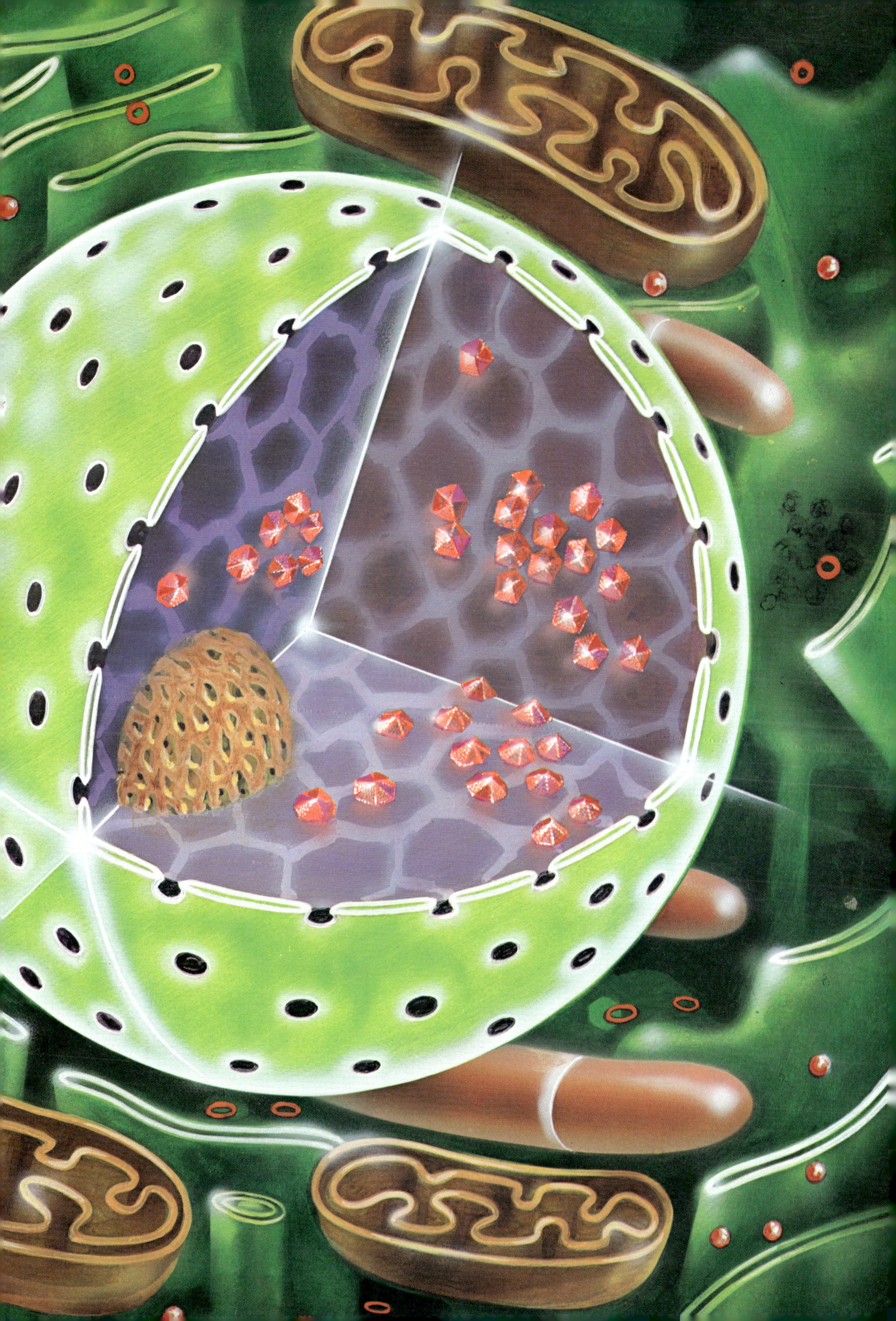

Wenn die Patienten noch nichts ahnen, entdeckt die Diagnose-Röhre schon ihre kommenden Leiden

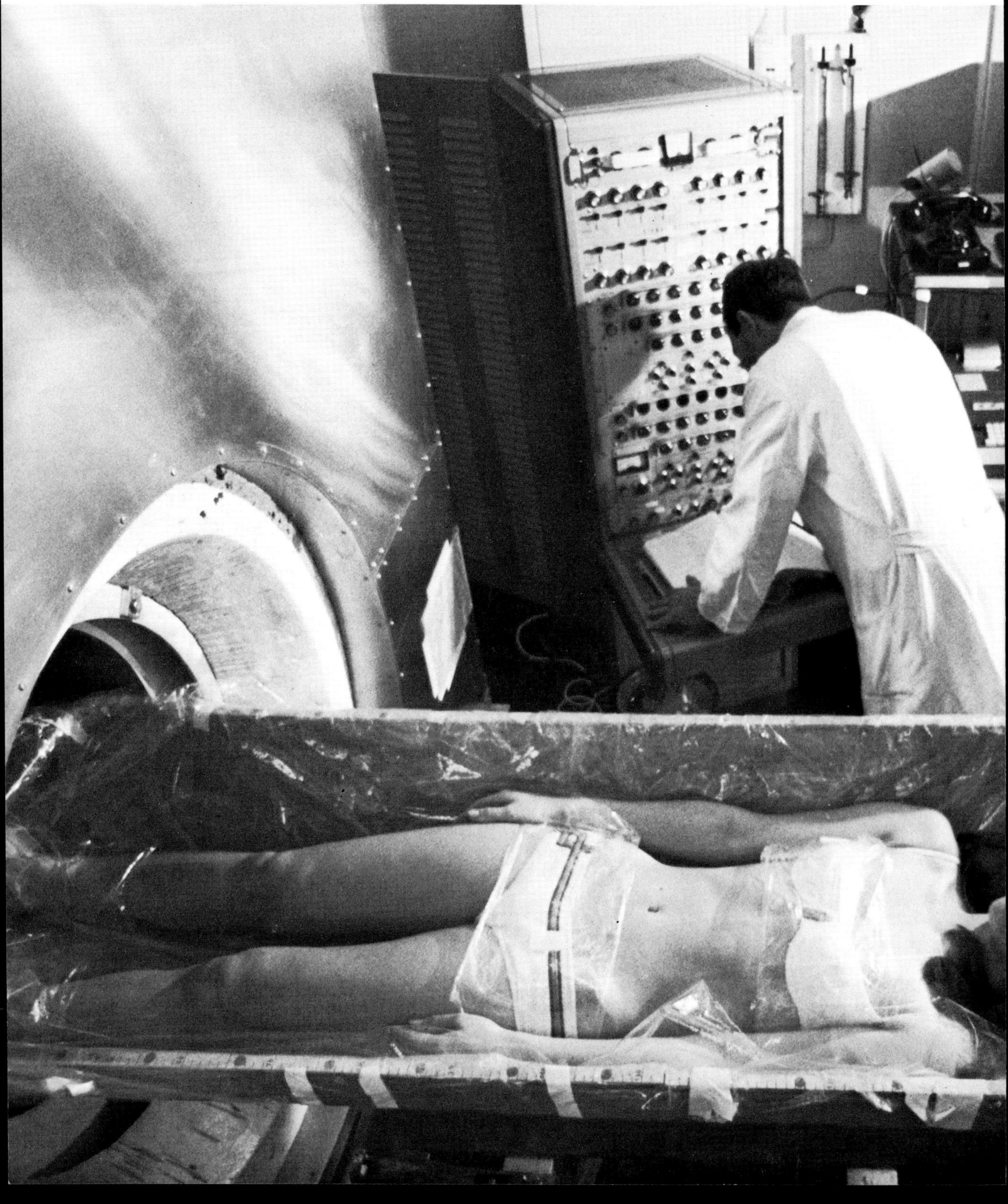

Universitätsklinik Hamburg. Eine Patientin wird zur Untersuchung in eine neuartige Diagnose-Röhre geschoben. Die Frau hat eine schwach radioaktive Substanz geschluckt. Der Radio-Cocktail in ihrem Körper sendet Strahlensignale aus, die in der Röhre von Elektronenaugen aufgefangen und analysiert werden. Neunzehn verschiedene Krankheiten lassen sich mit dem Gerät oft schon Jahre vor ihrem offenen Ausbrechen entdecken. Im Jahr 2000 wird eine solche Inspektion des Körpers so üblich sein wie heute die Auto-Inspektion.

Erfolg: Während Kontrollpersonen fast durchweg erkranken, erkältet sich von den Poly I:C-Behandelten nur einer, und auch der nur ganz schwach.

Neun andere Freiwillige werden mit dem Virus der Hong-Kong-68-Grippe infiziert. Dann wird auch ihnen Poly I:C als Nasenspray verabreicht. Vier erkranken leicht, die andern merken gar nichts. Daß überhaupt Versuchspersonen die Grippe bekommen, liegt nach Meinung von Dr. Hill daran, daß Grippe-Viren im tieferen Atmungstrakt siedeln, die Nasentropfen aber nur den oberen Bezirk erreichen.

Vollends in Aufregung geraten die Wissenschaftler, als gleich mehrere Labors triumphierend vermelden: Interferon besiegt offenbar selbst eine der schlimmsten Krankheiten, die es heute überhaupt noch gibt – den Krebs.

Seit der Amerikaner Peyton Rous 1911 zum ersten Male entdeckte, daß Viren in Küken eine bestimmte Form von Krebs hervorrufen, hat der Verdacht die Wissenschaftler nicht mehr losgelassen, daß auch beim Menschen Viren die tödlichen Erreger sein könnten. Inzwischen ist aus der Befürchtung eine Gewißheit geworden. Dr. Frank Rauscher vom Nationalen Krebsinstitut in Amerika: »Noch bis vor kurzem versuchten wir herauszubekommen, ob Viren Krebs erzeugen. Heute ist nur noch die Frage, wie viele Viren Krebs erzeugen.«

Es scheinen sehr viele zu sein. In Tierversuchen konnten bisher mehr als 80 Krebs-Viren identifiziert werden. Beim Menschen sind es kaum weniger.

Die Ärzte stehen diesen Heerscharen von Krebs-Erregern bis heute praktisch hilflos gegenüber. Bei wem sie die Überhand bekommen, der ist in den meisten Fällen über kurz oder lang zum Tode verurteilt. Nun wird Interferon zur neuen Hoffnung. Zumindest immer dann, wenn Viren den Krebs ausgelöst haben, scheint es die Krankheit verhindern und vielleicht sogar heilen zu können. Bei neun verschiedenen Krebsarten haben die Wissenschaftler das Interferon im Tierversuch ausprobiert. In jedem Fall wurde die Entwicklung der Tumoren unterdrückt. So spritzen Dr. Hilton Levy und Dr. Alan Rabson von den US-Forschungsanstalten (National Institutes of Health) Mäusen das menschliche Adenovirus 12 (MT_1) ein. Normalerweise entwickelt sich dadurch in den Tieren eine dicke Krebsgeschwulst, die innerhalb von sechs Wochen zum Tode führt. Als die Ärzte jedoch künstlich die Interferon-Produktion

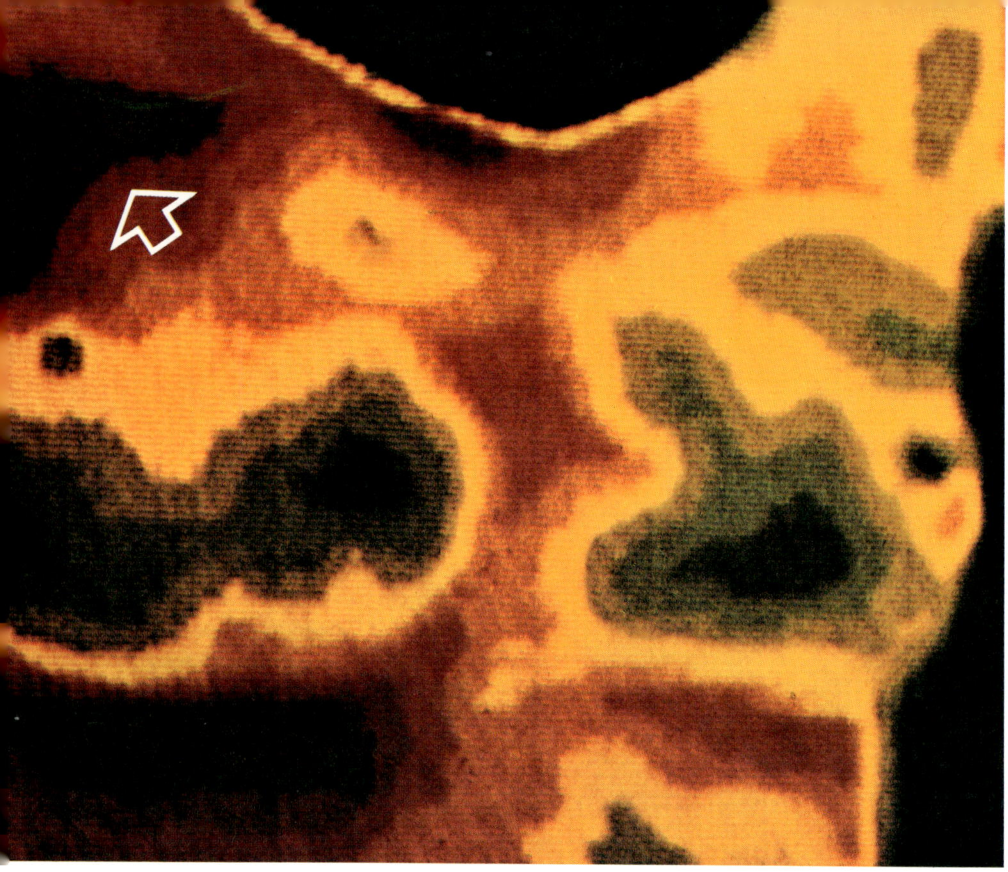

Mit völlig neuen Methoden wird es möglich, die Krankheit schon zu entdecken, noch ehe sie wirklich da ist. So benutzen schwedische Forscher zur Früherkennung von Brustkrebs eine Kamera, die Wärmeunterschiede registriert. Wo es tiefrot aufleuchtet, sitzt die Krebs-Geschwulst (Pfeil).

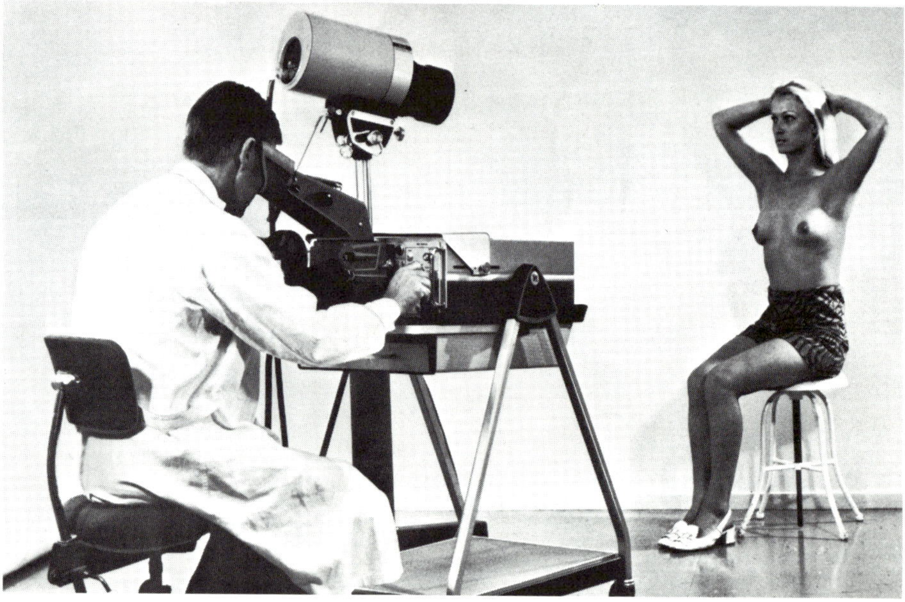

anregten, löste sich der Tumor plötzlich auf. Alle behandelten Tiere überlebten die Sechs-Wochen-Frist.

Selbst bei Blutkrebs (Leukämie) schlägt Interferon an. In Frankreich filterte Dr. Ion Gresser vom Institute Gustave Roussy in mühevoller Arbeit aus Mäusen ein paar tausendstel Gramm Interferon heraus. Den Virus-Hemmer spritzte er leukämiekranken Tieren ein. Die Dosierungen waren so gering, daß er selbst an einem Erfolg zweifelte. Tatsächlich aber ging der Blutkrebs zurück. Ähnlich verliefen Versuche in der Universitätsklinik Cleveland (Ohio).

Im New Yorker Sloan-Kettering-Institut stellten sich daraufhin vier Todeskandidaten für die erste nicht mehr nur äußerliche Behandlung mit Poly I:C zur Verfügung. Es waren Patienten mit fortgeschrittenem, unheilbarem Krebs. Das Poly I:C wurde ihnen in die Venen eingespritzt. Dann überprüften die Ärzte, ob sich Interferon im Blut bildete.

Obwohl die Dosierung so minimal wie möglich gewählt wurde, zeigte sich zweierlei,

erstens, daß bei zwei Patienten der Interferonmechanismus tatsächlich angekurbelt wurde und

Dieser Mann wirkt, als würde er für einen Horrorfilm herausgeputzt. Doch es ist die unter Umständen lebensrettende Schminke einer neuen medizinischen Diagnose-Technik. Die Haut wird zunächst mit Kohle geschwärzt. Dann bestreichen die Ärzte sie mit einer Kristallflüssigkeit, die klar wie Wasser aussieht. Innerhalb von Sekunden beginnen sich die Kristalle jedoch zu verfärben. Zuerst werden besonders warme Hautpartien blau, dann leuchten kühlere Stellen rot auf. Falsche Farben am falschen Ort können den Ärzten krankhafte Vorgänge im Körper signalisieren – einschließlich Krebs.

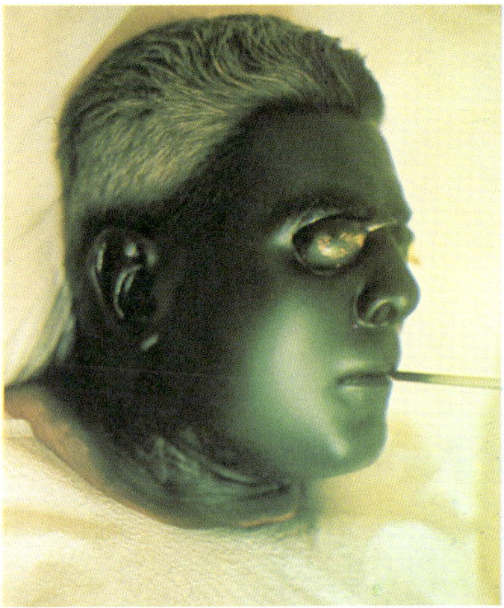

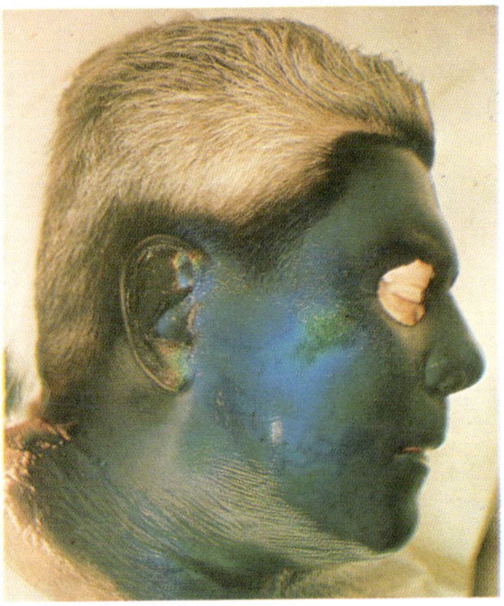

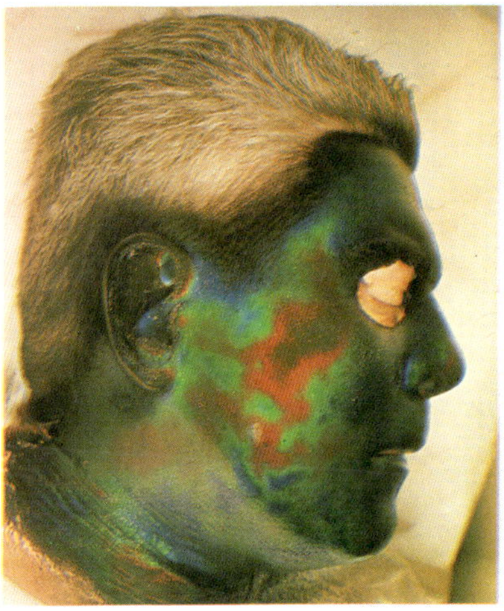

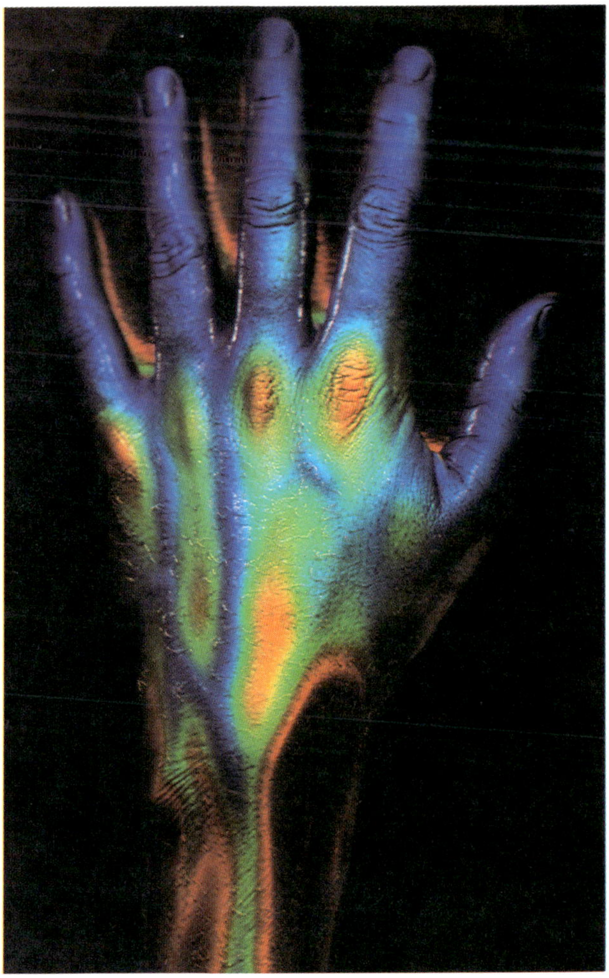

zweitens, daß die allgemein-giftigen Eigenschaften des Poly I:C doch zu groß waren, als daß man es in ausreichend großen Mengen den Patienten ins Blut geben könnte.

Die dramatischen Erfolge im Tierversuch und der »günstige Eindruck in bezug auf therapeutische Ergebnisse« (Interferon-Forscher Ion Gresser) bei den ersten Tests am Menschen führten dazu, daß Interferon Ende 1970 offiziell zu einem Schwerpunkt-Programm der amerikanischen medizinischen Forschung erklärt wurde. Ähnlich wie bei Großunternehmungen in der Technik wurden an eine ganze Gruppe von Firmen und Staatslabors gezielte Entwicklungsaufträge vergeben. Die Koordinierung und Federführung liegt in den Händen des Nationalen Instituts für Allergie und Infektionskrankheiten in Bethesda (Maryland).

Dabei werden zwei Hauptrichtungen verfolgt. Erstens wird man versuchen, bessere Interferon-Lockstoffe als das Poly I:C zu entwickeln. Zweitens soll nun der gezielte Versuch gestartet werden, das Interferon selbst künstlich herzustellen, damit es dem Körper in jeder erwünschten Menge und ohne sein Zutun zugeführt werden kann.

Der Weg zu neuen Interferon-Anregern scheint geöffnet, seit Wissenschaftler der Merril Company in Cincinnati (Ohio) eine recht einfache Chemikalie – das Tiloron – entdeckt haben, die zumindest im Tierversuch so wenig giftig auf den Körper wirkte, daß sie in Tablettenform geschluckt werden kann. Was die Forscher an der neuen Substanz besonders freut, ist ihre simple Struktur. So können sie hoffen, daraus durch gezielte

Diese weiße Maus gab den Forschern Hoffnung, daß mit Interferon selbst die fürchterlichste Seuche unserer Zeit bekämpft werden könnte – der Krebs. Das Tier hatte eine normalerweise tödliche Krebsgeschwulst, hervorgerufen durch ein Adeno-Virus. Doch die Maus überlebte. Die Forscher des US-Krebsinstituts regten bei ihr künstlich die Interferonproduktion an. Prompt verschwand der Tumor. Auch Leukämie ließ sich im Tierexperiment mit Interferon heilen.

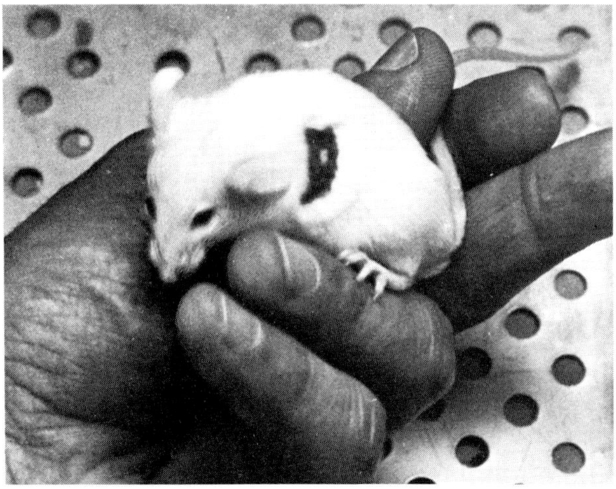

Umbauten in der Retorte genau das Interferon-Lockmittel nach Maß erreichen zu können.

Alle Interferon-Anreger haben allerdings einen entscheidenden Nachteil: Je öfter man sie anwendet, desto weniger wirken sie. Das bedeutet: Man wird wahrscheinlich nie zu einer idealen Anreger-Pille kommen. Ideal wäre, wenn man die Interferon-Lockpille ein ganzes Leben einnehmen könnte, jeden Tag oder jeden Monat eine. Ideal wäre, wenn der Körper so dazu angeregt werden könnte, ständig genügend Interferon bereitzuhalten, um gegen jede Virus-Attacke gewappnet zu sein. Aber genau das ist nicht möglich, weil der Körper offenbar gegen die Lock-Wirkung einer solchen Pille von Mal zu Mal unempfindlicher wird und schließlich gar nicht mehr reagiert.

Um so energischer haben sich daher die großen Arzneimittelkonzerne dem zweiten Weg zugewendet, der künstlichen Herstellung nicht mehr von Anreger-Stoffen, sondern von Interferon selbst. Das Problem: Um einen solchen Stoff künstlich herzustellen, braucht man erst einmal die natürliche Vorlage. Es muß erst einmal eine bestimmte Menge davon in reiner Form da sein – vielleicht ein Gramm –, damit man die Substanz genau analysieren kann. Da es aber Interferon aus einem menschlichen Organismus sein muß, weil beim Menschen eben nur menschliches Interferon wirkt, stößt die Beschaffung dieses Grammes auf Schwierigkeiten.

Praktisch denkbar ist nur ein Verfahren: Häute von Nachgeburten, weiße Blutkörperchen aus Blutspenden und ähnliche menschliche Zellgruppen werden in großen Behältern für einige Zeit am Leben erhalten. Gleichzeitig versucht man, in diesen Zellkulturen die Interferon-Bildung anzukurbeln. Schließlich muß mit Zentrifugen und Sedimentationsverfahren der Interferon-Staub – je Probe kaum mehr als ein paar millionstel Gramm – herausgefiltert werden. Das erste Gramm wirklich reinen Interferons dürfte auf diese Art Millionen Mark teurer werden.

Erst mit dem Gramm reinen Interferons in der Hand können die Wissenschaftler an den künstlichen Nachbau gehen. Es muß keine genaue Kopie werden. Man kann es sich leichter machen. Interferon-Entdecker Lindenmann: »Das Kunstprodukt muß nicht unbedingt genauso aussehen wie das natürliche Interferon. Die Kunsthormone der Anti-Baby-Pille sind den echten ja auch nur ein bißchen ähnlich. Es kommt nur darauf an,

Nur schwer rangen sich die Forscher zu der Überzeugung durch, daß auch Krebs durch Viren entstehen kann. Einer der ersten, der den Zusammenhang beweisen konnte, war der französische Forscher Ludwig Groß. Er impfte jungen Mäusen bestimmte Viren ein. Prompt bekamen zwölf von vierzehn Versuchstieren Blutkrebs (Leukämie).

die wesentlichen Eigenschaften, die Wirk-Merkmale richtig zu treffen.«

Die erste vollsynthetische und damit billige Interferon-Pille – darüber sind sich alle Experten einig – wird nicht nur sofort ein Verkaufsschlager ohnegleichen sein, sie wird darüber hinaus in sehr schnellen Etappen unser Leben ähnlich dramatisch verändern wie einst die Anti-Baby-Pille. Das ist die Entwicklung, wie sie Prof. Lindenmann voraussieht:

Phase Nr. 1: Die neue Interferonpille findet zunehmend Verwendung, wenn Gefahr im Verzuge ist. Firmen verteilen sie an ihre Angestellten gratis, sobald eine Grippewelle droht. Ärzte versuchen, damit hartnäckige Virus-Infektionen zu heilen (obwohl die eigentliche Wirkung des Interferons im Vorbeugen liegt).

Phase Nr. 2: Übergang zur Krankheitsverhütung. In bestimmten Abständen schluckt jeder vorbeugend eine Interferonpille – ähnlich wie die Frauen das heute schon mit der Anti-Baby-Pille tun. Von nun an bekommt nur noch Schnupfen, Grippe, infektiöse Gelbsucht und ähnliche Virus-Krankheiten, wer die neue Pille vergißt.

Phase Nr. 3: Das lästige Einnehmen der Interferon-Pille wird abgeschafft. Statt dessen läßt man sich in einem harmlosen Eingriff eine kleine Kapsel unter die Haut einpflanzen. Sie ist mit Interferon gefüllt. Die Wände der Kapsel lassen in beständigem Strom ein wenig von dem Inhalt hindurch – genau soviel, um eine ausreichende Viren-Abwehr zu garantieren. Ist die Kapsel nach zehn oder zwanzig Jahren leer, wird sie ausgewechselt wie eine ausgebrannte Batterie.

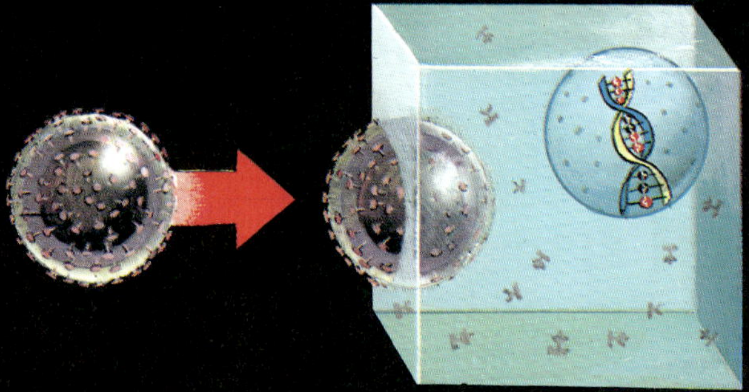

Die Zeichnungen erläutern, wie nach jüngsten Erkenntnissen die Krebsviren das Kunststück vollbringen, sich in unser Erbmaterial einzuschmuggeln. Die Körperzelle ist hier als Würfel dargestellt. Das eindringende Krebsvirus mit seinen T-förmigen »Antennen« ist in Wirklichkeit unvorstellbar klein.

In der Zelle zerplatzt das Virus. Seine Hülle löst sich auf. Hervor kommt das fadenförmige Erbmaterial (Nukleinsäure). Es sieht anders aus als unser Erbmaterial im runden Kern der Zelle. Will sich das Virus in den Kern einschleichen, muß es also eine Übersetzung seiner eigenen Erbinformationen anfertigen.

Was mit der kleinen Kapsel – Zielmarke energischer Entwicklungen der pharmazeutischen Industrie – in die Welt kommt, ist in seinen Auswirkungen weitreichend. Sie läßt nicht nur alltägliche Plagekrankheiten (Erkältung, Grippe) verschwinden. Sie schützt nicht nur vor den 400 oder mehr Viren-Arten, vielleicht einschließlich solch unheimlicher Erreger wie dem des Krebs. Sie wird dem Körper auch ganz allgemein eine neue, nie gekannte Lebensfrische vermitteln.

Ärzte haben errechnet, daß vor einem Jahrhundert ein 40jähriger so aussah wie heute ein 60jähriger. Dadurch, daß moderne Medikamente Zahl und Schwere der Erkrankungen verminderten, hält sich der Körper besser jung. Diese innere Vitalität dürfte in geradezu erstaunlichem Maße zunehmen, wenn es eine ganze Gruppe von Krankheiten auf einmal nicht mehr gibt.

Die Kapsel gegen die Viren dürfte indessen nur ein Anfang bleiben. Funktioniert sie, dann wird die medizinische Forschung bemüht sein, in gleicher Weise auch alle anderen schädlichen Mikroben auszusperren, nämlich die hunderterlei Bakterien und Protozoen. Dann wird man die nächsten Schritte auf dem Weg der »Zauberkugel« versuchen, auf dem Weg zum großen medizinischen Endziel: der Schaffung des »keimfreien Menschen« überhaupt.

Wie das geschehen kann, weiß heute noch niemand zu sagen. Man weiß nur: Es wird nicht leicht sein. Die Hauptschwierigkeit: Anders als bei den Viren, bei denen man (bislang jedenfalls) nur »böse« kennt, gibt es unter den Bakterien auch »gute«. Eine ganze Reihe von ihnen haben offenbar im Körper wichtige Aufgaben zu erledigen, beispielsweise bei der Verdauung im Darmtrakt. Ein Schutzmittel gegen die Bakterien darf also möglicherweise nicht so radikal ausfallen, daß auch diese körperfreundlichen Bakterien gleich mit ausgerottet werden.

Der Nobelpreisträger Hilary Koprowski hat noch eine andere Befürchtung. Natürlich, so meint er, könne es gelingen, den »keimfreien Menschen« zu schaffen. Was aber, wenn so angesichts der künstlichen Abwehrmauer aus Chemie die eigene Körperabwehr erst einmal eingeschläfert sei, verkümmert? Was, wenn dann plötzlich – vielleicht aus dem Weltall – ein neuer Feind, ein völlig neuer Erreger auftauche, gegen den der künstliche Damm nicht mehr hält? Was, wenn wir diesem Erreger dann hilflos ausgeliefert sind?

Die »Buchstaben« für die Übersetzung holt sich das Virus aus der Zelle. Sie liegen dort herum. An den Erbfaden des Virus (aus RNS) legt sich ein neuer Erbfaden (aus DNS). Was sie besagen, stimmt überein. Keine Erbanlage geht bei der Kopie verloren.

Der ursprüngliche Virus-Faden verschwindet, die Übersetzung aber gleicht sich auch in der Form dem zelleigenen Erbmaterial an. Es bildet sich ein zweiter Erbfaden. Perfekt getarnt schleicht sich die Virus-Botschaft in unser Erbmaterial. Dort kann sie zu einer tödlichen Zeitbombe werden.

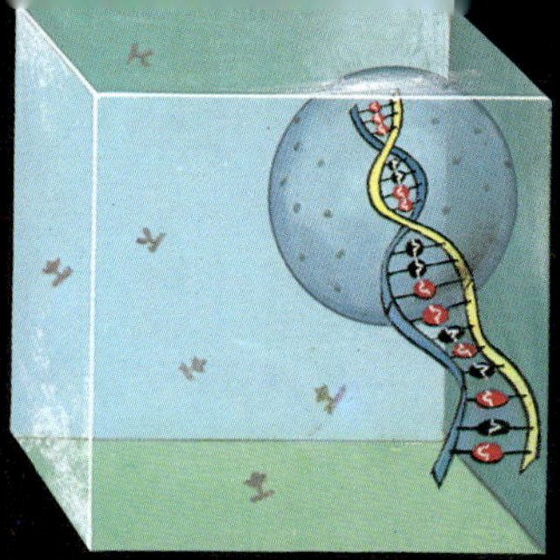

Jahre oder Jahrzehnte kann die Krebs-Botschaft im Zellkern harmlos bleiben. Erst wenn bestimmte Faktoren die Zelle schwächen, wird das eingeschmuggelte Erbmaterial aktiv. Es befiehlt der Zelle, ununterbrochen Viren zu produzieren und sich dabei wild zu vermehren: Ein tödlicher Zellklumpen wächst – Krebs.

Wie ein Krake aus dem Monsterfilm präsentiert sich diese Krebszelle unter dem plastisch vergrößernden Elektronenmikroskop. Und sie ist in der Tat ein Ungeheuer. Gesunde Körperzellen wissen, wann sie aufhören müssen zu wachsen. Krebszellen wachsen und wachsen – ein nicht mehr abzustellender Mechanismus des Bösen. Wer löst ihn aus? – Bei Tieren waren schon seit langem Viren als Täter bekannt. Doch beim Menschen hatten die Befürworter der Virus-Theorie einen schweren Stand, bis 1970 der US-Forscher Howard Temin im Experiment zeigen konnte, wie die Krebsviren die tödliche Botschaft in das Erbmaterial einschmuggeln (Zeichnungen). Die Krebsviren lassen sich offenbar mit Interferon bekämpfen.

Gegen die feindlichen Heere der Viren halfen keine Gewehre – und auch der Mundschutz war meist wirkungslos. Doch nun bringt moderne Medikamenten-Chemie die Chance, den »keimfreien Menschen« zu schaffen, dem keine Krankheitserreger mehr etwas anzuhaben vermögen.

Als vor gut dreißig Jahren das legendäre Penicillin aus einem kleinen Schimmelpilz herausgefiltert wurde, da glaubte mancher Mediziner, daß dies der endgültige Sieg über die Bakterien-Seuchen sei. In Wahrheit erreichte man allenfalls ein Gleichgewicht der Kräfte. Die bakteriellen Krankheitserreger, so zeigte sich, verstanden den Vernichtungsschlägen der Drogen auszuweichen. Sie wurden schon nach kurzer Zeit dagegen unempfindlich, resistent. Nur mit immer neuen Antibiotika und Sulfonamiden, die vorsichtig eingesetzt werden müssen, gelingt es heute, sie weiterhin leidlich unter Kontrolle zu halten.

Aus solchen warnenden Erfahrungen, so meinte Prof. Koprowski 1963 auf einem Nobelpreisträger-Treffen in London, sollte die Menschheit lernen. Er prophezeite: »Wenn ein Mittel zur Verhinderung aller Infektionen entdeckt und in großem Maßstab angewendet würde, dann würde die menschliche Rasse von einer Katastrophe heimgesucht werden ... Es gibt keinen schlimmeren Alptraum als die Schaffung des keimfreien Menschen.«

Die Warnung schreckt nicht mehr. Mit dem Interferon sind Forscher dabei, genau jenen »keimfreien Menschen« anzuvisieren. Und je näher sie ihrem Ziel kommen, desto sicherer werden sie, daß es kein Spiel mit dem Weltuntergang ist. Denn in ihrem Interferon, dem mysteriösen Giftstoff gegen wohl alle Viren der Welt, verwirklicht sich eine Hoffnung, die Prof. Koprowski bei seiner düsteren Prognose vor einem knappen Jahrzehnt gar nicht erst in Betracht zu ziehen wagte: Es ist ein Mittel, gegen das es offenbar keine Resistenz gibt. Seine tödliche Wirkung auf die Viren läßt wahrscheinlich nie nach, stumpft nie ab.

Prof. Thomas Merigan von der amerikanischen Stanford-Universität, einer der prominentesten Interferonforscher: »Wir brauchen kaum zu fürchten, daß die Resistenz der Viren zunimmt, wenn Interferon erst in breiter Form angewendet wird.« Er begründet: Seit Tausenden von Jahren sind die Viren dem Interferon schon ausgesetzt. Seit Tausenden von Jahren bildet es sich im Körper als erste natürliche Abwehrfront. Aber die Viren haben es in dieser ganzen langen Zeit nicht gelernt, ihm zu entgehen. Warum sollte es ihnen gerade jetzt gelingen, da der Mensch sich anschickt, ihnen mit ein paar selbstgefertigten Krümelchen Interferon für immer den Garaus zu machen? Die Antwort darauf scheint gerade heute klar.

Statt des Mundschutzes künftig eine unsichtbare chemische Hülle

Weltwunder Nr. 7

Der Griff nach dem Sternenfeuer: Eine selbstgemachte Sonne auf Erden

Alle Kraftwerke der Erde versinken zur Bedeutungslosigkeit angesichts des himmlischen Kraftwerkes der Sonne. Doch nun sind Wissenschaftler dabei, dieses gewaltige Sternenfeuer auch auf der Erde zu entzünden. Unter dem blassen Stichwort Kernfusion versuchen sie, mit komplizierten Maschinen eine künstliche Sonne im Miniformat zu bauen. Das große »Streichholz«, mit dem sich das neuartige Feuer entzünden läßt, haben die Forscher möglicherweise bereits gefunden. Es ist das gebündelte Licht eines besonders starken Laserstrahls (auf unserem Farbfoto bei einem Versuch im Münchener Max-Planck-Institut für Plasmaphysik).

Hundertfünfzig Millionen Kilometer von der Erde entfernt schwebt im Weltraum ein gigantischer Feuerball – unsere Sonne. Sie ist so groß, daß unsere Erde mitsamt dem um sie herum kreisenden Mond darin verschwinden könnte. Sie ist so heiß, daß ein kirschgroßes Stückchen Sonnenmasse, auf dem Berliner Funkturm niedergelegt, noch in Paris den Eiffelturm zum Schmelzen bringen würde. Und sie verfügt über ein Feuer, das für Ewigkeit nicht erlischt: Eine Steinkohlenkugel vom Gewicht der Sonne wäre schon nach 6300 Jahren zu Asche verglüht. Die Sonne brennt bereits seit über zwei Milliarden Jahren. Und sie wird auch in weiteren zwei Milliarden Jahren noch da sein. Groß und heiß und scheinbar zeitlos hängt sie über der Erde, ein himmlisches Feuerwerk, vor dem alle irdischen Hochöfen verblassen.

Das heiße, unerschöpfliche Zauberfeuer der Sonne soll künftig nicht nur fern im Weltraum glühen. Allen Ernstes haben sich Wissenschaftler darangemacht, es auch hier unten auf der Erde zu entzünden. Mit mehr als hundert Millionen Dollar Forschungsaufwand im Jahr steuern sie ein fast vermessen erscheinendes Ziel an: die irdische Heimausführung des himmlischen Glutballs, die Sonne für den Hausgebrauch.

Nie war der Energiehunger so groß wie in der industriellen Welt von heute. Menschen und Maschinen wühlen sich tiefer und tiefer in die Kohlenflöze der Erde hinein. Ölsucher sind selbst im ewigen Eis der Arktis unterwegs. Aber was sie auch finden – der Zeitpunkt ist abzusehen, da die Öl- und Kohlelager der Erde erschöpft sein werden.

Das erste Tröpfchen künstlicher Sonnenmasse, das im kontrollierbaren Behälter eines irdischen Kraftwerkes zu brennen beginnt, würde mit einem Schlag die Energiesorgen der Welt lösen. Davon sind die Wissen-

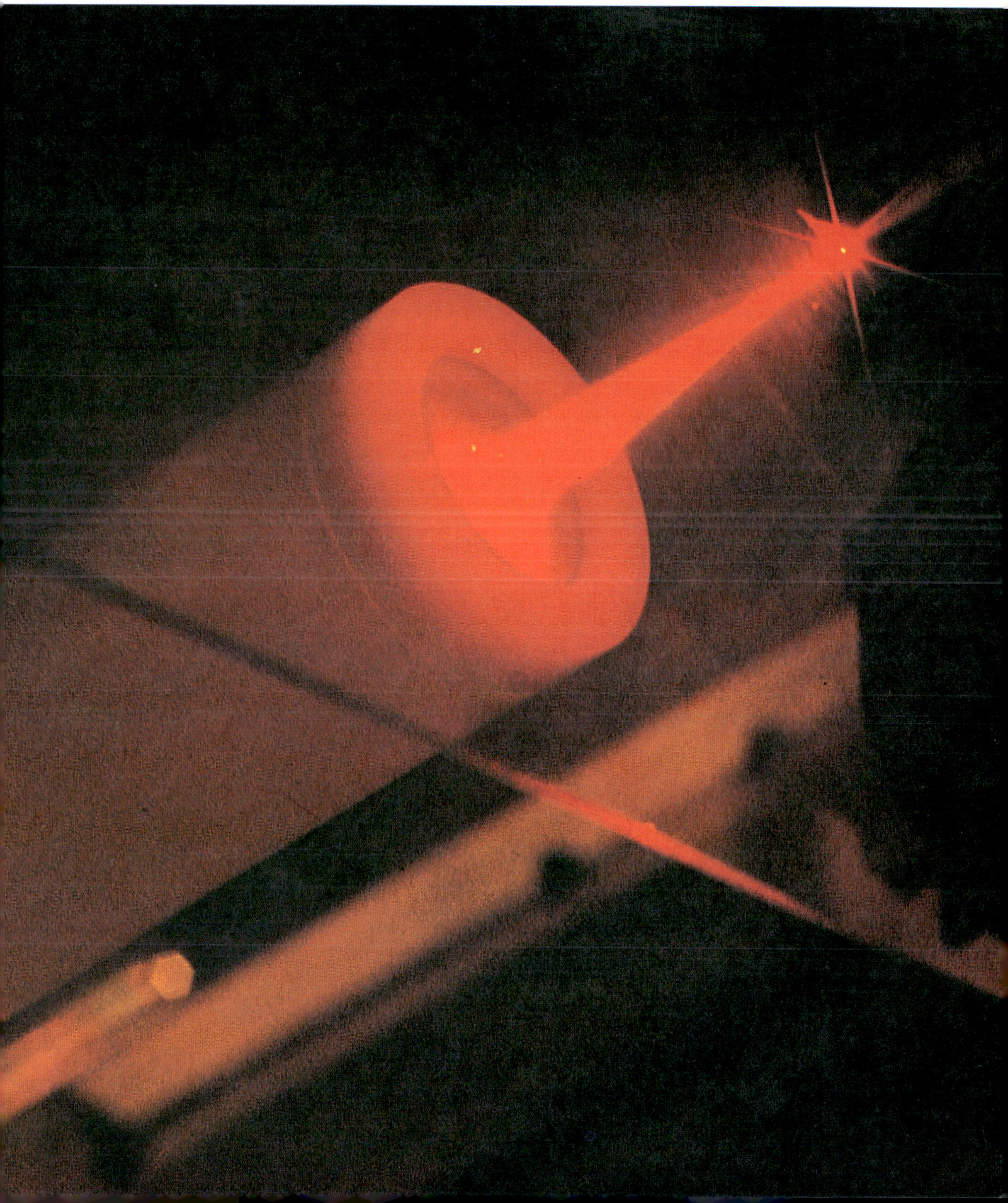

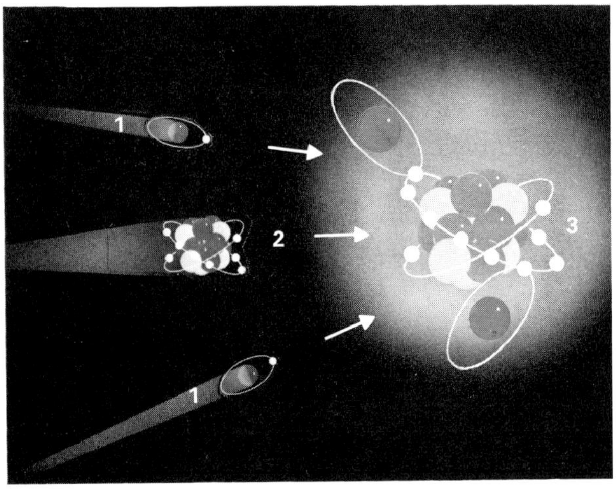

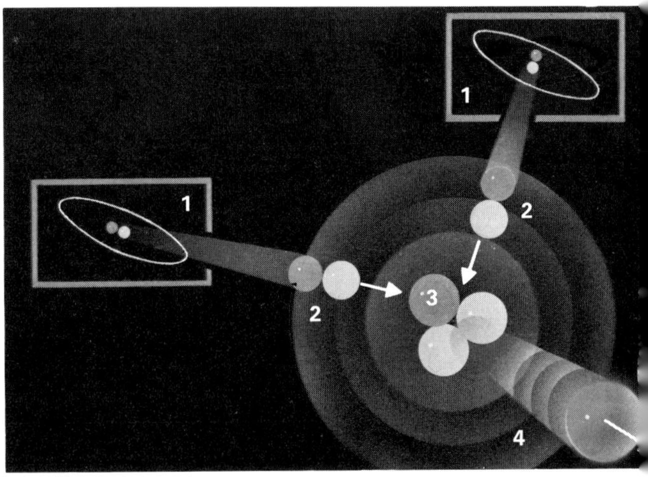

schaftler überzeugt. Denn das Brennmaterial ihrer »Sonne« wird ein Stoff sein, den es auf der Erde in Hülle und Fülle gibt – das Wasser der Meere. Ein einziges Liter Meerwasser, nach Sonnenart verbrannt, würde soviel Energie ergeben wie 300 Liter Benzin.

Die verlockende Aussicht, das Meerwasser zum Brennstoff zu machen, hat die großen Industrie-Nationen in den letzten Jahren zu ungewöhnlichen Forschungsanstrengungen animiert. Tausende von Wissenschaftlern, Assistenten und Technikern sind damit beschäftigt, Amerika errichtete vier große Institute für die Erforschung der Sonnenenergie, Rußland fünf. Forschungsschwerpunkte befinden sich auch in England, Frankreich, Italien, Holland und in Deutschland. So forciert steuert die Welt die Heimausführung der Sonne an, daß der amerikanische Physiker Charles Scarlott schätzt: »Entweder wir schaffen es in den nächsten dreißig Jahren – oder überhaupt nicht.«

Im Prinzip ist die Errichtung der Hausmacher-Sonne eine recht einfache Sache. Man braucht sich schließlich nur an die Vorlage der echten Sonne zu halten. Und wie sie funktioniert, ist heute in allen Einzelheiten bekannt.

Brennmaterial der Sonne ist ein Element, das wir auch auf der Erde finden – der Wasserstoff. Er bildet den Hauptbestandteil der Sonnenmasse.

Wegen der großen Hitze im Innern des glühenden Himmelsballes – etwa 20 Millionen Grad – kommt der Wasserstoff auf der Sonne allerdings in einer ganz besonderen Form vor. Normalerweise bestehen seine

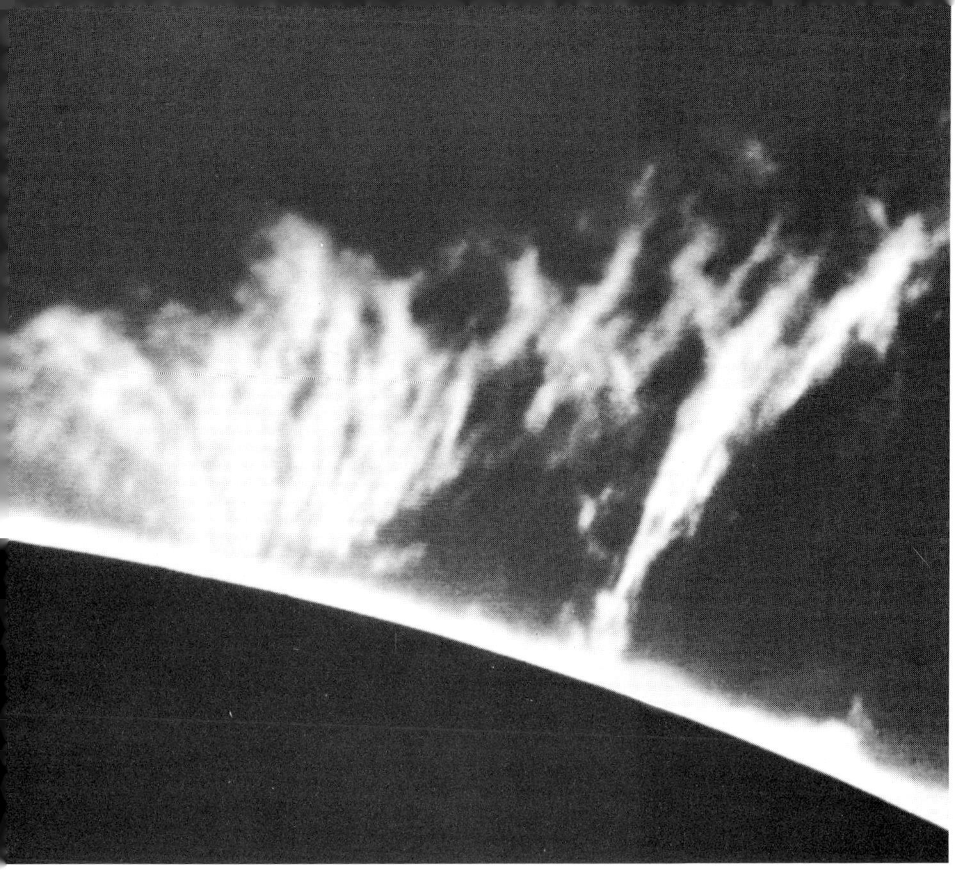

Feuer Nr. 2 (Mitte) wurde mit der Atomspaltung entzündet. Es glüht im Atomreaktor. Prinzip: Das Geschoß eines Neutrons (1) trifft den Kern eines Uranatoms (2). Er zerplatzt (3) unter Hitzeentwicklung und setzt andere Neutronen (4) frei, die wieder Atomkerne spalten und so fort.

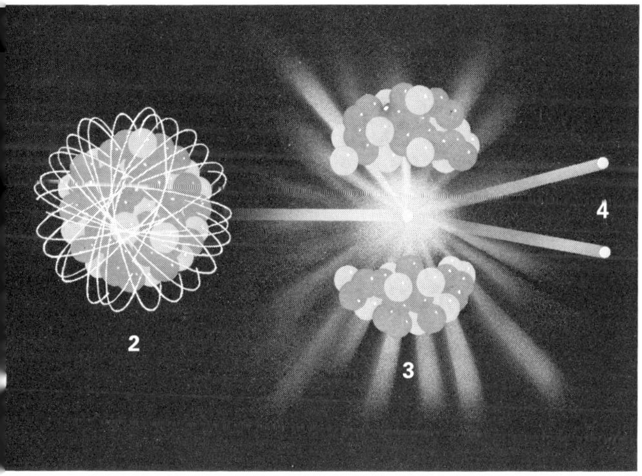

Feuer Nr. 1 (links) Noch bis vor wenigen Jahren war alles Feuer der Erde nur ein Freisetzen von Sonnenenergie, die Pflanzen während ihres Wachstums gespeichert hatten. Dabei blieben die Atomkerne unversehrt. Nur ihre »Monde«, die Elektronen, brannten. Prinzip: Zwei Atome Wasserstoff (1) und ein Sauerstoffatom (2) prallen aufeinander, geben Wärme ab und verbinden sich (3) zu Wasser.

Feuer Nr. 3 (rechts) wollen die Forscher jetzt der Sonne nachmachen, von deren Energien dieses Bild kündet. Es zeigt glühende Gasausbrüche auf der Sonnenoberfläche. Die Hitze – im Innern 20 Millionen Grad – entsteht durch Kernverschmelzung. Prinzip: Vom schweren Wasserstoff (1) prallen vier Kernteilchen (2) aufeinander. Drei bilden das neue Atom Helium (3); eins verschwindet: Seine Masse zerstrahlt (4) und gibt Wärme ab.

Atome aus einem Atomkern und einem Elektron, das den Kern umkreist wie der Mond die Erde. Im Höllenofen der Sonne aber sprengt die Hitze den »Mond« weg. Nackte Atomkerne und freie Elektronen schwirren wild durcheinander.

Dabei kommt es bisweilen zu Zusammenstößen. Die Atomkerne, von keiner Elektronenhülle mehr geschützt, prallen aufeinander, verschmelzen zu neuen, größeren Atomkernen und geben dabei gewaltige Energien frei.

Im November 1952 wurde nun zum ersten Mal nachgewiesen, daß der gleiche kosmische Vorgang auch auf der Erde möglich ist. Es war ein Versuch, der die Welt erschauern ließ. Schauplatz: Das kleine Südsee-Atoll Eniwetok. Dort baute der amerikanische Physiker Edward Teller im Auftrag der Regierung einen hohen Gittermast. Oben auf einer Plattform deponierte er mehrere Behältnisse mit (schwerem) Wasserstoff. Dann ging er daran, diese »Sonnenmaterie« auf Sonnentemperatur zu bringen und sie so zu zünden.

Der Physiker hatte sich für diesen Zweck ein wahrhaft gigantisches Streichholz ausgedacht. Er legte eine Atombombe vom Typ Hiroshima auf den Mast. Die Glut der Uran-Bombe, so kalkulierte er, mußte in Bruchteilen von Sekunden den Wasserstoff auf Sonnenhitze bringen und so genau jenen »Verbrennungs-Vorgang« einleiten, der sich in der Sonne abspielt – die Verschmelzung der Wasserstoff-Kerne, die Kernfusion.

Das Experiment gelang. Für einen kurzen, erschreckenden Augenblick blitzte auch auf der Erde jenes selt-

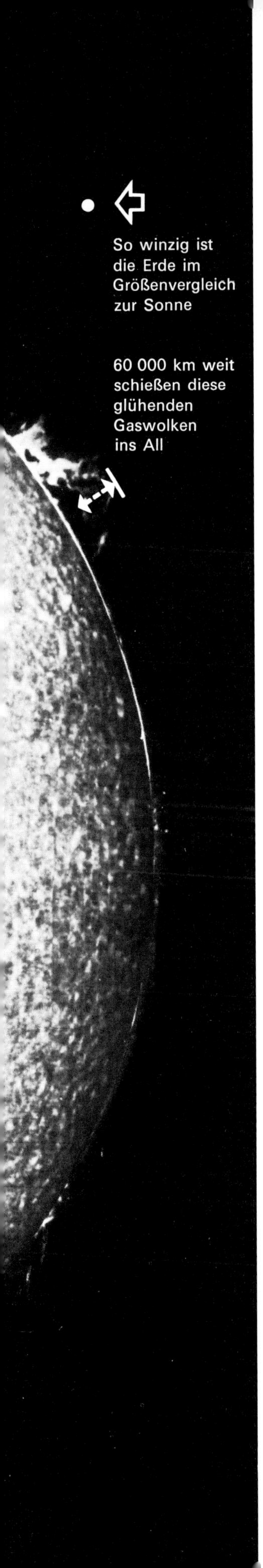

Die Sonne, mit Spezialfiltern fotografiert. Ihre Oberfläche ist ein einziger brodelnder Glut-Ozean. Heiße, hell leuchtende Gasmassen quellen aus der Tiefe hervor; kühle, dunkler erscheinende versinken wieder ins Innere.

Jeder der drei großen hellen Sonnenflecken rechts unten im Bild ist so groß wie eine »Perlenkette« aus einem Dutzend Erdkugeln.

Genau die gleiche Kernverschmelzung, die der Sonne ihre gewaltige Glut gibt, erreichte der Amerikaner Edward Teller 1952 zum ersten Male auch auf der Erde: in der Wasserstoffbombe.

same Feuer auf, das bislang nur auf der fernen Sonne seine Glut entfacht hatte. Die Energieentladung der verschmelzenden Atomkerne war so gewaltig, daß eine riesige Explosionswolke in den Himmel stieg, der Atompilz der ersten Wasserstoffbombe der Welt.

Aus dem Experimentier-Blitz von Eniwetok die perfekte Tötungswaffe zu konstruieren war relativ leicht. Ost und West haben inzwischen ganze Arsenale von Wasserstoff-Bomben. Die in ihnen lagernde Sprengkraft ist so groß, daß die Menschheit zum ersten Male in der Lage wäre, den eigenen Erdball in tausend Stücke zerplatzen zu lassen.

Der Versuch, die gleichen kosmischen Kräfte statt für die Zerstörung für friedliche Zwecke nutzbar zu machen, gestaltete sich ungleich schwieriger. Praktisch sehen die Wissenschaftler nur einen Weg: Sie müssen gleichsam eine Mini-H-Bombe bauen, die im Zeitlupentempo explodiert und ihre Energie in möglichst kleinen Portionen abgibt.

Das Ganze müßte im Idealfall ähnlich vor sich gehen wie die kontrollierte Explosion im Zylinder eines Automotors: Wasserstoffgas wird in eine Verbrennungskammer hineingeleitet, wo es dann in immer neuen kleinen Kernfusionen explodiert. Tatsächlich steuert die Forschung auf eine solche Lösung zu, so schwierig sie sich auch in der Praxis realisieren läßt.

Das beginnt schon mit dem Behältnis. Damit die Atomkerne verschmelzen, muß das Wasserstoffgas erst einmal auf hohe Temperaturen gebracht werden. Wäre es so komprimiert wie im Innern der Sonne, müßte man es auf mindestens 15 bis 20 Millionen Grad erhitzen, ehe das Fusionsfeuer von allein weiterbrennen und eigene Energie abgeben würde. Zwanzig Millionen Grad aber hält kein Material der Welt aus.

Die Wissenschaftler fanden einen Ausweg. Sie leiteten das Gas in eine luftleere Brennkammer, in eine Vakuumröhre. Um die Röhre herum legten sie starke Ringmagneten. Diese Magneten drückten das Gas im

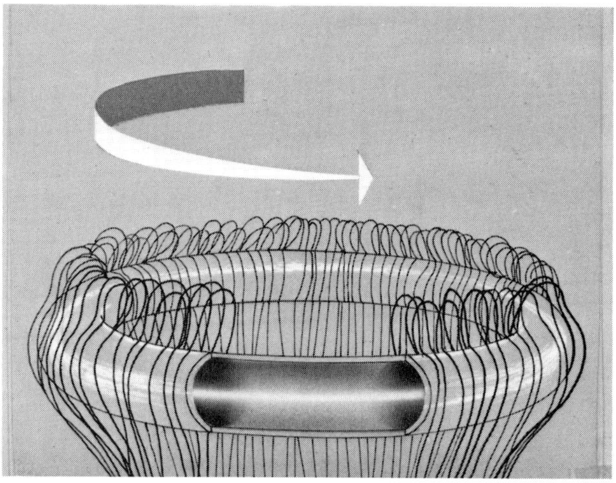

„Wenn diese Versuche gelingen, haben wir soviel neue Energie wie 500 Pazifische Ozeane voll Benzin."

US-Chemiker Glenn Seaborg

Innern der Röhre zu einem freischwebenden »Docht« zusammen, der nirgends die Wände berührte.

Aber auch das hatte seine Nachteile. Mit magnetischer Kraft ließ sich das Gas nicht so stark komprimieren wie auf der Sonne. Deshalb blieben die Atomkerne weiter auseinander, und die Zahl ihrer Zusammenstöße wurde geringer. Wollte man dennoch die gleiche Anzahl von Kernverschmelzungen erreichen, mußte man das Gas entsprechend mehr erhitzen. Das hieß aber, daß sich die Forscher vor eine schier unlösbar erscheinende Aufgabe gestellt sahen: Sie sollten hier auf Erden in ihren Labors noch höhere Hitzegrade erzeugen, als sogar die Sonne sie aufzuweisen hatte.

Im einzelnen errechneten sie: Selbst bei Verwendung einer für die Fusion besonders günstigen Abart des

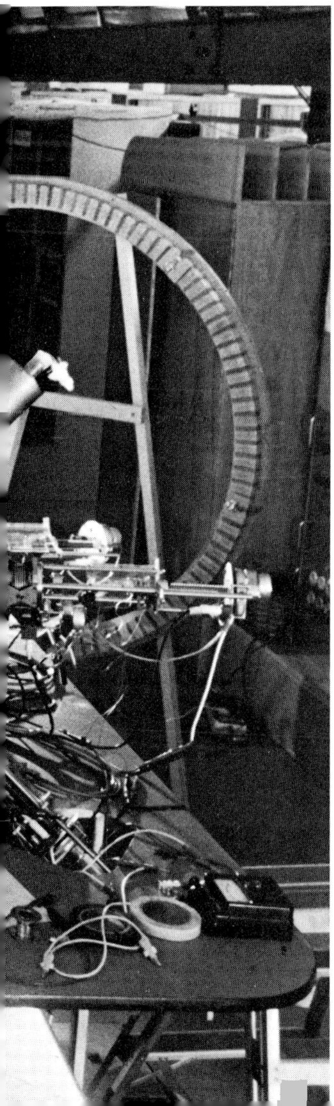

Dieser »Drahtkäfig« steht im Max-Planck-Institut für Plasmaphysik in München-Garching. In ihm soll die Urkraft der Sonne eingefangen werden: Atome des Schweren Wasserstoffs werden darin auf 100 Million Grad gebracht. Sie sollen dadurch »gezündet« werden und dann von allein »weiterbrennen«. Hundert Millionen Grad hält kein Material der Erde aus. Die Atome müssen daher durch starke Ringmagneten in einer Röhre wie ein Docht »aufgehängt« werden, so daß sie nirgends die Wandungen berühren.

Wasserstoffs, des »schweren Wasserstoffs« (Deuterium), mußte man immer noch

- mindestens zehn Billiarden Atomkerne pro Kubikzentimeter
- mindestens eine zehntel Sekunde lang magnetisch aufhängen und zwar bei
- mindestens hundert Millionen Grad Celsius.

Jede dieser drei Aufgaben, für sich genommen, ist inzwischen gelöst. Selbst die wahnwitzige Hitze von hundert Millionen Grad konnte in dem größten deutschen Forschungszentrum für die Kernfusion, dem Max-Planck-Institut für Plasmaphysik in München-Garching, erreicht werden. Die Wissenschaftler bauten dafür eine Batterie von Kondensatoren, die »fast eine ganze Halle füllen« (Instituts-Direktor Prof. Schlüter). Aus ihnen schicken sie dann für fünf millionstel Sekunden ebensoviel Strom in ihre Fusionsapparatur hinein, wie im selben Augenblick in der ganzen Bundesrepublik Deutschland verbraucht wird.

Bei dem Versuch allerdings, die erforderliche Hitze, Aufhängezeit und Dichte ihres Plasmas – wie das aufgeheizte Gas genannt wird – gleichzeitig zu erreichen, erleben die Forscher bislang noch eine Pleite. Je höher die Temperatur, desto früher bricht das Fusionsgas aus seiner magnetischen Umklammerung aus. Niemandem gelang es bisher, die glühende Plasma-Wolke zur Explosion zu bringen.

Immerhin, mit neuen Magnetfeld-Anordnungen arbeiten sich die Physiker Schritt für Schritt an den Zünd-Punkt ihrer künstlichen Sonnenmaterie heran. Den jüngsten Erfolg meldeten sowjetische Forscher vom Moskauer Kurtschatow-Institut mit ihrer Fusionsmaschine »Tokamak 3«. Sie brachten es bei fünf Millionen Grad auf eine Aufhängezeit von einer fünfzigstel Sekunde. Bislang hatte man bei derartiger Temperatur allenfalls eine tausendstel Sekunde zu vermelden gehabt.

Während die eine Gruppe von Wissenschaftlern an Fusionsmaschinen um Sekundenbruchteile und Millionengrade ringt, hat eine zweite einen völlig anderen Weg eingeschlagen, der möglicherweise noch eher zum ersten strahlenden Sonnentröpfchen auf Erden führen könnte. Ihr Streichholz für die Zündung des Fusionsprozesses: das gebündelte Licht eines Laserstrahls.

Mit dem »Todesstrahl« der Lichtkanone veranstalten die Wissenschaftler eine Art Präzisionsschießen. Da wird zunächst einmal schwerer Wasserstoff auf eine unirdische Kälte gebracht, auf den absoluten Nullpunkt von minus 273 Grad, die tiefste theoretisch mögliche Temperatur. Das Gas verdichtet sich dabei und gefriert schließlich. Es bildet Eis.

Aus dem Kunsteis entnehmen die Wissenschaftler ein Kügelchen von genau einem halben Millimeter Durchmesser. Die winzige Eisperle steuern sie automatisch zu einer Vakuumkammer und lassen sie dann in den luftleeren Behälter hineinfallen. Genau in dem Augenblick, da die Perle das Zentrum der Vakuumkammer erreicht, wird auf sie der heiße Lichtblitz eines Laserstrahls abgeschossen. Innerhalb von milliardstel Sekunden bringt er das Wasserstoff-Kügelchen vom absoluten Nullpunkt auf Gluthitze, bei Versuchen in München-Garching beispielsweise auf zwei Millionen Grad.

Die Schnelligkeit dieses Aufheizverfahrens ist dabei von entscheidender Bedeutung. In dem Eiskügelchen liegen die Atome dicht an dicht. Der Laserstrahl muß sie blitzartig auf Sonnenglut bringen, schneller als sie auseinanderstieben können. Für einen Augenblick lang wird dadurch eine Plasma-Dichte erreicht, die fast der auf der Sonne entspricht. Das aber wiederum heißt: Man braucht auch nicht viel mehr Hitze auf der Sonne.

Einen Laserstrahl mit der Sonnentemperatur von 20 Millionen Grad gab es noch nicht. Gezielt machte man sich deshalb daran, derart starke Lichtkanonen zu erfinden.

Als erste meldeten die Sowjets Erfolge. Sie konstruierten ein Lasergerät, das mehr als zehn Millionen Grad zu erzeugen vermag. Als sie es auf die Wasserstoffperle richteten, registrierten ihre Meßgeräte erste freie Neutronen – Kernbruchstücke des schweren Wasserstoffs, die auf Fusionsprozesse hinweisen. Ähnliche Erfolge erreichte der französische Forscher Francis Delobeau mit seinem Team.

Der wirkliche Durchbruch aber scheint sich anzubahnen durch die Entdeckung zweier amerikanischer Forschungsteams (von der Aerospace Corporation in Kalifornien und der Cornell Universität in Ithaca). Praktisch sind die herkömmlichen Lasergeräte mit den russischen (und französischen) Verbesserungen an der Grenze ihrer Leistungsfähigkeit angelangt. Die Amerikaner entwickelten nun ein völlig neuartiges System, einen sogenannten chemischen Laser: Sie holen die Energie für den Lichtblitz aus der Reaktion zweier chemischer Substanzen. Für eine solche chemische Kraftquelle aber gibt es praktisch keine obere Begrenzung. Sie könnte – zumindest in der Theorie – jede beliebige Lasertemperatur erzeugen, auch diejenigen, bei der die halb-millimeter-große »Labor-Sonne« der Forscher zu brennen beginnt.

Gelingt es tatsächlich, schon bald mit der neuen Lichtkanone das Sonnenfeuer auf der Erde zu entzünden, so wäre das ein wahrhaft weltbewegender technischer Erfolg, in der Sicht vieler Wissenschaftler der vielleicht größte überhaupt. Der amerikanische Star-Futurologe Herman Kahn prophezeit: »Billige Energie aus Fusionsreaktoren könnte eine völlig neue Phase der industriellen Revolution einleiten.«

Seit rund einer halben Million Jahre gibt es den Menschen auf der Erde. Es war seine erste große Kulturtat, daß er die tierische Angst vor dem Feuer überwand und es sich dienstbar machte. Bis noch vor wenigen Jahren nutzte er jedoch nur Feuer, dessen Ursprung in der Sonne lag. Sein Holzfeuer war Sonnenenergie, die ein Baum während des Wachstums aufgespeichert hatte. Sein Kohleofen setzte Sonnenenergie aus »versteinerten« Pflanzen frei. Sein Öl war nichts als ein organischer Energie-Extrakt, der das Sonnenlicht vergangener Zeiten bewahrte.

Nun jedoch erschließt sich der Mensch eine Energiequelle, die zum ersten Male nicht mehr ihren Ursprung im Sonnenlicht hat. Er macht sich praktisch unabhängig von der großen Kraftstation im All: Ob die Sonne scheint oder nicht, für die neue Energie aus dem Atom ist das nicht mehr wichtig.

Das ist ein Schritt, der in seiner Bedeutung dem der Zähmung des Feuers durch den Vorzeitmenschen vergleichbar ist. Denn wie damals, so stößt der Mensch auch jetzt mit dem neuen Feuer die Tür zu neuen ungeahnten Möglichkeiten auf.

Heute machen die herkömmlichen Brennstoffe wie Kohle und Öl noch fast 90 Prozent unserer Energie aus. Aber je schneller die Industrialisierung der Welt voranschreitet, desto mehr nehmen die Vorräte ab. Würden alle Menschen auf der Erde soviel Energie verbrauchen wie ein Durchschnitts-Amerikaner, gäbe es schon in drei Jahren kein Öl und in spätestens dreihundert Jahren keine Kohle mehr auf der Welt.

Kohle und Öl wachsen nicht wieder nach. Wenn sie erst einmal aufgebraucht sind, wird es sie nie wieder auf der Erde geben. Sie haben für den Menschen eine historische Bedeutung gehabt. Erst ihre kompakte Energie machte die moderne, technische Welt möglich. Erst durch sie konnte die Zivilisation entstehen. Aber diese

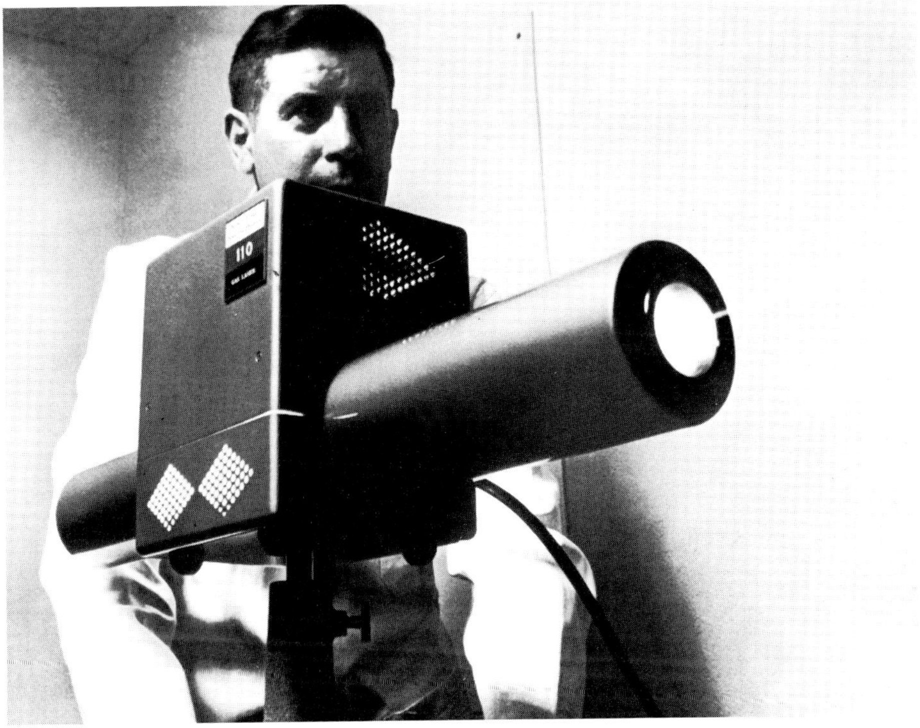

Um den Fusionsprozeß zu zünden, brauchen die Forscher Millionen Grad Hitze. Das gebündelte Licht eines Laserstrahls könnte das gesuchte große »Streichholz« werden.

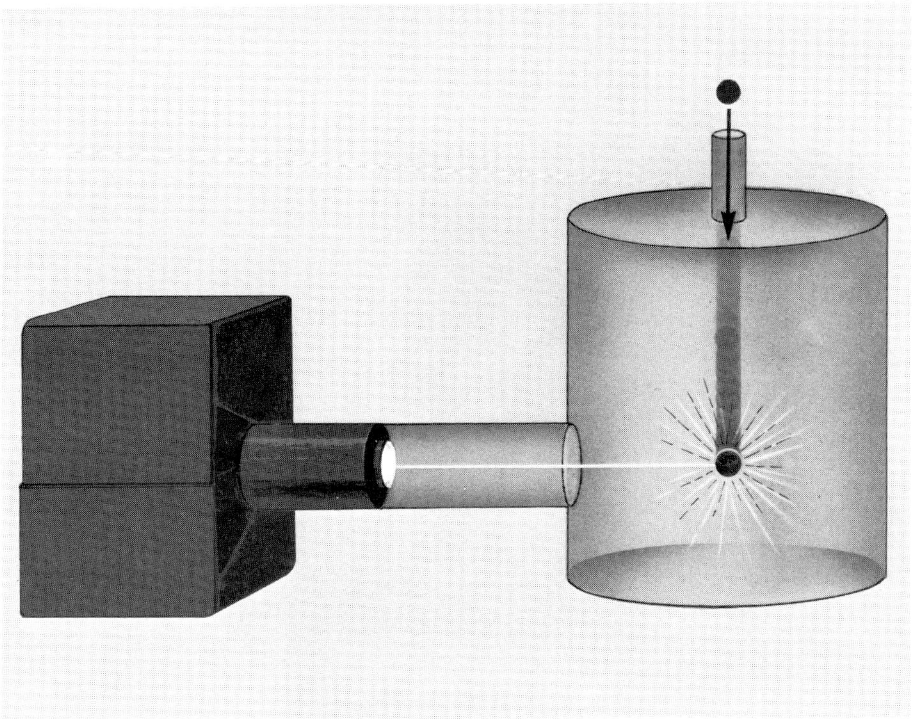

Die Zündung per Laserstrahl im Schema: Schwerer Wasserstoff wird zu Eis gefroren. Die Eiskügelchen werden in eine Vakuumkammer geleitet. Dort trifft sie der Laserstrahl mit seiner Gluthitze.

Mit 20 000 Spiegeln zapften französische Wissenschaftler die Sonne an

Die Kernfusion ist zwar die verlockendste Energiequelle der Zukunft. Doch auch sonst suchen die Forscher nach neuen Kraftreserven. Dieses Sonnenkraftwerk entstand in den französischen Pyrenäen. Mit 20 000 Spiegeln fängt es das Sonnenlicht ein und bündelt es so stark, daß Temperaturen von mehr als 3000 Grad entstehen. Die Hitze wird in Elektrizität umgewandelt.

Zivilisation über Jahrtausende erhalten, das können Kohle und Öl nicht. Dazu sind dauerhaftere Brennstoffe nötig.

Wie solche zeitloseren Energiequellen aussehen könnten, haben die Wissenschaftler in den letzten Jahren mit viel Phantasie sondiert. So schlugen sie riesige Spiegelanlagen in der Sahara vor, mit denen man das Sonnenlicht direkt und ohne Verlust auffangen und in Strom verwandeln könne. Ein anderes Projekt, das ernsthaft diskutiert wird: Raumstationen, die schon im Weltall die Sonnenenergie auffangen und dann in einer Art überdimensionalem Laserstrahl an irdische Kraftwerke weitersenden.

Was sich wirklich zur praktischen Nutzung entwikkelte, war die »schmutzigste und unerfreulichste Methode zum Gewinnen von Energie, die der Mensch je erfand«, wie der Engländer Arthur C. Clarke vermerkt – nämlich die Kernspaltung mit ihren gefährlichen, radioaktiven Abfallstoffen.

Tatsächlich dürfte die Kernspaltung jedoch nur eine kurze Episode der menschlichen Technik bleiben, und zwar nicht nur deshalb, weil sie schmutzigen Atommüll hinterläßt, der noch in Jahrtausenden für Menschen tödlich sein könnte. Es gibt noch einen zweiten Grund: Auch das Uran für die Kernspaltung muß in mühevoller Arbeit aus der Erde gekratzt werden und ist nur in begrenzten Mengen vorhanden.

Die sich abzeichnende neue Epoche der Kernverschmelzung kennt derartige Probleme nicht. Werden die Atomkerne des schweren Wasserstoffs nach dem Rezept der Sonne verbrannt, verschmolzen, entsteht als »Asche« nur ein völlig harmloses Gas, das Helium. Und das Brennmaterial kann man ohne menschliche Mühewaltung fördern: aus dem Wasser der Meere.

Zwar enthält nur jedes 6000. Molekül des Meerwassers ein »schweres« Wasserstoff-Atom, wie es für die Eigenbau-Sonne der Fusionskraftwerke benötigt wird. Dennoch ist die Ausbeute gewaltig. In einem einzigen Kubikkilometer Meerwasser stecken so viele schwere Wasserstoff-Atome, daß Amerika damit seinen Energiebedarf für die nächsten 2000 Jahre decken könnte. Selbst wenn es zehnmal soviel Menschen auf der Welt gibt als heute, werden sie noch in einer Milliarde Jahre ihren Brennstoff aus dem Wasser des Meeres schöpfen können.

Danach allerdings müßten sich unsere Nachfahren etwas Neues einfallen lassen.

Erst die Sonne auf Erden, erst die unerschöpfliche Energie aus der Kernfusion läßt kühnste Träume des Menschen realisierbar werden. Sie ist die Voraussetzung für das erhoffte Südseeparadies der Technik, das sich in dieser überdachten »Stadt des ewigen Frühlings« konkretisiert, die von italienischen Planern entworfen wurde.

Wie die Wissenschaftler das Jahr 2000 sehen

Technische Neuerungen

1. Verläßliche Wettervorhersagen (langfristig)
2. Beeinflussung des Wetters
3. Kontrollierte Kernfusion
4. Neue nützliche Tier- und Pflanzenarten (etwa specklose Schweine oder Superbäume, die schon nach dreißig Jahren gefällt werden)
5. »Ackerbau« im Meer; Erzbergwerke am Meeresgrund
6. Dreidimensionales Fernsehen, Zeitung über Heimempfänger
7. Konkurrenzfähige synthetische Nahrungsmittel
8. Weitgehende Verwendung von Robotern als »Sklaven« der Menschen
9. Dauernd bewohnte Untersee-Stationen, vielleicht U-Kolonien
10. Fernsehtelefon wie heute Telefon
11. Computer als »Zweithirn« jedes Menschen
12. Fernsehsatelliten, die direkt ins Heimgerät senden
13. Neue Energieträger (Super-Batterien)
14. Neue weltweite Transportmittel, z.B. Riesen-U-Boote, Groß-Reisezeppeline mit Atomantrieb
15. Künstliche Monde oder Raumspiegel zum Beleuchten großer Flächen bei Nacht
16. Neue synthetische Leichtbaustoffe
17. Automatische Übersetzung von Fremdsprachen
18. Neue Super-Gewebe (etwa unbeschränkt haltbare Stahl-Textilien, gezielt gefertigte Kunststoffe)
19. Tieftauchboote bis 7000 Meter
20. Rentable Meerwasser-Entsalzung

Leben allgemein

1. Automatisierte Lebensmittelgeschäfte und Kaufhäuser
2. Entstehung riesiger Stadtlandschaften (»Megapolen«)
3. Gewaltige Zunahme des Tourismus
4. Viele Teilzeit- und Gelegenheitsarbeiter
5. Irgendeine Form des garantierten Jahreseinkommens auch für den, der nicht arbeitet
6. Verlust traditioneller Werte (Religion, wirtschaftliche und militärische Druckmittel usw.)
7. Verbrechensverhinderung durch unsichtbare Strahlen und Detektoren
8. Wilde Ehen, Vielweiberei oder Vielmännerei werden nicht mehr scheel angesehen, aber die Ehe bleibt
9. Entwicklung einer Universalsprache
10. Chemische und biologische Kampfmittel, die den Gegner aktionsunfähig machen, ohne ihn zu töten
11. Mittel, die den Widerstandswillen ausschalten
12. Wetterbeeinflussung zu militärischen Zwecken (gelenkte Hurrikans)
13. Unterricht durch Lernmaschinen und Fernsehen
14. Weltbevölkerung über 7 Milliarden
15. Fernsehkonferenzschaltung zu allen Punkten der Erde

Der Versuch, den Verlauf der Zukunft wissenschaftlich zu berechnen, wurde 1964 eingeleitet durch eine Studie der amerikanischen Rand Corporation (Gordon-Helmer-Report). Heute sind die Voraussagen der Futurologen zu wichtigen Wegweisern der Wirtschaft geworden. Hier eine Zusammenstellung wichtiger, allgemein akzeptierter Prognosen.

Fahrplan der Weltraumfahrt

1. Dauernd bemannte Satelliten- und Mondstationen
2. Mehrfach verwendbare Raketen
3. Herstellung künstlicher Atmosphäre in Mondbasen (aus Mondgestein)
4. Bemannte Marslandung, eventuell ständige Mars-Basis
5. Bemannte Landung auf Jupiter-Mond

Biotechnische Neuerungen

1. Organe auswechselbar (Tiere als Organspender; künstliche Organe)
2. Wirksame Appetits- und Gewichtskontrolle
3. Schlaf willkürlich einschaltbar
4. Einfrieren von Menschen für Stunden, Tage, Jahre
5. Direkte Drahtverbindung zwischen Computer und Gehirn
6. Verläßliche, bequeme Geburtenkontrolle
7. Drogen gegen Ermüdung, zur Entspannung, für Veränderungen der Persönlichkeit
8. Vorherbestimmen des Geschlechts von Kindern
9. Abschaffung von Krebs
10. Beträchtliche Lebensverlängerung um etwa 50 Jahre, teilweise Verjüngung
11. Einfache Methoden zur Veränderung des Aussehens nach Wunsch (Gesichtszüge, Figur, Hautbeschaffenheit)
12. Chemische Verbesserung von Lernfähigkeit und Gedächtnis
13. Künstlich angeregte und programmierte Träume
14. Künstliches Wachstum neuer Gliedmaßen und Organe (am Körper oder im Brutkasten)
15. Allgemeine Immunisierung gegen Infektionskrankheiten
16. Beeinflussung des Erbgutes (und von Erbkrankheiten)
17. Automatisierung der Medizin (Computer als Arzt)
18. Keimzellen-Banken (Eizelle und Sperma tiefgefroren)
19. Menschen-Zuchtprogramme
20. Schwangerschaft teilweise oder ganz im Gebär-Roboter

Literaturhinweise

Allgemein (Buchauswahl)

Andrewes, Sir Christopher: Viruses and Cancer, Weidenfeld and Nicolson, 1970
Beinhauer, Hagen: Fahrplan in die Zukunft, Droste, 1970
Blechschmidt, Erich: Vom Ei zum Embryo, DVA, 1968
Bronwell, Arthur B.: Science and Technology in the World of the Future, Wiley-Interscience, 1970
Calder, Nigel: Vor uns das Paradies?, Desch, 1968
Clarke, Arthur C.: Im höchsten Grade phantastisch, Econ, 1963
Dansereau, Pierre: Challenge for Survival, Columbia University Press, 1970
Drucker, Peter F.: Die Zukunft bewältigen, Econ, 1969
Ehrlich, Dr. Paul R.: The Population Bomb, Ballantine Books, Inc., 1968
Foreign Policy Association: Toward the year 2018, Cowles, 1968
Francœur, Robert T.: Utopian Motherhood, Doubleday, 1970
Fuller, R. Buckminster: Utopia or Oblivion, Penguin Press, 1970
Gerontology, 8th International Congress of: Proceedings, Washington, D.C., 1969
Guttmacher, Alan F.: Die künstliche Befruchtung, Dr. Otto Schmidt, 1960
Harrington, Alan: The Immortalist, Avon, 1969
Heinrichs, Jürgen: Welternährungskrise, Rowohlt, 1968
Hersche, Otmar (Hrsg.): Was wird morgen anders sein?, Walter, 1969
Jouvenel, Bertrand de: Die Kunst der Vorausschau, Luchterhand, 1967
Jungk, Robert (Hrsg.): Der Mensch, Desch, 1966
Jungk, Robert (Hrsg.): Unsere Welt 1985, Desch, 1967
Jungk, Robert (Hrsg.): Der Weg ins Jahr 2000, Desch, 1968
Kahn, Herman: Ihr werdet es erleben, Molden, 1968
Kaufmann, Richard: Die Menschenmacher, S. Fischer, 1964
Koestler, Arthur (Hrsg.): Das neue Menschenbild, Molden, 1970
Leonard, George B.: Education and Ecstasy, Delacorte Press, 1968
Longmore, Donald: Spare-Part Surgery, Aldus Books, 1968
Lowry, J. H.: World Population and Food Supply, Arnold, 1970
Marsch, Wolf-Dieter: Zukunft, Kreuz-Verlag, 1969
New, D. A. T.: The Culture of Vertebrate Embryos, Academic Press, 1966
Paterson, David: Applied Genetics, Aldus Books, 1969
Postgate, John: Microbes and Man, Penguin Books, 1969
Prehoda, Robert W.: Extended Youth, Putnam, 1968
Pyke, Magnus: Man and Food, World University Library, 1970
Pyke, Magnus: Synthetic Food, John Murray, 1970
Ragon, Michel: Où vivrons-nous demain?, Robert Laffont, 1963
Rosenfeld, Albert: Die zweite Schöpfung, Econ, 1970
Schippke, Ulrich: Die Anti-Baby-Pille, Scherz, 1968
Silló-Seidl, Georg: Kinder ja? Kinder nein?, Econ, 1968
Silló-Seidl, Georg: Frauenreport, Bertelsmann, 1971
Stent, Gunther S.: The Coming of the Golden Age, Natural History Press, 1969
Stolze, Diether: Perspektive 1980, Wegner, 1967
Taylor, Gordon Rattray: Die biologische Zeitbombe, G. B. Fischer, 1969
Toffler, Alvin: Der Zukunftsschock, Scherz, 1970
Troebst, Cord-Christian: Der Griff nach dem Meer, Econ, 1960
Wagner, Friedrich (Hrsg.): Menschenzüchtung, C. H. Beck, 1969
Wallia, C. S.: Toward Century 21, Basic Books, 1970
Wolff, H. S.: Biomedical Engineering, World University Library, 1970
Wolstenholme, Gordon: Health of Mankind, J. & A. Churchill, 1967

Alterskontrolle

Chandet, Henriette: L'homme doit vivre 140 ans, Paris Match, 25. 6. 1970
Comfort, Alex.: Theories of Aging, Proceedings of 8th International Congress of Gerontology, Washington, D.C., 1969
Comfort, Alex.: Longer life by 1990?, New Scientist, 11. 12. 1969
Frolkis, Wladimir: Mechanismen des Alterns, Ideen des exakten Wissens, 12/68
Harman, Denham: Aging, University of Nebraska, 1968
Harman, Denham: Free Radical Theory of Aging: Effect of Free Radical Reaction Inhibitors on the Mortality Rate of Male LAF Mice, Journal of Gerontology, Vol. 23, No. 4, Oct. 1968
Harman, Denham: Prolongation of Life: Role of Free Radical Reactions in Aging, University of Nebraska, 1969
Holliday, Robin: Errors in Protein Synthesis and Clonal Senescence in Fungi, Nature, Vol. 221, 29. 3. 1969
Holliday, Robin: Growing old by mistake, New Scientist, 5. 6. 1969
Hrachovec, Josef P.: Aging at the Molecular Level, American Societies for Experimental Biology, 53rd Annual Meeting, 1969
Lausch, Erwin: Der Tod ist einprogrammiert, Zeit, Nr. 19, 10. 5. 1968
Newsweek: The Birth of Death, 8. 7. 1968
Newsweek: Forever Young?, 15. 9. 1969
New Scientist: Two views on the aging process, 10. 4. 1969
New Scientist: Fickle fate may have fixed our lifespans, 9. 4. 1970
Pegg, D. E.: Storage of organs, Science Journal, Nov. 1968
Shock, Nathan W.: The Physiology of Aging, Scientific American, Jan. 1962
Shock, Nathan W.: Perspectives of the Aging Process, American Psychiatric Ass., Febr. 1968
Silcock, Bryan: Mice lead the way to longer life, Sunday Times, 2. 6. 1968
Time: Secret of Long Life, 14. 7. 1967
Time: The Elixir-of-Youth Effect, 21. 6. 1968

Tiefsee-Unternehmen

Bärwolf, A.: Der Mensch im Meer, Welt, 25. 4. 1967
Bärwolf, A.: Sturm auf das Meer, Welt, 17. 1. 1970
Bild der Wissenschaft: »Kiemen« für Unterwasserstationen?, Jan. 1968
Calvert, Stephen: Manganese Nodules: promise and problems, New Scientist, 1. 1. 1970
Clark, Leland C.: Survival of Mammals Breathing Organic Liquids Equilibrated with Oxygen at Atmospheric Pressure, Science, Vol. 152, No. 3730, 24. 6. 1966
Curtis, Edward: Students design underwater research unit, New Scientist, 7. 12. 1967
General Electric: Developing the Oceans, Technical Information Series, Nov. 1967
General Electric: »Bottom-Fix« Sphere Passes Test at 12,000 Feet, 12. 8. 1969
Gerwin, Robert: Schätze im Wasser der Meere, BP Kurier, 1/70
Johnson, D. H. N.: Who owns the sea-bed?, New Scientist, 20. 2. 1969
Kylstra, Johannes A.: Experiments in Water-Breathing, Scientific American, Aug. 1968
Kylstra, Johannes A.: Pulmonary Gas Exchange in Dogs Ventilated with Hyperbarically Oxygenated Liquid, Journal of Applied Physiology, Vol. 21, No. 1, Jan. 1966
Lawes, Glen: No »floor« yet for the deep diver, New Scientist, 20. 2. 1969
Life: Into the sea, 4. 10. 1968
Loftas, Tony: Can deep sea mining make a profit?, New Scientist, 3. 12. 1970
Newsweek: Room at the Bottom, 13. 7. 1970
Steinert, Harald: Die wissenschaftliche Unterwasserflotte, Frankfurter Allgemeine, 6. 3. 1968
Steinert, Harald: Tiefsee-Freitauchen bis 4000 Meter?, Frankfurter Allgemeine, 8. 5. 1968
Steinert, Harald: Die Aquakultur beginnt in Kiel, Frankfurter Allgemeine, 12. 6. 1968
Stepanow, Vitali: Unsere Zukunft liegt unter dem Wasser, »X«, Nr. 2, Febr. 1969
Westinghouse: Westinghouse Studies Manned Underwater Station, N/R 128/67, 6. 6. 1967
White, Sarah: Soviets study the seas, New Scientist, 28. 12. 1967

Fortpflanzung

Behrman, S. J.: Heterologous and Homologous Inseminations with Human Semen Frozen and Stored in a Liquid-Nitrogen Refrigerator, Fertility & Sterility, Vol. 17, No. 4, 1966

Bhattacharya, B. C.: Pre-arranging the sex of offspring, New Scientist, No. 413, 15. 10. 1964

Callaghan, J. C.: Studies of the first successful delivery of an unborn lamb after 40 minutes in the artificial placenta, Canadian Journal of Surgery, April 1963

Chedd, Graham: Genetic control: the debate burgeons, New Scientist, 7. 3. 1968

Chedd, Graham: Khorana synthesizes a gene, New Scientist, 11. 6. 1970

Culliton, Barbara J.: Human gene maps: A first step toward genetic engineering, science news, vol. 98, 29. 8. 70

Edwards, R. G.: Sexing of Live Rabbit Blastocysts, Nature, Vol. 214, 6. 5. 1967

Edwards, R. G.: Early Stages of Fertilization in vitro of Human Oocytes Matured in vitro, Nature, Vol. 221, 15. 2. 1969

Glass, Bentley: What Man Can Be, Educational Record, 1967

Hafez, E. S. E.: Storage of Fertilized Ova, Internat. J. of Fertil., Vol. 8, No. 1, Jan.-March, 1963

Haman, John O.: Results in Artificial Insemination, J. of Urology, Vol. 72, No. 3, Sept. 1954

Hensleigh, Paul A.: Extracorporeal perfusion of the human placenta, Amer. Journ. of Obst., Vol. 96, No. 1, Sept. 1966

Hunter, G. L.: Successful Long-Distance Aerial Transport of Fertilized Sheep Ova, J. Reprod. Fertil., 1962

Lederberg, Joshua: Orthobiosis: The Perfection of Man, Nobel Symposium XIV, Sept. 1969

New, D. A. T.: Growing embryos in the laboratory, Science Journal, Nov. 1968

Rogers, Stanfield: Skills for genetic engineers, New Scientist, 29. 1. 1970

Schaad, Gerhard: Stellungnahme zu Fragen der heterologen Insemination, Schleswig-Holsteinisches Ärzteblatt, Juni 1968

Schaad, Gerhard: Erfahrungsbericht über die therapeutische heterologe Insemination in Deutschland, XXIII. Tagung Ges. f. Urologie, 1970

Schilling, E.: Gegenwärtiger Stand der Eitransplantation beim Rind, Sonderdruck aus: World Review of Animal Production, 1965

Schmeck, Harold M.: Viruses Used in an Effort to Alter Genes, N. Y. Times, 8. 10. 1970

Science News: Clonal Reproduction, Vol. 95, March 1969

Science News: Mapping the genes, Vol. 96, Oct. 1969

Sinsheimer, R. L.: Possibilities, Purposes and Problems of Genetic Manipulation, Calif. Institute of Technology, 1969

Sobrero, Aquiles J.: Technic for the Inducation of Ejaculation in Humans, Fertility & Sterility, Vol. 16, No. 6, 1965

Spiegel: Embryologie – Eier im Glas, 20/1968

Spiegel: Biochemie – Senkrecht zur Hölle, 52/1970

Sullivan, Walter: Implant of Human Embryo Appears Near, N. Y. Times, 29. 10. 1970

Stadt von morgen

Besser, Milton: In Deutschland liegt die zwölftgrößte Stadt der Welt, Associated Press, 26. 4. 1969

Brune, Joachim: Structures, FU Berlin, 1969

Fischer, Helen: 20 Millionen Menschen sollen in neuen Städten wohnen, United Press Int., 2. 7. 1969

Höltje, Gerhard: Warum immer schneller?, BP Kurier, IV/1967

Kira, Alexander: The bathroom, Cornell University, 1966

Kluth, Heinrich: Zukunftsprojekt: Die Personen-Rohrpost, Frankfurter Allgemeine, 10. 11. 1965

McBroom, Patricia: Pläne für eine übervölkerte Welt, Zeit, 19. 11. 1965

Newsweek: Cities Under Glass, 8. 1. 1968

Newsweek: The Arcologist, 2. 3. 1970

Perotti, Artur: Metapolis, »neue heimat«, Okt. 1969

Pohle, F. Gert: Wenn jeder zweite ein Auto hat, Welt, 14. 9. 1967

Ross, Howard R.: New Transport Technology for the Big City, New Scientist, 26. 1. 1967

Spiegel: Städtebau – Rettung für Saurier, Nr. 15/1970

Spiegel: Ballungsräume – Glatt überrollt, Nr. 27/1970

Tyler, Vernal M.: The Aerospace Role in Planning Cities of the Future, AIAA 3rd Annual National Meeting and Technical Display, 30. 11. 1966

Tyler, Vernal M.: Circumferential City Concept adapted to the Boston Harbor Islands Project, Dez. 1967

U.S. News & World Report: Cities Reach for the Sky – the High-Rise Boom, 27. 5. 1968

Nahrung

Bender, Arnold E.: Synthetic and substitute foods – Safety and nutritive value, Symposium Synthetic Food, Duttweiler Institute, 1970

Blanc, B.: Influence des aliments synthétiques et succédanés sur l'agriculture traditionelle, Symposium Synthetic Food, Duttweiler Institute, 1970

Call, David L.: Fluid Milk Substitutes – Current Status and Expected Trends, Symposium Synthetic Food, Duttweiler Institute, 1970

Champagnat, Alfred: Protéines et Démographie, Société Internationale de Recherche BP (France), 19. 10. 1966

Food Engineering: Simulated Meats, Nov. 1969

Hobson, Joan: Mechanical Cow, Science Digest, June 1970

Horan, Francis E.: Neue Typen von Nahrungsmitteln pflanzlichen Ursprungs mit hohem Proteingehalt, Archer-Daniels-Midland Company, 1970

Krauch, H.: Ernährung im Jahre 2000, Münchener Med. Wochenschr., 44/1969

Metzner, H.: Die Photolyse des Wassers im Reagenzglas, Umschau in Wissenschaft u. Technik, Heft 5/1969

New Scientist: Progress of synthetic foods, 15. 2. 1968

New Scientist: Synthetic milk for all in the seventies?, 22. 1. 1970

New Scientist: Fungus food ready for the hard sell, 28. 5. 1970

Rubery, Philip: Protein biosynthesis in Madrid, New Scientist, 24. 4. 1969

Science Journal: Rats flourish on synthetic diet, June 1968

Selecta: Sind Mikroorganismen Proteinquellen der Zukunft?, 3. 8. 1970

Shapira, Jacob: Food Synthesis by Physicochemical Methods, Aerospace Food Technology Conference, University of South Florida, 1969

Shapira, Jacob: Chemically Regenerated Foods, Ames Research Center, NASA, 1969

Infektionskrankheiten

Baron, Samuel: Induction of Interferon by Preparations of Synthetic »Single-Stranded« RNA, U.S. National Institutes of Health, 1969

Bisset, Kenneth A.: Bacteriology's next battlefield, New Scientist, 12. 6. 1969

Deich, Friedrich: Virus-Seuchen im Jahre 2000 ausgerottet, Welt, 21. 4. 1969

Flöhl, R.: Interferon als Heilmittel, Frankfurter Allgemeine, 11. 12. 1968

Flöhl, R.: Schwerpunkt Interferon, Frankfurter Allgemeine, 19. 11. 1970

Gresser, Ion: Cancérologie – Prolongation de la survie des souris inoculées avec des cellules tumorales et traitées avec des préparations d'interférons, C. R. Acad. Sc. Paris, 10. 2. 1969

Gresser, Ion: Interferon and Cancer: Therapeutic Prospects, Rev. Europ. Etudes Clin. et Biol., 1969

Hilleman, Maurice R.: Expanding Horizons in Viral Disease Control, Third Annual Symposium on Medical and Applied Virology, Fort Lauderdale, Florida, Dec. 1969

Hilleman, Maurice R.: Double-Stranded RNA's (Poly I : C) in the Prevention of Viral Infections, Merck Institute for Therapeutic Research, West Point, Pennsylvania, 1970

Lindenmann, J.: Versuche über Virus-Interferenz, Schweiz. Zeitschr. f. Allg. Pathologie u. Bakteriologie, Vol. 20, No. 5, 1957
Medical World News: Poly I: C Drops in on Common Cold, 13. 2. 1970
Merigan, Thomas C.: Interferon's Promise in Clinical Medicine, American Journal of Medicine, 1967
Merigan, Thomas C.: Interferon and Interferon Inducers: The Clinical Outlook, Hospital Practice, March 1969
Merigan, Thomas C.: Boosting the body's interferon, New Scientist, 17. 12. 1970
Office of Health Economics: Medicines in the 1990's, a technological forecast, Ass. British Pharmaceutical Industry, 1970
Regelson, W.: Biphasic response of the RES, Medical College Virginia (USA), 1969
Smith, Harry: Inspecting the microbial armoury, New Scientist, 13. 3. 1969
Spiegel: Interferon – Waffe gegen Viren, Nr. 48/1968

Kernfusion

Artsimovich, L. A.: Experimental Investigations on the Tokamaks TM-3 and T-3, Novosibirsk, 1968
Carruthers, R.: The Economic Generation of Power from Thermonuclear Fusion, Culham Laboratory, Abingdon, Berkshire, 1967
Chapman, Peter F.: Energy production – a world limit?, New Scientist, 24. 9. 1970
Fünfer, Ewald: Grundlagen und Ergebnisse der kontrollierten Kernfusion, Umschau, Heft 7, 1969
Hora, H.: Confinement and Heating of Plasma by Nonlinear Interaction with Laser Radiation, Institut f. Plasmaphysik, Garching b. München, März 1969
Institut für Plasmaphysik (Garching b. München): Plasmaerzeugung durch Laserstrahlung, April 1969
Institut für Plasmaphysik: Teilchenbeschleunigung mit relativistischen Plasmen, Nov. 1969
Institut für Plasmaphysik: Chemische Laser, Nov. 1970
Nature: Fusion Research – To Russia with Lasers, Vol. 221, March 1969
Robinson, D. C.: Factors Influencing the Period of Improved Stability in Zeta, Third Conference on Plasma Physics, Novosibirsk, Aug. 1968
Romanovskii, Michail: Towards thermonuclear fusion, Science Journal, Nov. 1968
Spiegel: Atomphysik – Gebändigte Glut, Nr. 46/1969

Farbfotos: BP, London (2); Dr. Crissey, San Francisco (1); Daily Telegraph, London (3); Deepsea Ventures Inc., Gloucester Point/Virginia (2); dpa, Frankfurt/Main (1); Manfred Grohe, Tübingen (1); Institut für Forsteinrichtung und forstliche Betriebswirtschaft der Universität, Freiburg (1); Manfred Kage, Winnenden (1); Jan Keetman, München (2); Look Magazine, New York / Fotos: Paul Fusco (3); Dr. Lucas Lichtbild, Berlin (1); McDonnell Aircraft Corporation, St. Louis/Miss. (1); Arnoldo Mondadori Editore, Milano (3); Arnold Newman, New York (1); Pan Contact, Frankfurt/Main / Foto: Metro Goldwyn Mayer (1); Klaus Paysan, Stuttgart (1); STERN, Hamburg / Fotos: Archiv (1), Bokelberg (1), Gillhausen (1), Seeliger (1), Scheler (1); TIME Inc., New York (4); Hans Zeidler, Hamburg (1); CARL ZEISS, Oberkochen (1); Zentrale Farbbild Agentur, Düsseldorf (1).

Schwarzweißfotos: American Embassy, Bonn-Godesberg (5); Associated Newspapers Ltd., London (3); The Associated Press, Frankfurt/Main (3); BP, London (1); A. H. Bernatzik, Wien (1); Camera Press, London (1); Dr. Robert Christenhusz, Marbach (1); Ilse Collignon, München / Fotos: Black Star (2); Conti-Press Heinz Fremke, Hamburg (1); Roy DeCarava, New York (1); dpa, Frankfurt/Main (1); L'Express, Paris (1); Farbwerke Hoechst AG, Frankfurt/Main-Höchst (2); Dr. Georg Gerster, Zumikon-Zürich (1); Yves Hervochon, Paris (1); Gerald D. Hines Interest, Houston (1); Robin Johnstone, New York (1); Walter Jonas, Zürich (1); Karolinska Institut, Stockholm (1); Keystone, München (2); Bildarchiv der Landesbausparkasse, Düsseldorf/Münster (2); Les Requins Associés, Paris (1); Massey-Ferguson GmbH, Kassel (2); John Mazziotta, Dallas (1); Arnoldo Mondadori Editore, Milano (4); Musée de l'Homme, Paris (2); NASA, Houston (2); PARIS MATCH, Paris / Foto: Paul Slade (1); Klaus Paysan, Stuttgart (1); Paul Popper Ltd., London (1); The Port of New York Authority, New York (1); roebild, Frankfurt/Main (3); Scripps Institution of Oceanography, Los Angeles (1); Prof. Landrum B. Shettles, New York (5); Shostal Associates Inc., New York (1); DER SPIEGEL, Hamburg (1); Süddeutscher Verlag, München (7); Syndication International, London (1); Dipl.-Ing. A. Schröter, München (3); Staatsbibliothek Preußischer Kulturbesitz/Bildarchiv, Berlin (1); STERN, Hamburg / Fotos: Archiv (32), Blume (1), Bokelberg (1), Ebeler (2), Kunz (1), Lebeck (1), Meffert (3), Müller-May (1), Pakach (1), Peterhofen (2), Seeliger (7), Schippke (1), Thomann (1); UPI (1); TIME Inc., New York (22); Ullstein-Bilderdienst, Berlin (1); UPI, Frankfurt/Main (3); United States Steel Corporation, Pittsburgh, Pa. (1); The University of Wisconsin, Madison (1); Westinghouse Underseas Division of the Westinghouse Defense & Space Center, Baltimore/Maryland (1); Peter Wickman, London/Barnet (3); Jürgen Wiechmann, Hamburg (1); Hans Zeidler, Hamburg (1); Bernhard Ziegler, Hamburg (1).